“十三五”国家重点研发计划“面向服刑人员心理矫治的VR训练装备及系统研发（2018YFC0831003）

服刑人员情绪管理

Emotional Management of Prisoners

宋胜尊　著

法律出版社
LAW PRESS·CHINA
北京

图书在版编目(CIP)数据

服刑人员情绪管理 / 宋胜尊著. -- 北京 : 法律出版社, 2021
ISBN 978-7-5197-5898-1

Ⅰ. ①服… Ⅱ. ①宋… Ⅲ. ①犯罪分子－心理辅导 Ⅳ. ①D916.7

中国版本图书馆 CIP 数据核字(2021)第 180523 号

服刑人员情绪管理
FUXING RENYUAN QINGXU GUANLI

宋胜尊 著

责任编辑 李 群 陈 熙
装帧设计 李 瞻

出版发行 法律出版社
编辑统筹 法规出版分社
责任校对 张红蕊
责任印制 张建伟
经　　销 新华书店

开本 710 毫米×1000 毫米 1/16
印张 17　　字数 273 千
版本 2021 年 10 月第 1 版
印次 2021 年 10 月第 1 次印刷
印刷 北京虎彩文化传播有限公司

地址:北京市丰台区莲花池西里 7 号(100073)
网址:www.lawpress.com.cn
投稿邮箱:info@lawpress.com.cn
举报盗版邮箱:jbwq@lawpress.com.cn
销售电话:010-83938349
客服电话:010-83938350
咨询电话:010-63939796

书号:ISBN 978-7-5197-5898-1
定价:68.00 元
凡购买本社图书,如有印装错误,我社负责退换。电话:010-83938349

前　　言

监狱是社会风险的聚集地，是多种社会矛盾的最终化解场所，而情绪则是服刑人员面对狱内外的人际问题和社会矛盾解决成败的“晴雨表”。如果他们面临的矛盾未能在狱内得到及时妥善的解决，那么，刑满释放后他们对社会安定将构成巨大风险。为此，我们在“十三五”国家重点研发计划“服刑人员改造演化矫正技术与装备研究”（2018YFC083100）的项目研究中，专门研究了服刑人员情绪管理问题，作为课题三“面向服刑人员心理矫治的 VR 训练装备及系统研发”（2018YFC0831003）的脚本写作依据，旨在通过对狱内服刑人员的心理矫治尤其是通过消极情绪疏导、人际问题解决训练和积极情绪培养，把服刑人员面临的矛盾化解在狱内，为社会的长治久安做出贡献。

服刑人员的情绪稳定和心理健康是平安中国和健康中国建设中不可忽视的重要内容。人们很难忘记，被列为“1997 中国刑侦第一案”的“8·19”白宝山特大持枪抢劫案，主犯白宝山，在他 25 岁（1983 年）时，因盗窃罪被北京市石景山区人民法院判处有期徒刑 4 年，服刑 2 年后，正当他在监号里每天屈指细算还有多少天便可刑满出狱时，突然被告知，他的案子要重新审理，因为 1983 年与他同案的一个罪犯，检举了与白宝山有过拦路抢劫的合谋。揭发者立功受奖，并获准减刑，而白宝山则因此被加刑 10 年。漫长的刑期使他心灰意冷，家庭的变故使他陷入了绝望——年轻的妻子带着一对双胞胎女儿，离他而去。面对狱墙暗自神伤却于事无补后，他开始怨恨，“怨恨狱友的无义，怨恨妻子的无情，怨恨法庭对他的不公……”1991 年白宝山的北京户口被注销，被押送至新疆劳改农场继续服刑。在茫茫戈壁滩，白宝山开始由怨变恨，并开始筹划将来出狱后，如何报复社会，以“讨回狱中失去的青春”。出狱后，白宝山便开始了疯狂地报复社会。仅在 1996 年 3 月至 1997 年 8 月短短一年多里，白宝山先后在北京、河北徐水、新疆等地袭击军警，抢劫枪支3支，包括当时解放军最先进的制式武器81式自动步枪，打死军警和无辜群众15人，抢劫人民币140多万元。手段之残忍实属罕见。不难看出，白宝山犯罪后得到的法律判决并非法律对他个人的责难，而是因为对犯罪行为法律后果的预期有偏差、侥幸心理的存在、社会支持系统的暂时缺失、危险心结的形成，促使他个人无限放大了心中的不满。显然，在入狱初期的认罪、悔罪环节，他并没有做到位，反而将仇恨积聚到了极致。如果警方及时发现并帮助化解了白宝山的仇恨情绪，或许能避免这一系列命案的发生。

随着现代化文明监狱的建设，当服刑人员在面对激烈的家庭矛盾时，监狱警方通常也会重点关注、及时帮助服刑人员进行化解，否则，家庭矛盾的积累，对刑满释放人员来说，同样会诱发悲惨的命案。例如，2001年发生在石家庄的“3·16特大爆炸案”，就是刑满释放人员靳某某因为家庭矛盾未能得到及时有效的沟通，加上其本人的耳疾、生活的不顺，最终导致了爆炸案的发生，其中4栋楼被不同程度炸坏，108人死亡，38人受伤。这些大案提醒人们，平安中国与健康中国建设，离不开社会对服刑人员内心矛盾的疏解、负性情绪的化解、积极情绪的培养、人际问题解决能力的培养等。服刑人员虽然是一个小众群体，但对于整个社会的安全稳定而言，却不亚于一个个“火药库”。因此，化解服刑人员的情绪困扰、纠正其偏差认知、化解其敌意就成为研究者不容忽视的重大研究课题。

本书关注如何走进服刑人员的内心世界，安顿服刑人员的心灵，使他们能在狱内保持心态正常、心理宁静。服刑人员长期生活在监狱依法严格管理的特定情境中，从他们的自我感觉到外在形象，都发生了明显的变化。许多服刑人员控制情绪、承受外界压力、把握心理平衡的能力严重弱化。一点小事往往会在狱内搅起服刑人员情感的轩然大波；几句流言往往能煽动一些服刑人员心神不宁。实务研究的经验表明，我们需要遵循“不挑战服刑人员的情绪、不针对情绪作辩驳但要就引发情绪的思维做引导”的原则，从而达到让服刑人员保持宁静心态、积极接纳现实、建立改造信心、树立做守法公民信念的目标。

读懂服刑人员的情绪，从读懂表情入手。表情和姿势，究竟是由文化决定的还是人类共有的？1966年之前对这个问题的普遍观点是，表情和姿势都是由文化决定的，但这一观点缺乏具体数据和论据支撑。美国心理学家汤姆金斯则对当时的普遍观点持明确的否定态度，他坚决认为表情是人类共有的。1971年美国心理学家保罗·埃克曼在《人格与社会心理学杂志》发表了《面部与情绪的跨文化一致性》一文，用确凿的证据平息了上述争论。这一发现使人们读懂面部表达的情绪成为可能，读懂服刑人员的表情、了解其内心世界也具有了可能性。因此，本书第一章针对服刑人员常见的情绪进行解读，包括如何识别、如何进行一般应对、如何进行应急处置等。

寻找中国文化背景下服刑人员的情绪变化规律，离不开中国的社会文化背景、中国人的集体主义文化对个体的影响。“重视面子”是中国人在社会交往中的重要特征，“伤了面子”、“让对方丢了脸面”就“深深伤害了自尊、伤害了情感”，不亚于“拉仇恨”。“对不起祖宗”是抑制一些情感行为或婚恋行为的一种理念，比如电视剧《老农民》中的牛大胆，就因为答应了父亲临死前的要求——不准娶灯儿姑娘，任凭双方如何深深爱恋，还是在自己的前两次婚姻中割舍了至深的恋人。在服刑人员的情绪管理中，厘清他们认为“最有面子的事情”“最跌面子的事情”“最笃信的执念”，是疏导情绪、引导理念、塑造健康情感的前提。为了更好地探讨中国文化背景下服刑人员的情绪及人际关系解决中的问题，本书第二章“服刑人员负性情绪疏导”以案例为基础。

服刑人员的情绪，大多数情况下是在人与人之间的互动中产生和变化的，尤其是在处理多种人际关系时产生。每一位服刑人员对身边发生的事件的认识不尽相同。为此，本书第三章“服刑人员人际问题解决训练”，旨在帮助服刑人员通过人际沟通、人际关系修复等训练，教会他们学会合作、学会沟通、学会维系良好的人际关系、学会在人际交往中保持适度情绪。

在教会了服刑人员如何与负性情绪相处、如何通过人际沟通和人际问题解决训练提升人际互动水平之后，为了巩固服刑人员的情绪管理水平，教会他们感恩、宽恕自己与他人、培养责任担当意识与能力、与自己和解等，为此，本书设立了第四章“服刑人员积极情绪培养”。

此外，为了更好地训练服刑人员情绪管理能力，在面对面的训练和管理服刑人员实务中，对矫治者也提出了要求，这就是本书第四章第十节中的“情绪管理者的心理素质要求”。

服刑人员所表现出的一切行为和态度都显示出他们在努力解决问题、克服困难。将他们与普通人群区别开来的并不是“努力”这一事实，而是努力的方向:服刑人员因为不明白社会生活的需求、不关心他人的利益而选择了错误的方向。社会需要所有成员为共同利益做出贡献,大家需要彼此的帮助和合作。而大多数罪犯不乐于与人合作且不同罪犯的合作能力有所不同。所以,个体心理学的先驱阿德勒提出通过训练培养服刑人员的合作精神,教会他们增加感同身受的同理心并增强与他人合作的能力。为此,本书专门设了第三章第三节论述服刑人员合作精神培养问题,旨在从个体层面预防犯罪行为的再次发生。

由于水平所限,书中的观点、文字表述错误与疏漏之处在所难免。恳请读者和同行专家不吝指正,以便在再次印刷时及时更正。

目　录

第一章　读懂服刑人员的情绪

“狱外一阵风，狱内三尺浪”，描述的是服刑人员群体对外界刺激的敏感反应。准确识别服刑人员的真实情绪与虚假情绪，预见可能发生的情绪与行为，是罪犯管理中需要重点解决的科学问题之一。

英国生物学家查尔斯·罗伯特·达尔文在《人类和动物的表情》一书中关注的人类的特殊表情包括八大类别：(1)痛苦和哭泣；(2)意气消沉、忧虑、悲哀、沮丧、失望；(3)快乐、精神奋发、爱情、温情、崇拜；(4)回想、默想、恶劣情绪、愠怒、决心；(5)憎恨和愤怒；(6)鄙视、轻蔑、厌恶、自觉有罪、骄傲、孤立无援、忍耐、肯定和否定；(7)惊奇、吃惊、恐惧、大惊；(8)自己注意、羞惭、害羞、谦虚、脸红。①

美国心理学家保罗·埃克曼等人在1971年发表了“面孔和情绪的跨文化常数”②，认为无论何种语言与文化，七种基本情绪引发的面部肌肉变化大致是一样的。这七种基本情绪包括：愤怒(眉毛下垂，前额紧皱，眼睑和嘴唇紧闭)、厌恶(嗤鼻，上嘴唇上抬，眉毛下垂，眯眼)、轻蔑(嘴角一侧抬起，做讥笑或得意状)、恐惧(嘴巴和眼睛张开，眉毛上扬，鼻孔张大)、惊讶(下颚下垂，嘴唇和嘴巴放松，眼睛张大，眼睑和眉毛微抬)、快乐(嘴角翘起，面颊上抬起皱，眼睑收缩，眼睛尾部会形成“鱼尾纹”)和悲伤(眯眼，眉毛收紧，嘴角下拉，下巴抬起或收紧)。这为表情的人工识别和计算机识别提供了理论支持。

我国的经典医学著作《黄帝内经》对情绪作了“五志”与“七情”的分类。所谓五志，指怒、喜、思、恐、悲；所谓七情，指喜、怒、忧、思、悲、恐、惊。其中，七情

---

① 参见［英］达尔文：《人类和动物的表情》，北京大学出版社2009年版。

② Ekman, P., & Friesen, W. V. (1971), *Constants across cultures in the face and emotion*, Journal of Personality and Social Psychology, 17, 124 - 129.

中的悲与忧相合、惊与恐相似，“七情说”与“五志说”便具有了统一性，即怒、喜、思、忧（悲）、恐（惊）。

本章综合上述区分的多种情绪，结合监狱服刑人员的实际情况，重点关注了11种情绪，其中除了包括埃克曼提出的七种基本情绪外，还包括几种常见的复合情绪，如焦虑、抑郁等。其中复合情绪焦虑由“愤怒＋内疚＋恐惧＋痛苦＋不确定”组成；复合情绪抑郁由“焦虑＋愤怒＋痛苦＋无力”组成；复合情绪抱怨则由“愤怒＋厌烦＋委屈＋难受＋害怕”组成。

第一节　关注情绪，点亮服刑人员的新生路

一、关注服刑人员情绪的必要性

（一）平安中国建设的需要

从平安中国建设的重点任务看，监狱工作承载着光荣而艰巨的使命。2020年11月10日，平安中国建设工作会议在北京召开。会议提出的平安中国建设的重点任务之一，就是“防范化解重点领域风险，确保社会更安定。紧盯影响社会稳定的重大风险，加强源头治理力度，有效维护社会大局稳定。一要防范化解经济金融风险。围绕贯彻新发展理念、推动高质量发展、构建新发展格局，健全执法、司法、法律服务衔接配套的综合服务保障体系。完善政法机关与金融机构、行业监管部门协同配合机制，严防经济金融风险向社会领域传导。加大惩治洗钱犯罪力度，有效维护国家金融安全。二要防范化解社会矛盾风险。深入开展矛盾风险动态排查、防范化解，加强风险评估研判，努力把各类不稳定因素解决在萌芽、化解在基层。三要防范化解个人极端风险。建立健全经常性社会心理服务疏导和预警干预机制，努力把各类社会不良心态和苗头隐患疏导在早、化解在小，防止引发个人极端案事件”。其中，防范化解社会矛盾风险、防范化解个人极端风险与监狱工作密切相关。服刑人员入狱前、中、后所面临的矛盾，如果在狱内得不到妥善化解，刑满释放人员带着矛盾出监，一旦遇到引发新仇旧恨的点点星火，就可能实施严重的极端犯罪行为。只有服刑人员狱内情绪稳定、认知水平得到提升、解决人际矛盾和化解心理危机的能力增强，才能确保其刑释后顺利融入社会而不再危害社会。

（二）健康中国建设的需要

《“健康中国2030”规划纲要》是为推进健康中国建设、提高人民健康水平制定的。根据党的十八届五中全会战略部署制定，由中共中央、国务院于2016年10月印发并实施。健康中国建设关注的是人们的个体身心健康。服刑人员作为社会人群的一个组成部分，既有普通人的情绪情感，又有一定的特殊性：当下的监禁条件、曾经的犯罪经历、多种人际关系曾遭到破坏、经历司法程序、对刑满释放后多种不确定性的面对等，成为服刑人员服刑期间和服刑期满后情绪情感的重要影响因素。促进服刑人员的情绪稳定，提高他们对生活事件的应对能力，是促进健康中国建设的重要方面。

（三）关注服刑人员的“七情”，促进服刑人员身体健康

七情，就是指喜、怒、忧、思、悲、恐、惊七种情志活动，中医认为它是人体对外界环境的生理反应，一般情况下并不会直接导致人生病。但是，倘若情志活动剧烈、过度，超越人体能够承受的限度，并持久不得平静，就必然影响脏腑气血功能，导致全身气血紊乱。如《黄帝内经·素问》中的《举痛论》有这样的描述：怒则气上，喜则气缓，悲则气消，恐则气下，惊则气乱，思则气结。这说明了七情的过度偏激对人体的气血、脏腑均有一定的损害。人的情志活动若要保持相对的平静，平时就要重视思想修养及精神调节，客观对待周围事情的变化，使自己的精神面貌经常处在乐观、愉快、安静、平和之中，这对于健康有益。

维护服刑人员的身心健康，在新中国的监狱中一直受到重视。情绪的变化直接影响到人们的身心健康。为了维护服刑人员的身体健康，大多数监狱为服刑人员制作了情绪“晴雨表”，时刻监测服刑人员的情绪健康状况，必要时给予心理咨询、心理治疗甚至心理危机干预。我国的监狱对服刑人员实行“分押”“分管”“分教”的政策，在分类关押和分类管理中充分体现了人道主义精神，例如，对老弱病残类服刑人员，除了给予他们必要的医疗救治外，团体心理辅导也必不可少，各种积极情绪的培养与训练，随着相应的药物治疗，情绪的改善、情绪调节能力的提升，最大限度地保护着服刑人员的身心健康。

（四）监狱管理的需要

服刑人员的情绪变化是心理变化的外化指标，更是行为变化的前提。服刑人员的情绪变化是民警们日常管理工作的重要关注点之一。民警关注服刑人员的情绪一般有两种方法：一是日常观察，二是提取服刑人员的自我报告。其

中日常观察往往会首先关注特定服刑人员所面临的刺激情境，如减刑假释未获批准、家庭变故、人际交往遇到挫折等，民警会重点关注特定服刑人员的情绪变化、思想动态变化以及行为表现。经验表明，情绪变化激烈的服刑人员在遇到预期目标没有实现的情境时，情绪控制与调节的能力往往受到挑战，行为冲动控制能力下降。如果民警对此缺乏敏感性和预见性、监区管理缺乏预警机制和处置机制，势必会给狱内管理秩序的稳定带来冲击。因此，关注服刑人员的情绪变化、思想动态变化，是维护监狱监管秩序稳定、维护大多数服刑人员依法改造权益的重要环节。另外，依据我国《反恐怖主义法》第30条的规定，对被判处徒刑以上刑罚的恐怖活动罪犯和极端主义罪犯，监狱、看守所应当在刑满释放前，根据其犯罪性质、情节和社会危害程度，服刑期间的表现，释放后对所居住社区的影响等进行社会危险性评估。根据此项要求，观测与评估此类服刑人员的情绪稳定性、情绪向性，以及复合情绪的多种维度测量，对准确评估他们重新犯罪风险有重要意义。

案例1.1.1　恐惧与嫉妒影响寿命

古代阿拉伯学者阿维森纳，曾把一胎所生的两只羊羔置于不同的外界环境中生活：一只小羊羔随羊群在水草地快乐地生活；另一只羊羔旁被拴了一只狼，它总是看到自己面前那只野兽的威胁，在极度惊恐的状态下，根本吃不下东西，不久就因恐慌而死去。

医学心理学家还用狗做嫉妒情绪实验：把一只饥饿的狗关在一个铁笼子里，让笼子外面另一只狗当着它的面吃肉骨头，笼内的狗在急躁、气愤和嫉妒的负性情绪状态下，产生了神经症性的病态反应。

实验告诉我们：恐惧、焦虑、抑郁、嫉妒、敌意、冲动等负性情绪，是一种破坏性的情绪集合，长期被这些负性情绪困扰将导致身心疾病的发生。

二、情绪调节策略是可以习得的

研究表明，人类的情绪是可以管理和调节的。情绪管理是指通过研究个体和群体对自身情绪和他人情绪的认识、协调、引导、互动和控制，充分挖掘和培植个体和群体的情绪智商、培养驾驭情绪的能力，从而确保个体和群体保持良好的情绪状态，并由此产生良好的管理效果。这一概念最早出现在《情商》一书中，作者丹尼尔·戈尔曼认为情绪管理是一种善于掌握自我，善于调制合体调节情绪,对生活中矛盾和事件引起的反应能适可而止地排解,能以乐观的态度、幽默的情趣及时地缓解紧张的心理状态。

人生最大的挑战之一就是成功地调节情绪。那么,情绪调节策略是可以学会的吗？有些情绪调节策略比其他策略更值得推荐吗？格罗斯的情绪调节过程模型[①]指出,在情绪产生过程中,早期起作用的策略应该与后来起作用的策略具有不同的后果。这篇综述集中论述了两种常用的情绪调节策略。第一种是重新评价,出现在情感生成过程的早期。它是指改变一种情况的解释方式,以减少其情感影响。第二种是抑制,出现在情感生成过程的后期。它是指抑制内心情感的外在迹象。实验和个体差异研究发现,重新评价通常比抑制更有效。重新评价会减少情绪体验和行为表达,对记忆没有影响。[②]

五项研究检验了两个一般假设:个体在情绪调节策略的使用上存在差异,如重新评价和抑制,这些个体差异对情感、幸福和社会关系有影响。研究 1 提出了习惯性使用重新评价和抑制的新方法。研究 2 检验了收敛有效性和判别有效性。研究 3 表明,重新评价者体验和表达更多的积极情绪和更少的消极情绪,而抑制者体验和表达更少的积极情绪,但体验更多的消极情绪。研究 4 表明,使用重新评价与更好的人际功能相关,而使用抑制与更差的人际功能相关。研究 5 表明,使用重新评价与幸福感正相关,而使用抑制与幸福感负相关。[③]

使用情绪的过程模型,区分了前因集中和反应集中的情绪调节。为了测试这种区别,研究人员给 120 名参与者看了一部“恶心”的电影,同时记录了他们的体验、行为和生理反应。参与者被告知要么以一种他们不会有任何感觉的方式思考电影(重新评价,一种专注于先前情绪调节的形式),要么以一种观看他们的人不会知道他们有任何感觉的方式行动(抑制,一种专注于反应的情绪调节形式),要么观看电影(一种控制条件)。与控制条件相比,重新评价和抑制在减少情绪表达行为方面都是有效的。然而,重新评价会减少厌恶体验,而抑制会增加交感神经

---

① Gross, J. J. (1998), *The emerging field of emotion regulation: An integrative review*, Review of General Psychology, 2, 271 – 299.

② James J. Gross. (2002), *Emotion regulation: affective, cognitive, and social consequences.* Psychophysiology.

③ Gross, J. J., & John, O. P. (2003), *Individual differences in two emotion regulation processes: implications for affect, relationships, and well – being*, Journal of Personality and Social Psychology, 85(2), 348 – 362.

的激活,从而实现情绪的调节。这些结果表明,这两种情绪调节过程可能有不同的适应结果。①

一个人在生活中对自己的认识与评价和本人的实际情况越符合,他的社会适应能力就越强,越能把压力变成动力。

三、关注服刑人员的情绪

(一)赫拉别恩的公式

在管理服刑人员的工作中,民警需要全方位获得他们的真实信息。掌握真实信息的途径分为两类:一类来自罪犯档案和他犯的描述,另一类来自从事监狱工作的民警的直接观察。通过监狱民警在与罪犯的谈话、日常观察中获取的信息更具有时效性。

通过观察识别罪犯的心理状态,尤其是罪犯目前所处的情绪状态、当前所处的心境,对预测罪犯的行为具有重要意义。换句话说,识别罪犯情绪的目的不仅是要弄明白"他现在为什么会这样",更重要的是对"他将会怎么做"作出准确判断。

美国心理学家艾伯特·赫拉别恩经研究发现,人们在进行信息传递的过程中,语言的作用仅占7%,语调语速占38%,表情和动作占55%。② 可见,非言语信息,尤其是表情和动作在人际沟通中的作用至关重要。谈及表情,首先映入脑海的便是面孔表情。赫拉别恩还提出了下列公式:

人际信息交流的内容 =7% 的语言 +38% 的副语言 +55% 的表情和动作

如果按照信息加工的观点,把情绪刺激看成信息输入,而把人类的情绪体验看作信息输出,那么,输出的情绪体验包括三个成分:生理唤醒、主观体验(认知评价)和外在表现,③其中的外在表现,心理学家把它称为表情,人的表情又区分出三类:面部表情、姿态表情和语调表情。赫拉别恩提出的公式中强调了表情和

---

① Gross, J. J. (1998), *Antecedent - and response - focused emotion regulation: divergent consequences for experience, expression, and physiology*, Journal of Personality and Social Psychology, 74(1), 224 - 237.

② Mehrebian A(1981), *Contemporary Psychology: APA Review of Books*, Vol. 26(8), 648. Reviews the book, Silent Messages: Implicit Communication of Emotions and Attitudes.

③ Weiten, Wayne(2007). Psychology: Themes and Variations(7th ed.). Belmont, CA. USA: Wadsworth Publishing Co. Inc.

动作对传递信息的重要性。在民警与服刑人员的互动中,识别表情动作的含义格外重要。

(二)基本情绪与复合情绪之分

著名心理学家伊扎德认为,人的情绪可分为基本情绪和复合情绪。基本情绪是与生俱来、不学而能的,每一种基本情绪都具有独立的神经生理机制、内部体验和外部表现,并具有相应的适应功能。他采用因素分析法发现了人类的基本情绪有11种,即兴趣、惊奇、痛苦、厌恶、愉快、愤怒、恐惧、悲伤、害羞、轻蔑和自罪感。① 伊扎德认为11种基本情绪组成了不同的复合情绪,如愤怒+厌恶+轻蔑的复合情绪可以命名为"敌意"。

伊扎德将情绪视为主要的动机系统,他认为这11种基本情绪为我们提供了主要的动机系统。尽管伊扎德相信它们在神经化学上、行为上和主观体验上是独立的,特别是来自面部和身体表达的反馈方面是独立的,但彼此之间是存在相互作用的。② 区分基本情绪与复合情绪,对于情绪识别与管理有重要意义。在关注服刑人员常见情绪时,既要关注其常见基本情绪,也要关注常见的复合情绪,以期为民警提供更直接的特定情绪的识别与引导的依据。

四、服刑人员常见情绪问题

(一)常见的有利于改造的情绪

1. 认罪

常见的有利于服刑人员改造的情绪包括认罪服法的平静心境、悔罪后的释然与安宁心境、感恩中的积极改造以回报恩人与社会、用劳动救赎自己的灵魂、共情后的设身处地理解被害人、理解其他服刑人员以促进持久向善的习惯养成等。服刑人员一旦真诚悔罪,认罪服法,就能以一种平静的心态,认真接受改造。俗话说,身处低谷,怎么走都是向上,看得见的就是希望了。认罪服法的第一层含义是承认自己的罪行,即承认自己的犯罪事实、认清了自己的犯罪危害,并愿意接受刑罚制裁。当罪行客观存在,承认自己的罪行是服刑人员认罪服法的前提,也是认罪服法的必然要求。认罪服法的第二层含义是对法院判决产生

① Arellano, D., Varona, J., & Perales, F. J. (2008), *Generation and visualization of emotional states in virtual characters*, Computer Animation & Virtual Worlds, 19(3-4), 259-270.

② 傅小兰:《情绪心理学》,华东师范大学出版社2016年版,第51页。

认同感。根据罪刑法定原则,法院的判决具有权威性、强制性和公正性。承认了犯罪事实,就理应认可法院的判决,做到在思想上和行为上的无条件服从。认罪服法的第三层含义是遵守法律法规、监规纪律,服从监狱民警的管理和教育。服刑人员只有完全达到这三层含义的基本要求,才算得上真正的认罪服法,才有利于后续的行为与心理矫治。

2. 悔罪

认定犯罪分子悔罪表现好,应具备以下五个要素:第一,如实供述犯罪事实及作案过程;第二,主动交代作案工具去向或物证;第三,主动交代与本案有牵连的人和事;第四,积极退赔赃款赃物;第五,深刻认识所犯罪行的危害性。具体可表现为:充分认识所犯罪行给他人及家庭造成的痛苦,诚恳地向被害人及家庭赔礼道歉;深刻认识所犯罪行的根源,了解自己行为违反哪些法律法规,检讨自己触犯法律及法律意识淡薄的主要表现;深刻认识所犯罪行给党和国家造成的危害,给社会造成的恶劣影响。

3. 感恩

身处监禁环境,有些服刑人员痛定思痛,常常悔恨自己之前不懂得感恩、不懂得珍惜自由之身。心怀感恩的人,更容易接受他人的建议、积极活动以实现利人利己的行动目标。心怀感恩的服刑人员,思想和行为更倾向于积极向上、追求更高的劳动改造目标,以便早日出狱、有更多的机会回报亲人,更容易做出亲社会的行为。

4. 共情

共情又称同理心,是指感同身受、体验别人内心世界的能力。犯罪心理学的研究表明,有些犯罪人由于缺乏同理心,实施犯罪行为后不仅不认罪,还把责任推脱到被害人、举报人、执法人身上。通过监狱管理后,有些服刑人员学会了共情能力,对过去不理解的人和事,在政策的感召下,更深层次理解了被害人的痛苦。拥有共情能力的服刑人员也往往在人际关系修复方面获得巨大进步,在帮助民警调解服刑人员之间的冲突方面大有可为。

(二)常见的不利于改造的情绪

常见的不利于改造的情绪包括:嫉妒、自暴自弃、冲动易怒、阴郁仇恨、伺机报复、惊恐绝望、焦躁不安、无端猜疑、嚣张跋扈及逆反心理等,这些不良情绪常常与破坏性的行为有关。

1. 嫉妒

嫉妒，是指人们为竞争一定的权益，对应当团结的人怀有的一种冷漠、贬低、排斥或敌视的心理状态，是一种负性情感体验。嫉妒，一旦放任即可能产生嫉妒心，它让人感受到难过的滋味，严重时，人很容易产生愤恨的情绪。

例如，看到其他服刑人员得到了奖励，第一时间想到"这些人真会拍马屁"；看到其他服刑人员拿到了奖杯，第一时间想到"黑哨"使然；看到其他服刑人员拿到了自考毕业证书，第一时间想到这是"作弊"的结果；看到其他服刑人员被评为改造积极分子，第一时间想到那里一定"有托"。这些表现，是典型的嫉妒心理。

2. 仇恨

心怀仇恨的服刑人员，除了可能对被害人、举报人、执法人员不满外，还常常将仇恨泛化到对整个社会的不满。这类人员不仅可能在狱内服刑期间与他犯及民警的冲突不断，还有可能在狱内结交同类人员预谋实施狱内犯罪，更有甚者在刑满释放后疯狂报复社会。

3. 报复

报复心理是一种变相的反抗心理，古时指报恩或报仇，现指报积怨、愤恨。由报复心理所支配的行为往往违背常规和原则，既害人又害己。服刑人员常见的报复行为有给别人使绊、直接棒打对方、笑里藏刀、故意设置障碍阻碍他人进步等。心怀报复心理的服刑人员，多数会单独采取行动，因为他们的报复目标常常是明确而具体的。例如，有的服刑人员在刑满释放前开始反复酝酿出监后的报复计划，此时他们表现出深思、沉默寡言等特点。

4. 愤怒

愤怒是一种在不能如愿以偿，或者自身利益受到威胁时产生的紧张而不愉快的情绪体验。服刑人员产生愤怒情绪的原因有：受到惩罚、人身自由被剥夺、主观愿望受到压抑、思想动机受到干扰或破坏等。

5. 敌意

敌意是一种仇视和敌对的情感体验。服刑人员中表现出的敌意是一种与愤怒相联系的情绪状态，包括对他人的厌恶、轻蔑和不信任等。怀有深深敌意的服刑人员往往认为所有人都跟自己过不去。

6. 猜疑

猜疑心理在交往过程中表现为，自我牵连倾向太重，总觉得其他什么事情都会与自己有关，对他人的言行过分敏感、多疑。服刑人员中具有猜疑心理的人往往怀疑任何人、任何事，其他罪犯的一言一行、一举一动，都能引起他的联想、猜疑和不安，进而产生冲动的、消极的、不稳定的行为。

例如，看到别人在交谈，服刑人员会想："他们是不是说我呢?"看到他犯在与民警交谈，服刑人员会想："是不是在打我的小报告?"看到他犯吐痰，服刑人员会想："啐我呢?"看到他犯在抱怨该死的天气，服刑人员会想："指桑骂槐呢?"面对其他罪犯的称赞，服刑人员会想："讽刺我?"面对民警之间的交流，服刑人员会想："是不是要毁我?"面对民警办公桌上的扣分单，服刑人员会想："对我有看法?"面对他犯的积极改造，服刑人员会想："想抢我的奖?"

7. 不满

服刑人员的不满心理，是由于各种各样的欲望和需求不能全部如愿以偿而产生的灰心丧气、焦躁不安等情感上的混乱状态。心怀不满的人，容易放大问题并易于出现过激的言语和行为反应。例如，看到他犯吐痰，会大骂"缺德"；看到他犯随地扔垃圾，会大骂或大声指责"没素质"；看到他人没有拧紧水龙头，会大骂"浪费就是杀人"；看到他人没有随手关门，会大声指责"随手关门会死呀"，等等。这些过激反应常会招致罪犯之间的人际关系紧张，给民警的管理增加难度。

8. 自卑/自暴自弃

自卑心理是一种因过多地自我否定而产生的自惭形秽、自愧不如的情绪体验。例如，有的服刑人员片面认为自己没有别人体力壮、不如别人技术好、不如别人内务好、不如别人口才好，等等。长期自卑有可能导致表达与交流类的心理障碍，严重的可能会危害身体健康。自暴自弃是自卑的极端表现，由于对自己的调节或改进能力极度缺乏自信而放弃向善向好的动力和行为。

9. 嚣张跋扈

嚣张跋扈指很强势，横行霸道，气焰嚣张。这是一种随着明显言语和行为的复合情绪。嚣张跋扈的服刑人员多出现在管理混乱的监狱中，甚至可能发展成牢头狱霸。在监狱中，嚣张跋扈的人越多，维护服刑人员的改造权益难度越大，对警方的权威也构成更大的挑战。打击、震慑、遏制这类人的嚣张气焰是警方维护监管秩序、保证刑罚执行工作顺利进行的首要任务。

10. 逆反心理

逆反心理是指客观环境要求与主体需要不相符合时所产生的一种强烈的反抗心态。服刑人员的逆反心理表现为，所处的监所环境及管理者所提出的要求与服刑人员的主体需要不相符时，产生的一种伴有强烈不满情绪的反抗状态。

五、服刑人员情绪管理流程

服刑人员情绪管理，是指监狱民警或服刑人员自身通过识别发生在服刑人员内心的各种情绪体验（既包括不利于其身心健康或人际关系的负性情绪，也包括有利于健康或人际关系维护的正性情绪），并通过技术方法对负性情绪加以克服、引导、转化等调节或对正性情绪加以强化和保持的过程。

服刑人员情绪管理的主体，既可以是民警，也可以是服刑人员自身。管理的流程主要遵循以下三个步骤：首先，帮助服刑人员理解情绪产生的内在机制与觉察各种情绪；其次，教给服刑人员恰当表达情绪（自我调节方案），其过程包括识别情绪、接纳情绪、设定限制、了解需求、合理表达情绪等环节；最后，通过一系列团体训练方案纾解服刑人员的不满情绪（如图1.1.1所示）。

图1.1.1　情绪管理流程

（一）觉察和识别情绪

第一，通过体察自己的生理心理变化，觉察到有较强的情绪产生了。情绪既包含主观体验与评价，又包含外部表现，并因此使情绪变得可以识别和计算。[①] 情绪发生时伴有生理激活，无论是自主神经反应、中枢神经反应，还是生

① 傅小兰：《情绪心理学》，华东师范大学出版社2016年版，第70－132页。

化反应，都可以被测量和觉察。当前，情绪的自主反应与中枢机制的整合模型也受到了重视。[①] 当个体感受到强烈的情绪产生时，注意提醒自己："我现在的情绪是什么？"例如：当一个人因为朋友约会迟到而对朋友冷言冷语时，觉察情绪的方式可以是质问自己："为什么这么做？现在有什么感觉？"如果个人察觉其已对朋友三番两次的迟到感到生气，这个人就可以对自己的生气做更好的处理。

第二，接纳情绪，学会与情绪相处。自发产生的情绪，与自己的价值判断、需求满足情况有关。有人认为："人不应该有情绪"，所以不肯承认自己有负面的情绪。然而，人一定会有情绪的，压抑情绪反而带来更不好的结果。因此，首先要学会接纳自己的情绪，然后依据社会情境、人际交往规则等，学会调整自己的情绪。

（二）适当表达情绪

恰当而充分的情绪表达是人际交往、人际沟通与人际互动的重要组成部分。监狱民警适当引导与训练服刑人员恰当的情绪表达，意义深远。准确地表达对亲人的爱、感恩、感激，学会用书信、用表情、用倾听等多种形式表达爱，对修复或拯救亲情关系有意想不到的好效果。充分表达愤怒——借助这种表达来提醒自己有哪些需要没有得到满足[②]，而不仅仅是情绪与行为的宣泄，在改善情绪体验、提升交际效能方面意义非凡。在犯罪心理研究中经常发现，许多服刑人员尤其在青年早期、少年晚期，"哥们儿义气"情结突出，在朋友约会类事情中很看重自己的"面子"。案例 1.1.2 展示了打消朋友约会迟到带来的愤怒情绪的方法。

案例 1.1.2　朋友约会迟到带来的情绪

假如 B 约会迟到了，A 看起来很生气。A 之所以生气可能是因为 B 让 A 担心，在这种情况下，A 可以婉转地告诉 B："你过了约定的时间还没到，我真的好担心你在路上发生意外。"试着把"我真的好担心"的感觉传达给 B，让 B 了解自己的迟到会带给 A 什么感受。那么，什么是不适当的表达呢？例如，A 指责 B 说："每次约会都迟到，你为什么都不考虑我的感觉？"当 A 指责 B 时，通常也

---

① 傅小兰：《情绪心理学》，华东师范大学出版社 2016 年版，第 142 – 182 页。

② ［美］马歇尔·卢森堡：《非暴力沟通》，阮胤华译，华夏出版社 2016 年版，第 133 页。

会引起B的负面情绪,B瞬间会变成一只“刺猬”,紧急防御外来攻击。此时,B往往没有办法站在A的立场为A着想,B的反应很可能是:“路上塞车嘛！有什么办法,你以为我不想准时吗?”如此一来,吵架就在所难免,别提什么愉快的约会了。如何“适当表达”情绪,是一门艺术,需要用心地体会、揣摩,更重要的是,要尝试用在生活中。

(三)以适宜的方式缓解情绪

缓解情绪的方法有很多。有些人会痛哭一场,有些人会找三五好友诉苦一番,还有些人会逛街、听音乐、散步或逼自己做其他的事情以免老想起不愉快的事情。比较糟糕的方式是喝酒、飙车,甚至自杀。缓解情绪的目的在于给自己一个厘清想法的机会,让自己好过一点,也让自己更有能量去面对未来。如果缓解情绪的方式只是暂时逃避痛苦,而后需承受更多的痛苦,这便不是一个适宜的方式。有了不舒服的感觉,要勇敢地面对,仔细想想为什么这么难过、生气？怎么做将来才不会重蹈覆辙？怎么做可以降低不愉快？这样做会不会带来更大的伤害？从这些角度去选择适合自己且能有效缓解情绪的方式,就能够控制情绪,而不是被情绪所支配。

第二节　愤　　怒

愤怒是人类的基本情绪之一,更是服刑人员常见的情绪之一。一般而言,在监禁条件下,服刑人员会尽量掩饰自己的情绪。一旦服刑人员显露出某种高浓度愤怒情绪,通常是遇到了强烈的刺激。本节介绍愤怒的表情识别、真假愤怒区分、愤怒原因产生、愤怒类型及应对、愤怒的恰当表达及管理等。

一、愤怒的识别要点

愤怒的面部特征包括:眉毛下移,眉头并拢;上眼睑提升,下眼睑紧绷;眼睛怒视;嘴唇紧缩,双侧嘴角向下弯曲,下巴上形成肌肉隆起,表面凹凸不同,同时向上推起下唇。嘴部的力量标志着愤怒的程度:处于抑制中的愤怒,嘴部用力表达着需要给自己加上相应的、足够大的力量来控制采取行为进攻的心理冲动。在对峙的情形中,憋一口气看起来能让人感觉到随时爆炸的危险,足够向对方施加影响力和威慑力。

愤怒的姿态表情如捶胸顿足、咬牙切齿。

愤怒的行为特征识别:露齿的威胁、紧闭双唇的严厉、犀利目光的逼视,都是因愤怒而为进攻做出准备或压抑自己采取行动的表现。

愤怒的语调表情识别:怒吼、咆哮、大声呵斥等常常是愤怒的语调特征。

二、区分真假愤怒

区分服刑人员的真假愤怒,在管理工作中有特殊意义。服刑人员伪装的愤怒可能意味着在隐藏某种真实的意图。区分真假愤怒,可以从表情、眼睛上识别。

愤怒有三个成分:第一个成分是思想,即一个明白无误的想法是"我被冒犯了"。第二个成分是身体的反应,此时,个体的交感神经系统和肌肉都随时准备做出反应。第三个成分是攻击,既可能是言语攻击,也可能是身体行为攻击,目的是直截了当终止别人的冒犯。[①] 借助愤怒的三个成分,结合表情变化,可以有效识别真假愤怒。个体真正愤怒时,不会露出下牙,也就是当个体眉头聚集在一起而嘴没有相应的动作时,属于假愤怒。当需要吓唬别人、表演角色或欺骗时会出现这类表情,当事人还常常故意将表情做得很夸张。

另一个识别真假愤怒的关键点是眼睛。当一个人非常费力、用劲的时候也会出现皱眉头、闭紧嘴的表情。此时,眼睛是聚在一起的,而不是上眼睑提升、下眼睑收紧。假愤怒更没有怒视的目光。

三、愤怒的产生原因

在普通人群的日常生活中,愤怒通常来源于个体对生活的不满以及遭遇挫折后产生的情绪体验。具体来说包括:(1)自由受限。这是对人身最大的威胁。(2)自尊受损。受到轻视、受到挑衅、名誉受损、所属群体被否定、受到不公正不合理的待遇等。(3)利益受损或受到威胁。(4)由愤怒诱发的愤怒。由周围其他人的愤怒态度所激发的愤怒,或受到周围人愤怒情绪感染而滋生的愤怒。(5)对某人的失望。尤其是个体对其用心对待、期待很多,而对方非常令人失望时,容易诱发愤怒情绪。

---

① [美]马丁·塞利格曼:《认识自己,接纳自己》,任俊译,万卷出版有限责任公司2010年版,第102页。

在服刑人员的日常生活中，愤怒发生的情境既有与普通人群的相同之处，又有一定的特殊性。由于服刑人员处于监禁条件下，集体活动的时间长，即使在监舍，也常常是几个人甚至十几个人住一起。彼此之间的攀比或者此人的喜怒哀乐都有可能成为彼人愤怒的原因。他人的进步可能导致心怀嫉妒的服刑人员的愤怒；他人的悲伤可能惊扰了某些服刑人员的平静而使其愤怒；他人的快乐可能带来某些服刑人员的悲愤……总之，只要服刑人员的心态不平衡，任何刺激都可能诱发愤怒。

四、愤怒的常见类型

根据愤怒情绪的释放方式，愤怒可分为直接释放型和压抑型。直接释放型，是指个体遇到不顺心的事情时，不加掩饰地叫、咒骂，甚至咆哮、拳脚相向；压抑型，是指个体遇到不顺心的事情时，一言不发甚至完全默不作声，不和其他人有任何交流，独自生气。

根据愤怒情绪产生时伴随的行为不同，愤怒可分为注意力转移型、指责型、阴暗报复型。注意力转移型愤怒，是指用大力做其他的事，如把电视音量开得很大、拼命打球、大力扫地等，以“我不知道”“我忘了”“我累了”等为理由，拒绝正面交流与沟通。指责型愤怒，是指随着愤怒指出对方过失、并随着责备的言语。阴暗报复型愤怒，是指随着愤怒情绪，随着打击报复的行为或孕育着报复行为的预谋准备。

此外，需正视服刑人员的自我愤怒。① 自我愤怒的类型可以分为四种：破坏型愤怒、自责型愤怒、习惯型愤怒和隐忍型愤怒。

五、愤怒的好与坏

人类进化学家罗伯特·阿德里认为，愤怒有三个好处：②愤怒的第一个好处是保家卫国；愤怒的第二个好处是追求公正，旨在雪耻和索赔；愤怒的第三个好处是它的道德意义。

愤怒除了帮助人们追求正义，还有健康方面的意义。压制怒气相当于三种方式的慢性自杀。首先，如果压制怒气，人们就会把怒气发泄到自己身上，令人

---

① 徐宪江：《哈佛情绪控制课程》，中国法制出版社2013年版，第169页。

② ［美］马丁·塞利格曼：《认识自己，接纳自己》，任俊译，万卷出版有限责任公司2010年版，第103页。

们自身自厌、沮丧,最终走向自我毁灭。其次,压制怒气会导致血压升高、导致心脑血管疾病。最后,压制怒气还可能导致癌症。愤怒的坏处是让我们伤痕累累。①

服刑人员在狱内服刑期间,往往会比正常人更能压抑自己的情绪,包括愤怒在内。在正常的管理秩序下,服刑人员除非特别生气,一般不会发怒。换句话说,发怒的服刑人员,往往是确实有事情刺激到他了,此时的愤怒作为痛苦感受下的自我保护,属于一种替代性反应。不论服刑人员愤怒背后埋藏着的是不满还是伤心,是积极还是消极,是合理还是不合理,监狱民警妥善的处置方法都是先接纳这些情绪,然后引导他们用合理、健康、积极的方式化解愤怒。

从积极意义上说,愤怒情绪包含着力量,包含着个体维护自尊、争取自身利益的力量。教育改造人,就需要用好这些力量。

六、对服刑人员的愤怒进行处置

首先,要判断处于情绪中的服刑人员自我控制力如何。如果是冲动起来不计后果、情绪浓度即将淹没理智的,就需要先考虑依法使用警戒具、包夹人员到位等手段,确保不出现任何意外;如果仅是一时冲动,可安排其找个安静的地方进行冷静思考。

其次,要了解愤怒的根源。通过谈话,把问题摆在桌面上,对事情原委,民警要了解清楚,对是非曲直亮明态度、作出判断,要避免简单、粗暴地处理问题,防止因误会而加深矛盾、埋下隐患。

最后,监狱民警要帮助服刑人员掌握认识问题的方法,学会客观、全面、多角度看问题。对于有矛盾冲突的当事人双方,学会换位思考、设身处地等共情技巧,化解心中的愤怒,正所谓"放下别人的错,解脱自己的心"。监狱民警要牢记一条法则:不在气头上解决问题。

如果愤怒不能化解会有什么后果?在攻击模型中,激惹型攻击伴随的情感就是愤怒。这类攻击行为容易出现过度攻击、过度杀戮行为。

七、愤怒表达训练

压抑愤怒,往往带来的是愤怒的累积。导致愤怒的事件或矛盾如果不能真

---

① [美]马丁·塞利格曼:《认识自己,接纳自己》,任俊译,万卷出版有限责任公司2010年版,第107页。

正从内心得到接纳和化解,那么累积的结果就是在特定的时刻爆发。及时、适度表达愤怒,化解"心结"是妥善的办法。

人在生气时,批评和指责他人都无法真正传达其心声。如果想充分表达愤怒,就不能归咎于他人,而要把注意力放在自己的感受和需要上。与批评和指责他人相比,直接说出自己的需要更有可能使愿望得到满足。①

仔细理解下面关于愤怒的18句话,②可以帮助人们理解非暴力沟通中对表达愤怒的重视。

1. 选择怎样看待事情/事件,将极大地影响人们的判断:是"有能力改变它"还是"会使事情变得更糟糕"。

2. 他人做的任何事情都不能使我愤怒。

3. 凡是在大脑中包含"应该……"的想法都容易引发暴力。

4. 人们之所以愤怒,并不是因为他们的需要没有得到满足,而是因为人们对他人有看法。

5. 愤怒是由人们的不自然的思维导致的自然感受。

6. 不是说评判他人是不对的,关键是要意识到是评判让人们(自己或他人)愤怒。

7. 即使你没有将评判大声说出来,你的眼睛也会泄露这种想法。

8. 使用"我感觉……因为我……"这个句式来提醒自己:你有这样的感受不是因为对方做了什么,而是因为你所作的选择。

9. 对个体来说,人能通过看看自己的需要是什么来清楚地领悟内在的生命。问问你自己:"在这种情况下,我的需要是什么?"

10. 与自己的需要相连时,人就产生有强烈的感受,但不是愤怒。所有的愤怒都是疏远生命的、暴力的、挑衅式的思维的结果。

11. 杀人太肤浅了。马歇尔认为,对人的任何一种杀戮、责备或伤害都是对愤怒的肤浅表达。

12. 人们的目的是每时每刻都将我们的注意力与生命相联系。我们此刻的

① [美]马歇尔·卢森堡:《非暴力沟通实践篇》,梁欣琢译,江苏人民出版社2014年版,第145页。

② 参见[美]马歇尔·卢森堡:《非暴力沟通实践篇》,梁欣琢译,江苏人民出版社2014年版,第170-171页。

需要是什么？他人此刻的想法是什么？

13. 悲伤是一种调动人们来满足自己的需要的情感。愤怒则是一种调动我们去责备、惩罚他人的情感。

14. 充分表达愤怒不仅意味着个体要表达愤怒的深层感受，还意味着他要帮助其他人理解他们的感受。

15. 要充分表达愤怒就意味着将人们的全部意识调到未被满足的需要中来。

16. 得到他人理解的最好方式就是给予他们理解。如果想要他们倾听你的需要和感受，那么你需要首先倾听他们。

17. 当一个个体给予人们他们需要的理解时，就会发现，让他们倾听这个人便不那么困难了。

18. 愤怒是非暴力沟通中一种非常宝贵的情感。它是一座警钟，提醒自己，我现在的思考方式几乎可以保证我的需要铁定不会被满足。为什么，因为个体的能量没有与他的需要相连，愤怒时个体甚至都意识不到自己的需要是什么。

上述表达帮助我们理解了愤怒与自身的需要、与自身连接之间的关系。

八、愤怒管理流程

（一）愤怒的自我觉察与检测

通过表 1.2.1 的小测验，来检测服刑人员是不是暴脾气的人，帮助他们检测自身的愤怒易感性。

表 1.2.1　你是个暴脾气吗？

仔细阅读每一道题，然后选出最能代表你通常感受的选项。答案并没有对错之分。不要在每一道题上花过多的时间。			
1. 我很容易发脾气。			
几乎没有	有时	经常	总是这样
1	2	3	4
2. 我脾气很暴躁。			
几乎没有	有时	经常	总是这样
1	2	3	4
3. 我是个性子急的人。			

续表

几乎没有	有时	经常	总是这样
1	2	3	4
4. 别人犯错拖我后腿时，我会很生气。			
几乎没有	有时	经常	总是这样
1	2	3	4
5. 我的成绩没有得到别人认可时，我会很恼火。			
几乎没有	有时	经常	总是这样
1	2	3	4
6. 我会勃然大怒。			
几乎没有	有时	经常	总是这样
1	2	3	4
7. 我生气时会破口大骂。			
几乎没有	有时	经常	总是这样
1	2	3	4
8. 我受不了当众挨批，我会很生气。			
几乎没有	有时	经常	总是这样
1	2	3	4
9. 遇到挫折时我会有打人的冲动。			
几乎没有	有时	经常	总是这样
1	2	3	4
10. 如果我做得很好，但得到的评价却很低时，我会火冒三丈。			
几乎没有	有时	经常	总是这样
1	2	3	4

分数计算方法：把每题的分数加起来就是你的最后得分。分数越高，说明你越爱生气。13 分以下：你是最不爱生气的人，如果换算成百分制，你的分数是 10 分。14 ~ 15 分：你是不怎么生气的人，如果换算成百分制，你的分数是 25 分。17 ~ 20 分：你处于平均值左右。21 ~ 24 分：你很爱生气，如果换算成百分制，你的分数是 75 分。25 ~ 27 分：如果你是女性，换算成百分制，你的生气分数

在90分左右。28~30分:如果你是男性,换算成百分制,你的生气分数在90分左右。30分以上:如果你是女性,说明你非常易怒,换算成百分制,你的生气分数在95分左右。如果你是男性,说明你非常易怒,换算成百分制,你的生气分数在95分左右。

一个人随着年龄的增长会越来越心平气和。如果你还不满23岁,那得分26分以上就说明你是一个很容易发怒的人了。但是如果你已经25岁了,那24分就足以说明问题。①

(二)通过愤怒日记,识别愤怒的成分

假设测试者在愤怒小测验中的得分属于前10%,脾气暴躁,很容易因为一点小事而大动肝火,他自己也意识到这样做得不偿失。那么,该怎么办呢?通过写愤怒日记,看清自己的愤怒模式。②

表1.2.2 愤怒日记的模式

爆发时刻	导火线	强度（最强为10）	持续时间	行为表现
8:00	眼镜片从新镜框掉了出来	8	10分钟	给配镜师打电话,对她的秘书大喊大叫,感到内疚
12:30	番茄三明治	9	2分钟	咒骂服务员,去拿蛋黄酱,表情难看

(三)临床医师解决愤怒的方法

人一旦了解了自己的愤怒模式,就可以开始学习临床医师倡导的解决愤怒的策略。③ 这个策略包括三个成分:愤怒的思想——“我被冒犯了”;愤怒的身体反应——血压上升、心跳加速、肌肉紧张;愤怒的行为——攻击。基于愤怒的这三种成分,解决的策略如下:

① [美]马丁·塞利格曼:《认识自己,接纳自己》,任俊译,万卷出版有限责任公司2010年版,第100-101页。

② [美]马丁·塞利格曼:《认识自己,接纳自己》,任俊译,万卷出版有限责任公司2010年版,第111页。

③ [美]马丁·塞利格曼:《认识自己,接纳自己》,任俊译,万卷出版有限责任公司2010年版,第111-113页。

方法一，想发火的时候在心里默念："一，二……十"。这种方法会在刺激和反应之间增加一个时间缓冲区，这个时间缓冲区可以抑制冲动。方法二，告诉自己，"我正在阻断我的愤怒"，可以在这段缓冲期内直接改变自己的想法。方法三，想象自己是快乐游动的鱼，现在有无数的鱼钩，以侮辱的方式出现在面前。每一个鱼钩都给自己提供了选择——要不要咬一口？问问自己，这的确是一种伤害吗？试着让自己从挑衅者的角度去看问题，重新分析这件事情。

写信冥想释放愤怒[①]的方法，也可以带领服刑人员尝试。"给让你愤怒的人写信。"需要说明的是，服刑人员写的这些信，并不是为了要真正寄给让自己愤怒的人，因此，写信时心中不必遮掩自己的感情，坦白写出内心的所有感受，哪怕这些感受是消极的。在信中，可以写下对方做的什么事情让自己如此生气，写下生气时的身心感受，以及想要抱怨的一切。信写完后，放置一边。两三天后，再次拿出这封信，仔细阅读，写上想要增加的任何事情。之后，再把这封信搁置两三天，看最后一遍，然后，把信撕掉。实践表明，人的愤怒情绪也会随着这封信的销毁而烟消云散。

（四）愤怒控制训练

教导服刑人员以一连串的行动对最近的攻击唤起经验进行回应：

确认愤怒触发物（激起愤怒反应的外在事件或内在自我陈述）；

确认愤怒线索（泄露愤怒情绪的个人生理事件如紧张的肌肉、泛红的脸色、握紧的拳头）；

进行提示（自我陈述如镇定、冷静，或对他人的行为不作敌意的解释）；

减弱愤怒唤醒度（深呼吸、倒数数、想象平静的场景、想象行为的长期后果）；

自我评价（对上述行动可有效回应争执事件的反省，对个人有效行为的表现的自我肯定或奖赏）。

马歇尔·卢森堡博士总结了表达愤怒的四个步骤，这也可以作为训练程序：第一，停下来，除了呼吸，什么都别做；第二，想一想是什么想法使自己生气了；第三，体会自己的需要；第四，表达感受和尚未满足的需要。[②] 这是非暴力沟

① 张宁：《冥想——唤醒强大的自己》，文汇出版社 2017 年版，第 165 - 166 页。

② ［美］马歇尔·卢森堡：《非暴力沟通》，阮胤华译，华夏出版社 2009 年版，第 145 页。

通中合理表达愤怒的模式，如果服刑人员想表达愤怒而又不破坏人际关系，推荐使用这种模式。

(五)管控暴力行为的模拟训练流程

临床心理学家廖凤池针对临床心理学的需要，提出了包括五个方面的暴力行为管控模拟训练。

一是问题认知和情感自我监控。从服刑人员情绪追问，找到内在自我对话的内容，辨认出哪些对话可以降低气愤情绪的认知，哪些则是会提高气愤情绪的认知，并为其提供可用的多种多样的气愤因应管控项目[①]，作为进一步进行气愤管控训练的材料。

二是角色取代训练。针对服刑人员面对的人际冲突情境，使用角色扮演的方式，让服刑人员有机会站在相关角色的立场，去体会各种角色在冲突情境中可能的想法和意图，进而提高服刑人员对于他人情感和认知的洞察与共情的能力。

三是人际问题解决训练。民警通过逐步向服刑人员讲授人际处理冲突的步骤，包括问题界定、形成多种解决途径、预测及评估行为后果等，协助服刑人员从模仿、练习及行为的预演过程中，提升其面对解决人际冲突问题的能力。

四是气愤控制训练。尝试找出服刑人员提高气愤情绪的负向内因，将其转化为可降低气愤情绪的正向内因，并以行为预演的方式，使服刑人员熟练使用。所设计的愤怒管控内因依照不同的因应阶段分为准备应对激怒、冲突和面对、应付唤起的情绪、后续的反应四个阶段。其训练过程包括认知准备、技巧练习、应用训练三个阶段。

五是行为管理。在心理辅导实务中，服刑人员拒绝协助及制造事端的概率比较高，常用的应对策略包括行为契约、代币酬赏等，随时增强其合作行为，并让非期待行为付出反应代价，以确保协助关系及协助过程顺利进行。

---

① 因应管控项目，是指因其所遇而应之的管控项目，这类项目有随机应变的特点。

第三节　悲　　伤

与其他基本情绪相比,悲伤是一种较为持久的负性情绪。悲伤通常指是由分离、丧失和失败引起的情绪反应,包含沮丧、失望、气馁、意志消沉、孤独和孤立等情绪体验。悲伤源于损失,如珍贵物品或财物的遗失、亲人或朋友的生离死别、健康或经济来源的丧失、自认为应有的收获没有得到、付出了努力而无法得到他人认可和社会赞许等。悲伤是唯一放任身体能量流失的情绪,而其他情绪则会调动能量用于肢体消耗。

一、悲伤的识别要点

悲伤的表情识别要点:眉头紧皱、上眼皮下垂、两眼无光、双侧嘴角下耷、眉毛斜拉。

最为饱满的悲伤反应就是痛哭,它传达的是一个人极致的悲伤情绪,其面部形态特征包括:两条眉毛向下压,眉头间出现纵向皱纹,眉头轻微向上扬起,内侧一方形成向上的扭曲;眼睑用力闭合在一起,眼角内侧形成皱纹,眼角外侧形成鱼尾纹;上唇提升、脸颊位置提升,下眼睑下方形成一块凹陷,鼻翼两侧出现鼻唇沟;嘴角向两侧拉伸,且与脸颊之间形成法令纹;下唇整体向下拉,双侧嘴角向下拉;下唇的中部向上堆起。①

悲伤的外在行为表现是沮丧心情,哭泣与沉默。悲伤的程度取决于失去的东西的重要性和价值大小;也依赖于主体的意识倾向和个体特征。哭泣又表现为有声哭泣和无声哭泣。

悲伤的姿态表情,既可能表现为全身的沮丧状态,如身体更倾向于蜷缩、低头耷拉向胸部;又可能表现为因为悲恸而抽泣,带动身体产生相应动作。

二、辨别真假哭泣

哭泣流泪是人类与生俱来的悲伤的具体表现,是一种简单的反射行为,无须学习。

真哭泣,是源于内心的悲痛,突出的表情看上去很痛苦。真正的大哭是:双

① 参见汇智书源编著:《微表情与微行为大全》,中国铁道出版社 2017 年版,第 11 - 12 页。

眉强烈皱起、眉头向上提升;上下眼睑紧闭,眼角内外侧出现皱纹;上唇紧绷,同时造成脸颊隆起,在鼻翼至嘴角间形成鼻唇沟;嘴角向两侧咧开,嘴唇被拉长、变薄,在下唇两侧接近嘴角处形成接近垂直的下落唇形,近似方形,露出部分下齿。

真哭泣之无声哭泣,则是眉头微微向上提升,双眉皱起;眼角内侧、外侧挤压形成皱纹;脸颊位置提高,形成鼻唇沟;嘴角向两侧拉伸,使嘴的水平宽度比平常增加;嘴唇颤动、声调变弱变低、语速缓慢。

假哭泣,是源于将哭泣作为唤起他人注意的方式,通常表现为“雷声大雨点小”的干哭,他们闭着的眼睛会时不时睁开,看一看他人的反应,没有发自内心的悲痛表情。服刑人员的假哭,多数是为了博得同情或关注。

三、悲伤表情的狱内识别

识别服刑人员的悲伤情绪,除了观察其面部表情、是否沮丧哭泣,还需要留意其最近是否真的遇到了值得悲伤的事件。上面提到了悲伤的外在表现的一种形式是哭泣,服刑人员的哭泣常常需要鉴别其真假,以帮助民警判别服刑人员是否真正悲伤。对于处于真正悲伤中的服刑人员,民警要找出其悲伤的真正原因,给予必要的援助、安慰等干预措施。对于假哭泣的服刑人员,则要找到其背后的意图,并采取必要的教育改造措施。

习惯性的悲伤表情,是由于个体长期的表情习惯形成的固定的表情纹。既可能是由于当下的、近期的遭遇或磨难所导致,也可能是由于多年来养成的多愁善感、自艾自怨的性格使然。

当个体内心处于高浓度悲伤时,一般表现为不愿意或无意与外界做交流、回避与他人的视线接触、不愿意说话、几乎停止了所有的动作等。如果服刑人员出现偶尔的撩眼皮动作,试图在观察警察或周围环境时,有几种可能:一是悲伤并不是发自内心的;二是悲伤的程度并非行为表现得那么浓;三是当事人关注的是他人对自己的评价。

在监狱的现实生活中,服刑人员由于所遭遇的悲伤情况及当事人抑制程度的不同,悲伤又可以划分为不同的等级,如闭着嘴痛苦、闭着嘴哭泣、平静的悲伤等。监狱民警在遇到服刑人员哭泣时,细细区分与辨别真假及悲伤程度,对实施干预有重要帮助。

四、服刑人员悲伤的处置

服刑人员在与监狱民警交谈过程中流露出情绪是常见的事情，情绪流露的程度则取决于服刑人员的性格、民警的理解程度、服刑人员的心态等。情感脆弱、性格外向的服刑人员，情感流露得多；面对自己信任的民警，话到伤心处，悲伤情绪流露得多；面对能设身处地理解自己难处的民警，悲伤情绪流露得多。一些带有利用、戏谑、玩弄民警目的的服刑人员，为了达到自己的目的，则会在与民警交谈时刻意增加情绪的浓度。

个别谈话或对罪犯群体的自然观察中，需要持续观察、密切关注：(1)服刑人员的面部表情特征是否协调、一致。如果不协调、不一致，就可以判断为夸张的、表演性的悲伤，需要进一步观察和发现当事人假装悲伤的动机。(2)情绪浓度和讲述内容是否匹配。如果一致、相匹配，就是真实的悲伤，需要进一步评估悲伤的程度、了解事情的原委、采取必要的风险防范措施。

对处于持续的、严重的悲伤情绪中的服刑人员的处置，要根据悲伤来源，区别对待：(1)对遭遇家庭变故而处于悲伤中的服刑人员，第一步，主要以鼓励倾诉为主，鼓励通过哭出来、讲述、写信等方式将悲伤情绪宣泄出来；第二步，帮助其重建信念，找到好好活下去的力量，比如，完成逝者希望其一切向好的任务，或者争口气实现目标等；第三步，赋予其某个容易完成的使命或任务，找回其真实、生动的价值感，如养一条金鱼、管理一园的花草、每天帮助检查班内卫生等。(2)对经常哭哭啼啼的服刑人员，鉴于其情绪易波动、多疑、敏感、遇事容易想不开的特点，主要做好同犯间的攻心工作，安排好合适的人员做包夹，并多给予鼓励、肯定、表扬等，以提振信心和获得克服困难的勇气。

案例 1.3.1　引导服刑人员走出悲伤

服刑人员韩某，半年前得知母亲去世的消息，一度悲伤得难以自已。在监区民警的共同持续关注下，韩某情绪趋于稳定，但始终愁眉不展，话少，每天闷闷不乐、茶饭不思。很明显，韩某是没有从低落、悲伤中走出来。

分管韩某的张警官找到了韩某的狱友，了解韩某在母亲去世后的生活、学习、劳动等情况是否有异样。据住同一监舍的服刑人员甲反映，韩某以前性格开朗，劳动积极，爱说爱笑，但自从他母亲去世，整个人都变了。另一位服刑人员则反映，曾经有其他民警来找韩某谈话，韩某心里也知道监区的领导关心他，可是他就是跨不过心里那道坎,解不开心结,而且还特别自责,总觉得对不住母亲,也对不住民警们对他的关心。

经过监区内分管韩某的民警的介绍,民警乙充分了解了韩某的情况后,找到了韩某,问他这两天感觉怎么样?韩某回答说:"还好。"民警乙单刀直入地说:"大家都觉得你总是闷闷不乐的,能描述一下你这一段时间的情绪感受吗?"韩某回答说:就是高兴不起来。

民警乙:是什么情绪呢?

韩某:难过。(在谈情绪体验之前,让服刑人员先对情绪进行命名,命名的过程实现了把服刑人员转化为观察者的角色转变。)

民警乙:除了难过,还有其他的情绪或者感觉吗?

韩某:说不清楚,挺难受的,我也不想这样,我知道民警们、狱友们都关心我,都想让我恢复成以前那个爱说爱笑的我,我也想告诉自己妈妈已经走了,我应该积极改造,告慰她老人家的在天之灵,但我不知道怎么恢复成以前的我。

民警乙:咱们慢慢来,有你这份心,一定能克服困难,让一切都好起来!

韩某:您说要我怎么做!

民警乙:你现在把注意力放在身体上,体会那种难过,注意发现身体里的不一样的感觉,发现了就告诉我。

韩某:胸口闷,胃在抽筋,肚子上的肌肉一揪一揪的。

民警乙:咱们现在就去感受你身体里的这些感觉,这个过程可能很难受,但对咱们很重要。现在闭上眼睛,把注意力集中在胸部和腹部上面,你注意到什么?

韩某:胸口特别闷,我想哭,特别想哭,我忍住了,我能忍住。

民警乙:你感觉到眼泪马上就要流出来了,你使劲忍着,这种感觉是怎样的?

韩某:心口疼得特别厉害,肚子里面和外面都收得紧紧的。

民警乙:如果你真的哭了,会怎么样?

韩某:我不知道,我觉得特别慌,特别害怕。

民警乙:什么让你特别害怕?

韩某:你会看不起我,所有的人都看不起我。

民警乙:这是你的感觉,你知道我们都很关心你。这种感觉让你想哭,让自己集中注意力在这个感觉上,可以吗?

韩某:(点头。)

民警乙:你能让自己释放这种感觉吗?

韩某:我不知道。(一边说一边开始哭,抽泣,呜咽,继而哭出声来。)

民警乙:就这样,释放这个感觉。停顿。你能告诉我现在心里的想法吗?

韩某:别不要我!我好像很多时候总会这么想。

民警乙:现在感觉怎么样?

韩某:我特别想找个地缝钻进去,您不会把今天的事告诉别人吧?

民警乙:为什么要钻进地缝?

韩某:我不能让人知道我这么没出息!如果大家知道我是这样的人就会更加瞧不起我了。

民警乙:你的意思是难过的时候流眼泪是没出息的表现?

韩某:女人不是,男人是。

民警乙:咱们一起来找找这种感觉从哪里来的——感受心口堵得特别厉害,肚子里面和外面都收得紧紧的,这种感觉让你想哭,闭上眼睛,集中精力在这个感觉上,眼前出现了一个画面,那是你第一次有这种感觉。这画面在变清晰,看到了什么?

韩某:村口的路上一个人都没有,妈妈坐的车开远了,连影子都看不到了,就我一个人站在路边,我好害怕,特别害怕。(呜咽)

民警乙:睁开眼睛,都过去了,都过去了。

经过民警乙的开导,韩某找到了自己问题的根源,通过与民警的对话,悲伤的情绪明显得到了改善,韩某逐渐走出了悲伤,重新投入积极的劳动改造生活中。

第四节 厌恶与轻蔑

厌恶,是个体对人或事的反感情绪或非常不愉快的情感体验。厌恶情绪包含强烈的躲避倾向,并伴随明显的恶心、呕吐等身体不舒服的感觉。轻蔑,则是在不同程度上表达着轻视、不屑、藐视、蔑视、鄙视等情感。

一、厌恶的分类

厌恶分为生理性厌恶和社会性厌恶。生理性厌恶是指个体对腐烂物质、丑恶事物的样子、气味等的强烈排斥。引起厌恶的刺激物，既可能是直接看到、嗅到、尝到、接触到的丑恶事物，如蟾蜍、毒蛇、臭气、尖锐噪音等；也可能是在人的观察、记忆、思维、想象中所涉及的丑恶、污秽的内容，如交往对象的“虚情假意”“卑躬屈膝”“污秽龌龊”“卑鄙下流”的行为或人格特征。社会性厌恶是指对他人的形象、声音或言行举止的强力排斥。

呕吐、恶心是生理性厌恶的一种外在行为表现，而厌恶表情的面部特征又源于身体行为——呕吐。因此，可以理解为呕吐与厌恶之间互为表征。

二、厌恶与轻蔑的识别要点

1. 厌恶

厌恶是一种非常强烈的负性情绪，往往呈现出非常明显的表情：双眼紧闭，表达出不愿意看到；紧皱鼻子，表示不愿意闻到；嘴唇瞥向后方，有时会伴有吐舌动作，表示不愿意去吃。[①]

饱满的厌恶表情表现出四种典型的面部特征：(1)双眼紧闭，同时双眉紧皱并下压；(2)上唇被提升，同时，鼻翼两侧形成鼻唇沟；(3)双唇紧闭，下巴同时向上皱起，皮肤表面产生很多皱纹，下唇和下巴上隆起的肌肉之间形成沟壑；(4)嘴角下拉，嘴角两侧形成“括号状”纹路。随着厌恶程度的加深，鼻子的周围在顺次加深、上嘴唇抬起的幅度在顺次增加，肌肉运动加剧。

与厌恶的表情不同之处在于：愤怒表情的要点是眉头下压、眼睛里充满怒火、嘴唇用力紧闭；厌恶表情的要点则是眼睛之间的印堂部位起皱纹，鼻子皱起，同时上嘴唇上扬。

厌恶并且愤怒的表情，包括两种情况：一种是厌恶随着不加克制的愤怒，表现为眉毛下压、眼睛里有怒火、鼻子皱起、印堂之间出现皱纹、鼻子皱起、上嘴唇上扬；另一种是厌恶并压抑的愤怒，表现为鼻子皱起、眉毛下压、两侧嘴角下拉、印堂之间出现皱纹。

2. 轻蔑

轻蔑是一种瞬间流露、持续时间较短的表情。轻蔑时，短时间内单侧嘴角

---

① 汇智书源编著：《微表情与微行为心理学大全》，中国铁道出版社2017年版，第4－6页。

上扬。轻蔑与偏嚼形成的单侧嘴角上扬不同，轻蔑是瞬间的，偏嚼留下的两侧嘴角高度不对称，是一种面部特征，任何时候都存在。

轻蔑表情常伴随不同的笑容出现，有真笑也有假笑。轻蔑并伴有真笑，表达的是排斥对方同时感受自己比对方优越，这样的认知过程，常常能够让当事人感受到自我价值的满足，而在内心感到愉悦、满足。轻蔑并伴有假笑，表达的可能有两种含义：一种是排斥、俯视对方，但努力掩饰这种排斥和俯视；另一种含义是让笑容帮助当事人做出更加优越的姿态。

轻蔑常伴随头、手、脖子等身体动作出现。轻蔑表情随着下巴抬起、视线向下俯视，毫不掩饰地表达“我看不起你”“像你这样的，我见得多了”“你在我面前算老几”等含义。人类在表达轻蔑表情的同时，还会表现出抱臂、扭头、避开视线交流，这是在不加掩饰地表达自己的直接而强硬的对立态度。

如果人在表达轻蔑表情时，还伴随着随意的坐姿、手部随意托着下巴，出现的场景是一个嫌疑人在庭审现场，此情此景是直接表达了当事人漫不经心、心不在焉、轻视甚至藐视法庭的心理状态。

三、厌恶的程度等级

在人际交往与人际互动中，人们很少做出夸张的厌恶表情，除非故意呈现给别人看。一般情况下，厌恶表情的表现形式比较温和。随着厌恶刺激强度的增加，会引发个体更高程度的厌恶，也将伴随不同的面部形态。从强烈的厌恶、轻蔑、不屑，到讥笑和冷笑等各种厌恶表情，呈现出不同的面部形态。

强烈的厌恶，由强烈的刺激源引起，个体表现出非常讨厌刺激源，并试图远离刺激源的姿态，表达的是单纯、极度的讨厌，想避免近距离接触到刺激源。其面部形态主要表现为双眼紧闭、上唇被提升、双唇紧闭、嘴角下拉。

轻蔑，表达的是对刺激源的排斥感，但心态及脸上的轻松程度比强烈的厌恶表情要轻松很多。轻蔑的面部形态主要表现为：双眼轻微闭合、双眉轻微下压、形成轻微皱眉纹；上唇和鼻翼向上提升，鼻翼两侧形成浅沟；双唇可能是闭合或微分开状态。

不屑，是厌恶程度最浅的表情，又称为完全的轻视，除了看不起外，根本不用花费力气来排斥。不屑的面部形态主要表现为：眼睛和眉毛几乎没有变化；上唇轻微向上提升、上唇线与正常相比略微拉平；鼻翼轻微向上提升并向两侧拉平，鼻翼两侧形成浅沟纹；脸上通常伴有笑意。

讥笑和冷笑,用来表达一种非常轻松的否定评价。讥笑的面部表情为:与上扬嘴角同侧的眼睛,其眼睑有一定程度的闭合;下眼睑下方形成一道浅沟纹。冷笑,表达的是一种不屑。冷笑与讥笑在面部表情上的区别在于:看不到眼睛的笑意,只在嘴部表现出不完整的笑容形态。

四、服刑人员厌恶与轻蔑的处置

无意识的瞬间表情,最能流露出个体当时的内心状态,直接表达其内心的真实态度。轻蔑的瞬间表情,表达的是对正在听到或看到的内容是排斥的、不认同的、蔑视的。因此,在组织活动现场,对服刑人员做观察是非常好的时机。

狱内服刑人员直接把厌恶写在脸上的情况并不多见,而更多情况下,他们是把问题放进心里,表面接受但心里未必服气。当服刑人员表达出高浓度厌恶情绪时,民警要通过观察、询问、谈话等途径,弄清楚其内心的厌恶对象。注意核对档案、找同犯谈话了解情况,深入了解和密切观察,对厌恶内容做精准定位。

当服刑人员表达出了厌恶的面部表情、身体呈现回避状态,表达不想交流的人际互动姿态时,民警与这种情绪状态的服刑人员谈话要尽可能简短。对表达出厌恶情绪的服刑人员,不必急于谈话,因为此时民警急于与服刑人员谈话会加重厌恶情绪,严重时会伤害警犯之间的关系,也可能引发服刑人员的语言对抗。

一旦厌恶原因、厌恶对象等问题查清后,民警就可以制订谈话方案,寻找时机做好教育工作。例如,服刑人员谢某某,在入狱服刑拍摄的存档照片显示,单侧嘴角上扬、有明显的挺胸动作,与一般服刑人员入狱时的拘谨、紧张不同。该服刑人员表达了明显的轻蔑情绪。可惜的是,民警当时并未注意到这些现象,服刑中期该服刑人员暴力冲监,越狱脱逃。

在民警与服刑人员单独谈话中,当服刑人员表现出单侧嘴角上扬并伴随假笑,保持与民警直接的目光接触,且没有出现眨眼过多或过快的情形时,所表达的含义是:轻蔑,但希望跟民警有良好的关系、积极配合谈话。当服刑人员表现出单侧嘴角上扬、眼睛直视、双手握拳,有支撑的架势时,表达的是轻蔑夹杂着愤怒,采取攻击行动的力量呼之欲出。当服刑人员表现出单侧嘴角、视线回避、隔绝、抗拒式抱胸时,所表达的是轻蔑、回避与警官交流,是一种坚定的不接受的态度。

第五节　嫉　　妒

英国哲学家罗素认为：使人不幸福的最主要的潜在原因，除了忧虑之外，下一个也许就是嫉妒了。嫉妒，可以说是人类最普遍的、最根深蒂固的一种情感。

一、嫉妒及其产生

（一）嫉妒心理

嫉妒，是指人们为竞争一定的权益，对相应的幸运者或潜在的幸运者怀有的一种冷漠、贬低、排斥甚至敌视的心理状态或者情感表达。嫉妒是一种对他人的优越地位而在个体心中产生的不愉快的情绪体验。嫉妒严重时，会上升为仇恨。嫉妒情绪一旦被放任，即可能产生相对持久的嫉妒心，它让人感受到难过的滋味，严重时，人自然会产生恨的情感。

嫉妒害人害己。嫉妒者往往不能容忍别人的快乐与优秀，会用各种手段去破坏别人的幸福，有的挖空心思采用流言蜚语进行中伤，有的采取卑劣手段。从这个角度说，嫉妒者是可恨的。而从另一个角度说，嫉妒者又是可怜的，他们自卑、阴暗，他们享受不到阳光的美好，体会不到人生的乐趣，一直生活在自己营造的黑暗世界里。甚至说，嫉妒的人又是可悲的，“心灵的疾病”会扩散到身体各处，引起躯体上的不良反应，七病八疾不请自到，它是摧毁人性和健康的毒药。

嫉妒还有益处吗？是的。一个人嫉妒在哪里，就意味着其自卑感在哪里，也就意味着其自尊心在哪里，进而也就意味着其所可能追求的目标在哪里。因此，很多的“嫉妒”只要能将其正确导入敌对的目标与方向，或者因“嫉妒”而采取提升自己表现自己的措施，对整体长远的行动目标来说却会是有益的。嫉妒不同于羡慕。羡慕是对幸福概念的一种认知，是对他人幸福的一种祝福；嫉妒则在内心潜藏着对他人幸福的破坏倾向，并对自己所谓的不幸深感无奈。

在服刑人员中，嫉妒心理普遍存在。嫉妒经常表现为“红眼病”“吃醋”“吃不到葡萄说葡萄酸”等。嫉妒心理严重者，面对他犯的积极改造，会在一旁说风凉话，甚至有时发展为仇恨积极者，并在犯群中煽阴风、点鬼火。

案例1.5.1 嫉妒者的鬼把戏

魏某,37岁,曾有6年吸毒史,2次涉毒犯罪,多次进公安局看守所,在第二次犯罪后还曾大闹法庭,被依法判处有期徒刑8年。魏某不仅吸毒,贩毒,在社会上也是个劣迹斑斑的地痞流氓,人称"八面佛"。第二次入监以后,仍以流氓手段对待改造。对他犯的积极改造,说风凉话,煽动其他服刑人员起哄捣乱,挑拨服刑人员打架斗殴。魏某虽然被判了8年,但在前6年的改造时光里,坚持不认罪。每当看到身边的服刑人员受到表扬、嘉奖甚至减刑奖励时,魏某就会貌似不经意地说"这个可不是白来的",这种"酸酸"的话语,也给没有得到奖励的他犯带来无限的遐想。而一旦身边有服刑人员受到民警的批评或依法依规的惩罚后,魏某就会貌似自言自语地说:"看来是没有把咱当人看啊",这种心存嫉妒与敌意的话语,可能会再次对受到批评或惩罚的服刑人员煽动起强烈的不满情绪。

(二)嫉妒的产生

从宏观上看,嫉妒的产生有两个原因:现实世界的不公平和社会对比。就个体的内心感受来讲,嫉妒在早期依次表现为由攀比到失望的压力感;中期则表现为由羞愧到屈辱的心理挫折感;后期则表现为由不服不满到怨恨憎恨的发泄行为。嫉妒是一种比较复杂的心理,它包含着自咎、羞耻、悲哀、猜疑、消沉、敌意、焦虑、恐惧、憎恶、怨恨、报复等不愉快的内在体验。别人天生的身材、容貌和逐日显出来的聪明才智,可以成为嫉妒的对象;其他如荣誉、地位、成就、财产、威望等有关社会评价的各种因素,也都容易成为嫉妒的对象。

二、嫉妒的分类

依据嫉妒的性质,可以把嫉妒分为良性嫉妒和恶意嫉妒两种。那些持良性嫉妒心理的人,会把这当作提高自己的动力,因为只有他们表现得更好,从他人的成功中学习经验,才能使其更像他们所羡慕的人。相反,那些持恶意嫉妒心理的人会想方设法把更成功的人拉下马。良性嫉妒和恶意嫉妒是统一的,二者是同一个连续情感变量的两个极点。从流动性来看,恶意嫉妒的破坏性与嫉妒物的不可获得性而引发的不公平感知有关,善意或竞争性嫉妒与可获得性有关。①

① 卢长宝、林阳阳、段奕君:《社会比较意义下嫉妒情绪的认知、情感及行为机制》,载《东南学术》2013年第1期。

嫉妒情绪在人与人的情感关系中更为普遍。在情感关系中,“吃醋”是普遍的一种心理感受。如果了解到服刑人员之间出现了情感过从甚密的倾向,就要及时了解其中的关系及程度,避免“吃醋”现象酿成狱内案件。

根据嫉妒时的理性程度,又可以把嫉妒分为理性的嫉妒和非理性的嫉妒。理性的嫉妒不会导致嫉妒者采取极端的手法解决问题。比如,当个体遇到情感问题甚至感情危机时,会用爱来应对,也就是弥补自己在亲密关系中给予对方的爱,用更加完美的爱去牢牢挽回对方。

非理性的嫉妒则相反。持有非理性嫉妒的人,在对亲密关系中的感情产生了某种不安的感觉后,就会采用非常极端的手法,找出对方的蛛丝马迹,或者窃听对方的电话,或者偷看对方的短信,甚至派人跟踪对方。这些极端手法非但无益于问题解决,反而会加速亲密关系的瓦解、家庭的崩溃。非理性的嫉妒产生于非理性的认知:认为男女双方一旦结婚,对方就一定作出保证,“保证对方只对自己动心,并且用无尽的爱来对待自己”;如果发现自己不是配偶唯一的心动对象,那就糟糕透顶,并绝对不能忍受;如果爱人对别人动了心,就说明自己不好等,这些都属于非理性认知,持有这些理念的一方,对婚姻中的另一方更容易产生强烈的嫉妒甚至怨恨情绪。

三、服刑人员嫉妒的应对

嫉妒是一种复合情绪,嫉妒心则是包含着焦虑、恐惧、悲哀、猜疑、羞耻、自咎、消沉、憎恶、敌意、怨恨、报复等多种负性情绪的心理状态。嫉妒心强的人,对别人天生的身材、容貌和逐日显出来的聪明才智,不是羡慕而是嫉妒甚至仇恨的对象;其他如荣誉、地位、成就、财产、威望等有关社会评价的各种因素,也都容易成为他们嫉妒的对象。

服刑人员中不乏嫉妒心强的人员。为了恰当应对服刑人员的嫉妒心,需要了解嫉妒心理的以下几个特点:第一,嫉妒虽然是个体拿自身与他人相比较而产生的,但一定涉及第三人对某人的态度;第二,地位相等、年龄相仿、程度相同的人之间最可能产生嫉妒,一方对另一方望尘莫及时,是不会产生嫉妒心理的;第三,是否出现嫉妒心理,还与个体的思想境界、道德情操等个人修养有关。精神动力学派认为,嫉妒的根源与潜意识的情绪有关,嫉妒不是自我所能够完全控制的,简单地说,嫉妒不完全是意识活动,不完全是理性的产物。嫉妒所反映的情况往往与实际并不完全相符,至少是程度上有差别。

嫉妒发展成病态时就成为一种妄想，称为嫉妒妄想。比如，这种患者常常认为配偶对自己不忠、另有新欢，并因此跟踪、逼问对方，以求证实自己的猜测，即使无法找到证据，也依然坚信不疑。这类患者的易感人格因素表现为性格多疑；情境因素则表现为夫妇双方条件相差较大。

有一类犯罪是源自嫉妒动机，如对他人的外貌、财富、学识、品德、声誉、地位、爱情和幸福等产生的羞怒愤恨的复杂情绪状态，这是一种带有强烈的情绪色彩、带有强烈的嫉妒心态、带有一定的报复性的动机。这类犯罪行为具有较大的社会危害性，其中部分嫉妒性的犯罪动机属于激情犯罪，例如，由于嫉妒貌美的情敌，对其实施毁容的犯罪行为，就属于典型的嫉妒性犯罪。

面对服刑人员之间的嫉妒，民警处理问题时需要注意以下几点：

一是公平公正执法，阳光执法。不给嫉妒易感人群提供嫉妒的机会。这是从预防的角度减少服刑人员的嫉妒心理产生。

二是对服刑人员的多种形式的奖惩，要有充分的依据，并公开量化考核结果。当然，出于对情报来源的保密需要，此类奖励应另行安排。

三是提升服刑人员的境界与素养，正确面对他人的成就、成绩，培养服刑人员群体见贤思齐的良好改造氛围，杜绝嫉贤妒能、背后下黑手的恶行。

四、克服嫉妒的自助方法

克服恶性嫉妒他人或非理性嫉妒他人，可以采取以下几种自助方法：

第一，抛弃个人主义的思想。如前所述，嫉妒心是个人的社会尊重和荣誉需要得不到满足，内心形成痛苦体验后，为了缩短和消除已经出现的差距，实现原有关系的平衡，减轻内心痛苦，而出现的一种消极情绪。如果以极端个人主义为核心，任由私心支撑和助长错误的自尊心，就会成为嫉妒心的祸根。理性的做法是：跳出以自我为中心的狭小天地，与私心决裂，放大格局，眼光放长远，那么，在待人处世过程中，就会宽宏大量而不是嫉妒他人。

第二，深化对事物发展规律的认识。恶性嫉妒与虚荣一样，都是愚昧无知的表现。心怀嫉妒的人，不懂得大自然的物竞天择规律。要知道，社会没有竞争就会停滞。期待着人与人之间齐头并进，不分高低上下，只能是一种幻想。尤其在商品经济社会，竞争更广泛更激烈，优胜劣汰的现象俯拾皆是。用应变的心态迎接挑战，与身边的人互相追赶，良性竞争，才有利于社会的整体建设和个人的全面发展。

第三，正确看待人生价值。摆脱一切私心杂念，心胸开阔，不计较眼前得失，更不会花时间和精力去嫉妒他人的成功。一个专注于事业追求的人，往往把注意力放在对事业目标的追求、对问题的解决中，根本无暇顾及别人的荣誉。他们懂得人生的意义，不会把大好的时光浪费在对别人的造谣中伤上，而是通过自己的积极努力来实现人生的价值。

第四，充分发挥自己的潜能和自身优势。"尺有所短，寸有所长"，每个人都有自己的优势和长处。追求万事超前既无必要，也不可能。允许自己某些方面技不如人，但却可能成为另一些方面的专家能手。要学会全面地认识自己，既看到自己的长处，又能正视自己的不足，扬长避短，充分发掘自身的潜能，不断成长，在改变中谋求新的发展，开创新局面。

五、克服嫉妒的团体训练

罗素认为，嫉妒是一种缺陷，部分是道德上的，部分是智力上的。心中充满嫉妒的人永远看不见事物本身，而只看见事物之间的关系。因此，开展团体训练降低嫉妒情绪，首先从提高道德修养开始。

一是提高道德修养。封闭、狭隘意识使人鼠目寸光，因此，应该不断提高自身道德修养，不断地开阔自己的视野，与人为善。罗素给圣人治疗嫉妒开出的药方是无私精神；饮食男女克服嫉妒的好方法是感受幸福。团体训练中可以安排团体中的成员通过体验获得幸福感：认识到某人自身的忌妒心的原因，就是在治疗的道路上迈进了一大步；消除比较性的思维习惯，感受当时的愉悦体验；永远不要忽视对自己拥有东西的满足感等方法，提升服刑人员群体的道德修养。

二是正确认识嫉妒。认为嫉妒是对自己的否定，对自己是威胁，损害自己的利益和"面子"，这只是一种主观臆想。要是一个人能治好自己的嫉妒心，那么就能获得幸福。一个人仅仅通过成功的获得，并不能摆脱嫉妒心，因为，总有一些人比你更为成功。相反，通过享受自己得到的快乐，通过去做自己必须要做的事情，通过避免将自己与想象中的、可能是相当虚假的、比自己更加幸运的人相比较，来摆脱嫉妒心。

三是客观评价自己。从前，人们只嫉妒自己的邻居，因为他们对其他人一无所知。这种嫉妒来源于比较而不是客观的自我评价。现在，通过教育和新闻传播等手段，人们对社会中各个等级的人都有了相当的了解，尽管并不一定认识这些等级中的个人。通过团体训练，引导服刑人员觉察嫉妒心理，当嫉妒心理萌发时，积极主动地调整自己的意识和行为，从而控制自己的动机，客观、冷静地分析自己，找出差距和问题。

四是见贤思齐。一个人不可能在任何时候都比别人强，“尺有所短，寸有所长”。人固然应该喜欢自己、接受自己，但还要客观看待别人的长处，这样才能化嫉妒为竞争，才能提高自己。在团体训练中，要求每个团体成员发现其他成员的优点、真诚表达对对方优点的欣赏、说出向对方学习或请对方帮助的语言，真诚的欣赏好过暗暗的嫉妒给人带来的情绪体验。

五是发现自身的长处。克服嫉妒的妙方是感受幸福，而感受幸福的前提是珍惜自己的拥有。在团体训练中鼓励成员发现自己的长处、在具体方面的优势，注意引导大家发现精神层面的潜能、性格方面的优势而避免比较物质、财产方面的优势。聪明人会扬长避短，寻找和开拓有利于充分发挥自身潜能的新领域，这样在一定程度上补偿先前没能满足的欲望，缩小与嫉妒对象的差距，从而达到减弱乃至消除嫉妒心理的目的。

六是超越自我。罗素在《幸福之路》一书中指出：人类要在这绝望之中寻觅出一条正确的道路，文明人必须像开阔自己的视野一样，开阔自己的心胸。他必须学会超越自我，并因而获得普遍的自由。因此，在团体训练中带领服刑人员学会将心比心、换位思考收敛自己的嫉妒心，将注意力更多地集中在做事而非攀比上，从而不断地超越自我，获得普遍自由。

总之，基于嫉妒的来源，设计团体训练方案降低服刑人员的嫉妒心理，提升他们的幸福感，有益于他们的身心健康。

第六节 仇 恨

达尔文在《人类和动物的表情》一书中指出，“如果我们已经受到一个人的某种故意的伤害，或者预料会受到他人的这类伤害，或者抱怨过他人对我们采取任何一种侵犯行为，那么我们就会讨厌他；而讨厌容易发展成为憎恨”。

一、仇恨及矛盾分类

仇恨，即仇视愤恨，由强烈的不满发展而成，是一种强烈的敌意。服刑人员中不乏内心充满仇恨的人：他们不认为是自己危害社会、侵犯他人权益或公共利益的错误行为而被判入狱，而是错误地认为是被害人、举报人、执法人员跟自己过不去，从而对上述人员充满敌意和憎恨。

服刑人员如果心怀仇恨，将不利于顺利地度过服刑生活。这些仇恨的产生常常是由于矛盾的解决不到位所致，比如，未能正确理解法院的判决，或者未能很好地理解监狱民警的管理意图，而对法官或监狱民警产生不满甚至仇恨。监狱是化解社会矛盾的主战场，服刑人员常常面临的矛盾有一些值得格外注意。

按罪犯与社会的关系，矛盾冲突主要分为三类：一是与办案主体的矛盾。这里的办案主体指的是公安机关、检察院、法院、律师、原告等单位和个人。二是与社会的矛盾。一些罪犯往往会将犯罪失败的原因推向社会，导致仇恨社会，采取极端手段来报复社会，造成社会恐慌。三是与家庭的矛盾。家庭困难与罪犯贪婪索取构成矛盾，家里没有能力使其再就业，部分罪犯也会因为生活的贫困再次走上犯罪的道路，给家庭带来二次伤害。

按罪犯与狱内人员的狱内人际关系，可能涉及的矛盾可以分为四种①：一是与监狱民警的矛盾。在日常管理中，民警虽然秉承公平、公正、公开的原则去处理罪犯的各种问题，但是，有的处理结果还是会被个别罪犯误会和曲解，从而仇恨管教民警。如刑释前对监狱民警进行语言的威胁，向上级主管部门写诽谤检举信，通过造谣诽谤监狱，对民警个人和监狱都造成不良影响，对正常执法产生阻碍。二是与其他罪犯的矛盾。这类矛盾在监狱最普遍、最直接、最突出，如果得不到及时处理，矛盾会日积月累、不断加深，往往在刑释前形成爆发期，造成不同程度的监管事故，成为威胁监管安全的重要因素。矛盾也将随着双方的出狱而带入社会，给社会带来不稳定因素，造成不良影响。三是与刑罚执行工作的矛盾。个别罪犯没有认真了解刑罚执行工作，不考虑自身因素，盲目地将自己的减刑幅度与他人比较，差距较大时便敌视监狱，将原因归结监狱，怂恿家属上访，给监狱造成不良影响。四是与监规监纪的矛盾。罪犯在服刑中，因违纪受到监狱的处理，影响减刑，记恨监狱。个别服刑人员受到国外不法分子的蒙骗，刑释后与不良媒体一起抹黑监狱，造谣中伤我国的监狱体制，给监狱整体工

① 于荣中：《监狱安全论》（第三次修订版），东南大学出版社2017年版，第71页。

作带来无法挽回的损失。[1] 这些矛盾，如果不能在刑释前化解，对服刑人员来说，往往就是一些负性的情绪体验：不满、敌意、愤怒、仇恨、报复等。

二、危险的仇恨心态

仇恨带有强烈的敌意。在中国传统文化中有句古话："君子报仇，十年不晚"，意思是有志之士，报仇雪恨不必性急。然而，在现代的法治社会中，任何人都不能非法剥夺他人生命。民警在引导服刑人员走出"仇恨"心态时，用"张扣扣复仇案"[2]来说明问题，很有警示作用。打开危险心结，化解仇恨是监狱民警面对的一个重要问题。[3]

案例 1.6.1　化解服刑人员对检举人的仇恨

吴某，19 岁，3 年前因犯盗窃罪被判处 2 年 6 个月有期徒刑，在未管所服刑，18 岁成年后调入华北地区某监狱。

吴某曾因年少无知学人家"玩社团"误入盗窃团伙，当过几次"望风"，罪行不重。当这个团伙被抓获后，几名主犯只顾着坦白自己的重大罪行，忽视了这个曾经为他们放过风的小兄弟，所以吴某一直逍遥法外。这个犯罪团伙被预审 3 个月后，另一年轻从犯（兰某邻居）庞某被抓，庞某进看守所仅 4 天，吴某就在网吧被公安人员抓获。

显然，吴某被抓是庞某坦白揭发的。吴某是家中独子，在父母过分的宠爱中成长起来，审视社会问题肤浅而偏执。他从进看守所那天起就对庞某恨入骨髓，下了狠心，出去要"砍他全家"。

---

① 参见程辉建、王畅、陈伟等：《清河教育改造模式之惩教服刑人员改造》，法律出版社 2015 年版，第 29－37 页。

② 1996 年 8 月张扣扣的母亲汪秀萍与王正军发生了争吵、互殴。汪秀萍当场倒地，死于当天晚上。当时王正军未满 18 周岁，因犯故意伤害（致人死亡）罪，被判处有期徒刑 7 年。事隔 23 年后的 2018 年除夕，蓄谋已久的张扣扣持刀杀死了王正军的父亲王自新、王正军的兄弟王校军和王正军本人，并烧毁了王校军的轿车。2019 年 7 月 17 日上午，张扣扣被依法判处死刑。这起案件一度引发了舆论的热议，有舆论认为这是张扣扣为母报仇的正当行为，更有舆论认张扣扣的杀戮行为是法律所不允许的。司法实践表明，这种"血亲复仇"是现代法治所不能容忍的。古代，人们最重要的社会关系是家族血缘关系，家族利益高于一切。对某一个人的人身伤害，被认为是对一个家族全体成员的侵害；对一个人身伤害行为的报复，针对的是加害人的家族成员。在中国人的心目中，无论是故意杀人还是过失伤人，甚至是意外事故，如果造成了死亡后果，行为人就要承担刑事责任。在现代法治背景下，这个"不共戴天之仇"，只能由法律代表被害人来"报"，而不能由家属子孙们自行来报。从而也禁止了一些权贵或者富人、强人等依靠权财行私仇的可能性。

③ 李玫瑾：《犯罪心理防控》，中国人民大学出版社 2010 年版，第 113 页。

吴某很聪明，他被判刑入狱后能认罪服法，表现得很乖，很温顺，加之其眉清目秀，皮肤白皙，监狱民警们都把他当个小孩子，对他的教育多是鼓励和诱导。同监区的老大哥们也都很喜欢他，在车间劳动时，许多服刑人员主动传授一些劳动技术，帮助他较好完成生产任务。这本来是一个很正常，也很有希望的孩子，他可以在20岁之前出监，出去后可以上学、补习、从业……

忽然有一天，一个改造表现良好的服刑人员找到指导员，说有重要事情汇报。他反映这个人见人爱的小弟弟吴某暗藏祸心，说出狱后，先休息几天，足吃足喝，补充营养，然后买一把西瓜刀，要在一个月黑夜摸进庞某家，把他父母、姥姥、妹妹全“抹”了……

指导员表扬这名服刑人员反映的信息非常重要，同时向其他服刑人员了解，得知吴某确实毫无掩饰地说过类似的话，而且探视的时候也和他母亲有过对庞某仇视和报复庞某的言论，被其母亲批评了一顿。

掌握了吴某全部杀人预谋后，指导员认为这虽然是一个孩子预设的幼稚而简单的复仇计划，可一旦付诸实施，那必然铸成一个轰动全国的重大灭门案。

指导员在一天清晨出工时把吴某拦下，对他说：“你快出去了，我想找你聊聊，没什么大事……”吴某很高兴地随指导员去了分监图书室。指导员问：“你喜欢看什么书？”吴某答：“喜欢看复仇的书，看人家用什么手段去杀人，杀得越狠，越残忍越痛快……”听了这话指导员沉默了一下，然后严肃地说：“我可以给你介绍一本书，书名叫《萨拉丁》。”吴某一听指导员要给他介绍一本书，顿时精神抖擞：“那好啊，这本书讲得是一个什么故事，指导员先跟我说说。”“那就简单地说说吧。”此刻的吴某已经是抓耳挠腮，急不可耐地想听这个能够迎合他心理，报仇杀人的故事。指导员不紧不慢地给他讲了起来，讲到挖掉尤兰眼睛的首领被俘虏带到尤兰面前时，吴某拍手称快道：“好，真好，这回不但要挖他的眼睛，还要割掉他的耳朵、舌头，砍掉他的手脚……”

指导员瞪了吴某一眼道：“对一个无力又无助的俘虏采用这么残忍的方式去报复，那算什么本事？”吴某：“您说，这回该怎么收拾他……”

指导员说：“尤兰下了马，亲手解开了侵略军首领身上的绳子，对他说，你的罪行由你自已去反省，你走吧，骑上你的马走吧。侵略军首领跪在地上向尤兰磕头后，上了马走进一片树林，他良心发现，惭愧至极，上吊自尽了。”听了这个故事，吴某沉默了。

过了一个月，离出监不到两个月，吴某找指导员严肃认真地汇报了一次思想，他表示自己很佩服尤兰的处理方式，决心不再报复，他说："仔细想来，庞某和我也没有多大仇，他检举我也是对的。如果他不检举我，我会产生侥幸思想，以后说不定还会再犯什么错误呢。"

吴某出狱后，给指导员写了一封信：

"指导员您好！

我回家以后亲自去了庞某的家里，看望了他瘫在床上的老父亲和生活不能自理的姥姥。看了他家的情况后，我很心酸，也痛恨自己有过报复他们的罪恶思想。

从他家走出来以后，我又回去，把家里给我买衣服、交培训费的5000元撂在了他家，这样做也算是对自己原来罪恶想法的一点救赎吧……"

案例1.6.2　化解服刑人员对亲人的仇恨

郭某，因和亲生弟弟打架下了毒手，用板砖拍死了亲弟弟，鉴于当时的案情，郭某被判处无期徒刑。

由于杀害亲人的罪行，同在一个分监区的服刑人员没有人愿意理睬郭某，也没有人主动和他交流，有的只是鄙薄和挤兑。郭某的家人更是对他憎恶到了极点，没有人来探视，没有人来信，逢年过节往家里打个亲情电话都没人接，接通的几次家人还直接挂了电话。

郭某犯罪后曾一度很后悔，很自责。但是别人对他的谴责多了，他就产生了逆反心理，也就没有多少自责了。指导员对这个所谓的"郭某现象"作了深刻分析。指导员认为，在监狱里常常出现这种现象，主要是针对一些伤害、侮辱亲人的服刑人员。这种现象虽然为监狱纪律所不容，但也是一种人之常情，广大服刑人员普遍认为这类罪犯缺乏人性，对他们十分憎恶。这是一些正常服刑人员的人性折射，本无可厚非。但一个在押罪犯，再加上家庭弃儿的境遇，"豁出去了，破罐破摔"，正是此类服刑人员常见的选择。郭某也没有超越这种俗人的常态逻辑。班上没人理睬他，他就寻衅滋事，凡出现这种情况，民警必来监舍处理。随之，郭某将所有怨气就全部发泄在民警身上。

面对已经"心死"的重刑犯，如何给他一颗"强力救心丹"，是指导员昼思夜想的一道严峻课题。指导员很快想到了"存在决定意识"这条唯物主义的普遍真理。他认为,改变郭某的意识,必须从改变他的存在入手。也就是说,首先应当改变郭某的境遇。他首先在分监区宣讲助人、友善的精神,然后鼓励分监区全体民警对没有亲人探视、得不到家庭温暖的服刑人员给予情感关怀和生活照顾。

民警们开始给没家没业的服刑人员送洗衣粉、肥皂、牙膏,其中包括郭某。在民警们的带动下,分监区兴起了助人友善的风气。许多服刑人员也纷纷把自己的洗衣粉或多余牙膏交给民警,并指名道姓地请民警们转赠给郭某。当民警们给郭某送去这些东西的时候,总会补上一句话:"这是某某同犯送给你的。"

郭某开始受到感动,他觉得尽管人们鄙视他,孤立他,但多少还是有人关心他。这种关心既是对他的承认,也是对他的鼓励。郭某感谢民警们,也感谢帮助了他的"同学"。

从感恩意识的萌生,到报答思想的形成,郭某逐渐感到自己的处遇改变了。他主动找民警汇报思想,和服刑人员交流改造心得。服刑人员们对他的厌恶也日渐冲淡。分监区形成了一种助人友善的风气。存在的变化,处境的改善,真的像一颗"强力救心丹",救活了郭某这颗垂死的心灵。从此,郭某有了生活的勇气,也有了对前途的向往。他自知罪重刑长,于是积极参加劳动生产,主动汇报自己的思想变化,争取到了减刑。

郭某在向指导员汇报思想时曾说:"我出去以后一定要用自己挣来的钱,先给弟弟修坟,然后跪在坟前向他认罪,并把自己的改造收获告诉他,让他在那边等我。来世,我还想和他做兄弟,并且好好待他。"

三、消除仇恨的自助方法

帮助服刑人员消除心中的仇恨,教会自助显得格外有价值。

一是学会释怀。从释怀的字面含义看,"释"就是"释放、放下","怀"借指"胸怀、内心"。作为一个词,指(爱憎、悲喜、思念等感情)在心中消除。这个词常与否定词搭配,如难以释怀、无法释怀。可见,释怀是一件不太容易做到的事情。

学会释怀,就是对过去的事,不再怀念;对离开的人,不再纠缠;对力所不及的,不再自责;对难以得到的,不再强求。对人生中的人事物,遇见了,就好好珍惜;错过了,就努力释怀,然后微笑着踏上人生的另一段旅程。

人们什么情况下难以释怀？第一，处处和人比较时，难以释怀。外来的比较是心灵动荡不安的来源，攀比使人迷失了自我，障蔽了心灵固有的氤氲馨香。学会正确判断、自我接纳，“梅须逊雪三分白，雪却输梅一段香”，懂得看人长处，也懂得看自己的优势，心便安好。第二，欲望过于强烈时，难以释怀。莫让无穷的欲念攫取己心，“够用就好”的生活态度能帮助人们释怀。第三，喜欢抱怨时，难以释怀。当一个人停止了抱怨，就懂得了释怀。第四，怒不可遏时，难以释怀。其实，在生活中，谁伤害了自己并不重要，重要的是自己能否尽快化解愤怒，或者原谅，或者忘记，或者沉默。对激惹事件的心理反刍，会加重愤怒；化解了愤怒，便做到了释怀，放下了仇恨。

二是学会换位思考，忘却个人之间的仇恨，生活才能充满阳光。

换位思考，是设身处地地为他人着想，理解至上的一种处理人际关系的思考方式。人与人之间要互相理解、信任并学会换位思考，这是人与人之间交往的基础：互相宽容、理解，多去站在别人的角度上思考。服刑人员如果能为被害人或其家属设身处地着想，不但能帮助自己理解和真正接纳法律判决结果，而且能有效地化解自己与他人之间的仇恨。

案例 1.6.3　榜样引导法帮助服刑人员化解“泛化的仇恨”

王某，32岁，国内某知名大学研究生学历，因杀害妻子而被判处死刑缓期执行。王某认罪态度不错，劳动改造表现良好。当监区的民警问起“你为什么要杀妻”时，王某答道：“老婆不忠，经常晚归，留之无用，只好处理掉。”当民警问王某是否认罪时，王某答道：“当然，剥夺他人的生命权理当死罪，大学思修课学过。国家没判我死刑，我非常感激。”其实，王某当时对妻子不忠的仇恨，随着时间的延长，泛化延伸出了对自己的仇恨。

民警从摸排中得知，王某入狱时曾对自己的前途心灰意冷，对亲人的冷漠表示无奈，对自己充满了恨意，曾一度想要自杀。这也是曾经杀害亲人的服刑人员常见的表现。王某曾诗意性地表达道：“我的路一头是阳光，一头是黑夜，我就镶嵌在这二者之间，半是谜语，半是答案……”

民警态度柔和却坚定地说：“其实答案已经有了，你是向着光明前进的。”王某表示：“我犯的罪应当是杀头的，国家留下了我，我当然感激。但是一想到‘死缓’‘无期’这个漫长难熬的字眼加上家人都恨我，没有人来监狱看望我，我就想到了自杀,自我结束生命才是最好的解脱。我做了周密的计划,对实施自杀的时间、地点、方式都有考虑。只要到了春节,人们都沉浸在节日的气氛中,我就可以完成自己的计划而不被任何人发现。同时,我把遗嘱放在容易被人发现的地方,遗嘱上写的是对我妻子的真诚忏悔和对我女儿的谆谆嘱咐。就在这时指导员发现了我的思想症结,他没有大惊小怪,他不想刺激我。他不经意地给我送来了一本书,还嘱咐我看了以后可以找他聊聊……盛情难却,我只好草草地把那书翻了翻。这一翻书,可以说是救了我的小命。这本书是改造罪犯的案例汇编。书中介绍的人物非常鲜活、生动,好像就在我们身边。其中有一个罪犯,被判无期徒刑,他通过自己的不懈努力,依据当时的减刑奖励政策,仅仅住了17年监狱,就获得了新生。"

随后,王某激动地继续说:"这个罪犯能做到的,我为什么做不到?我曾经可是西二旗某厂程序员,我可以把自己的知识转化为接受改造的动力。我还年轻,家里还有父母女儿,我为什么非要以死谢罪呢?难道我真的自杀了,就能弥补自己的罪恶吗?不是的,自杀是一种逃避,是一个懦夫行为!"

王某受到了书中榜样人物的激励,决心向书中的改造犯学习,把自己的专长发挥出来。监区领导也同意王某为监区维修电脑,并安排他为服刑人员讲解电脑使用初级技能。随着王某的改造表现越来越好,监狱依法为王某报请减刑并得到了批准,刑期已经越来越短,几近刑满释放。

王某的泛化的仇恨得到了有效化解,他的人生路绝非"一头是阳光,一头是黑夜",而是已经充满了阳光……王某说:"等我出去后的某一天,我一定设计出最好的软件,做出成绩,为我们中华民族的伟大复兴贡献自己的一份力量,我也是一名追梦人!"

王某从积极接受改造的那天起,就下定了决心:"只记恩情,忘却对他人、对自己的仇恨。记恩使人新生,记仇使人灭亡。"让未来的生活之路充满阳光。

四、消除仇恨的团体训练

组织服刑人员,开展消除心中仇恨的团体辅导训练,通过集体氛围,实现矫治目标。

首先,引导训练小组成员(含受训者)检视自己内心是否怀有对某人、某事的仇恨。用五等级评分的方法,评价仇恨等级。

其次，用空椅疗法，引领训练小组成员扮演不同的角色。第一，说出仇恨对方的理由；第二，请假扮的被仇恨对象，说说当时那么做的可能的原因；第三，请假扮的受训者的至亲，说说对这件事和这种仇恨的看法；第四，请假扮的路人，说说对这件事和这种仇恨的看法；第五，请假扮的受训者心中崇拜的偶像，谈谈对这种事件和这种仇恨情绪的看法；第六，请假扮的法官，谈谈对这件事和这种仇恨情绪的看法。

最后，团体训练结束前，再次评定受训者心中的仇恨，看仇恨等级是否下降甚至消除。如果没有，继续参加下一轮的感恩训练。

化解仇恨的关键是学会感恩与宽恕。见本书第四章第一节“感恩训练”与第二节“宽恕训练”。

第七节　愉　　悦

愉悦的感受，源自个体内在自我满足或自我超越的心理体验。当个体接收到的信息正向超越于自己的主观预期时，就会产生这种情绪体验。

一、愉悦的表情识别

愉悦的表情识别依赖于对眼轮匝肌和颧肌为主的肌肉组织的运动观测与判断。

眼轮匝肌的运动特点不受意识控制，只有当个体接收到快乐的信号、感受到快乐时才能收缩，运动效果表现为收缩眼部周围肌肉、眼部变小、出现皱纹。颧肌为主的肌肉组织运动的特点是可以被意识控制，个体可以控制这部分肌肉，可以有意制造出虚假笑容，运动效果表现为嘴巴咧开，双唇后扯，露出牙齿，面颊提升。愉悦的肢体动作识别是手舞足蹈。

二、假笑与真笑的辨别

假笑，又称伪装的笑容，是通过有意识地收缩脸部肌肉、咧开嘴、抬高嘴角而产生。假笑在人际交往中非常普遍，因为假笑的作用很多，主要体现在：融洽人际互动的气氛；表达配合态度；赢得对方关注；争取对方的认同和好感，以获得对方的支持、照顾、信任和资源；掩饰自己的想法；化解羞愧、尴尬、局促、紧张等情绪体验。

真笑和假笑是很容易区分出来的。美国加州大学心理学家保罗·埃克曼和肯塔基州立大学的华莱士·V.法尔森教授经过多年研究,设计出了一套面部表情的编码系统,能够成功破解人们的真实表情,包括识别真笑和假笑。

研究表明,真笑时嘴角上翘、眼睛眯起;而假笑时只有嘴角上提,并没有眼部肌肉的变化。辨别真笑和假笑的要点包括:(1)大笑时,眼睛从下向上闭合,以下眼睑为主。真心流露的笑容是自发产生的,不受意识支配。因此,真笑时除了反射性地翘起嘴角之外,大脑负责处理情感的中枢还会自动指挥环绕眼睛的眼轮匝肌紧缩,眼睛自然变小;眼角产生皱纹,眉毛微微倾斜。伪装的笑容,则是通过有意识地收缩眼部肌肉、咧开嘴、抬高嘴角而产生。此时,眼轮匝肌不会收缩,眼睛周围不会出现肌肉运动,因为眼部肌肉不受意识支配。因此,如果眼睛闭合的程度和笑的程度不匹配时,便是假笑。(2)有些人假笑时动作很夸张,面部肌肉强烈收缩,整个脸挤成一团,给人造成眼睛眯起来的假象。但眼角的皱纹和倾斜的眉毛依然能帮助辨别真假笑容。换句话说,遮住一个人面部的其他部位,只露出眉毛和眼睛,若是真笑,依然能看出来他在微笑;若是假笑,就只能看到一双无神的眼睛。因此,要想区分真心的笑还是虚伪的笑,眼睛和眉毛是最重要的线索。(3)真笑一定伴有脸颊和眼睛周围的皮肤变化。(4)眼睛和嘴巴动作的时间差,也是区分真笑和假笑的方法。研究表明,真正的笑容会从嘴巴开始,然后再带动眼睛,它们前后有一个时间差;相反,假笑时,嘴巴和眼睛同时笑开,没有时间差。①

三、司法实践中各种笑的含义

对于服刑人员在现场活动中表现出的假笑,民警需要时刻保持耳聪目明、明察秋毫,通过笑容去判断表达出笑容的服刑人员是真心服从还是假意顺从、极力讨好,是心地简单的表达还是工于心计的假笑。民警应学会区分服刑人员的多种笑所表达的含义,做到心中有数。美国心理学家伊莲·卡恩博士根据对笑的研究成果区分了 12 种笑:哈哈笑、哧哧笑、咯咯笑、呵呵笑、嘻嘻笑、嘿嘿笑、偷偷笑、鼻子笑、普通笑、轻蔑笑、紧张笑、掩口笑等。

正常状态下的笑容,的确是心情愉快的表露,但很多时候,我们所看到的笑容并不都是真实的。它可以传递出诸多情感:微笑、苦笑、冷笑、开心的笑、痛苦

① 张璐:《微表情心理学》,九州出版社 2019 年版,第 29 - 35 页。

的笑、诚实的笑，等等。不同的笑，代表着不同的含义：

诚实的笑，如憨笑；无情的笑，如冷笑；讨好别人的笑，如媚笑/谄笑；开心的笑，如眉开眼笑；挖苦别人的笑，如讥笑；兴奋的笑，如开怀大笑；讽刺别人的笑，如嘲笑。

在遇到比较为难而又无法解决的事情时，苦笑表现了人内心的一种无奈和痛苦，是一种有感而发的表情，有时是为了掩饰内心的痛苦；或者是为了表示自己并不介意所陷入的不利状况，多以微笑表达。苦笑在脸上的停留时间往往很短。

皮笑肉不笑，是一种很轻蔑的笑，表示对他人不屑一顾，或者对他人的观点不认同。

四、服刑人员谄笑的识别与应对

（一）一种失败的案例

一名擅长讨好民警的服刑人员张某在监区里炫耀："不论白天还是晚上，也不论是出工还是休息，只要我去找队长，队长就会跟我聊上大半天。不信你们等着瞧……"说完，张某就以汇报思想为由，要求与民警谈话。谈话过程中，张某跟民警谈自己的早年经历、谈继父继母对自己的虐待，云里雾里地讲了两个小时，民警耐心倾听他的陈述，并不断给予安慰和鼓励。当张某一脸得意、昂首阔步回到监区里时，谈话的民警却完全没有觉察。

这是一种失败的案例。提醒民警：如果是服刑人员主动提出要求谈话，在过程中要不断观察、思考：这名服刑人员究竟要表达什么？

（二）对服刑人员谄笑的应对建议

在对民警谄笑的服刑人员中，"多进宫"的多，初次入狱的少。他们希望向民警靠拢，想多跟民警接触，其目的多种多样：有的是争取个人利益；有的是在同犯面前有面子，甚至以此炫耀"我跟队长熟"；有的是担心得罪民警。这类服刑人员一般人际交往能力强，善于观察，对民警的习惯、爱好、态度等往往用心观察和揣摩，心思活泛，爱表现，虚荣心强。对此类服刑人员，既不要当众给予认可、表扬、亲近，也不要公开冷落、贬斥，以免伤其虚荣心。当涉及其违规违纪问题时，一定要坚持秉公处理，依法依规、公平公正。

民警要注意保持警惕性，防止被服刑人员出于功利性改造的目的而利用。例如，当喜欢讨好民警的服刑人员经常性地来报告说"队长，我想跟您聊聊""队长,有个情况要跟您汇报”时民警不宜表现出过高的热情,应根据当时的情况以及一段时期来单独谈话的频率,决定是否安排谈话。

(三)偶尔的假笑与习惯性假笑的识别与应对

对于服刑人员的假笑,民警要留心观察、保持多信息采集与归纳对一时一事性的,比如服刑人员在某项活动中、某次谈话中出现假笑,要对当事人在假笑时表达的内容、谈话的内容进行分析和思考;习惯性对民警表达讨好式假笑的,特别是假笑时还伴有点头哈腰状、面部表情丰富的谄笑,要全面了解这类人在民警面前、其他服刑人员面前的真实面目,深入了解其真实心理状态和意图。

五、服刑人员真实的愉悦

虽然入狱服刑是服刑人员人生中具有重大压力的事件,但随着认罪悔罪、监禁适应阶段的经过,在改造生活中不断取得新的进步,服刑人员也会有发自内心的愉悦时刻或持续较长时间的愉悦心境。监狱民警对有真实愉悦心境的服刑人员要做到心中有数,尤其对引起真实愉悦情感的事件要有清楚的认识。注意区分因为阴谋得逞带来的愉悦、得意和真正的悔过自新取得的进步带来的愉悦,也注意区分来自家庭的好消息带来的愉悦。

分享服刑人员真实的愉悦情感有助于警犯关系的恰当维护,有利于罪犯管理。忽视或打击服刑人员真实的愉悦情感,容易导致警犯关系僵持僵化,用服刑人员的话说就是“见不得我好”。带领服刑人员分享某位服刑人员真实的愉悦情感,有利于借助群体开展教育,分享快乐、分担痛苦的团体活动,有助于维护服刑人员的身心健康。

第八节 惊　　讶

惊讶,意思是觉得很意外,很奇怪,很惊诧。惊讶表情在识别服刑人员的谎言、遗漏罪线索方面有重大意义。

一、惊讶表情的识别要点

眉毛上扬,眼睛睁大,下巴下拉导致嘴巴张开。惊讶的同时,身体几乎完全静止。人们将全部感官充分激活,以获得更多信息,短短一刹那,会消耗掉精神系统几乎全部能量,导致身体动作减少到近乎静止。

二、惊讶情绪产生与转换

当刺激源具备下列特征时，会引发惊讶情绪：一是当事人所关心和在乎的事情；二是没有想到、意外发生的事情或意外出现的人。

惊讶是一种基本情绪，是所有情绪中持续时间最短的，不超过 2 ~ 3 毫秒。当事人在惊讶的同时迅速收集了信息，对刺激作出判断，之后惊讶会迅速转变为恐惧、喜悦、愤怒、厌恶等情绪。当然，如果令人吃惊的刺激源不会带来任何后果，那么惊讶不会继续引发其他情绪。

三、服刑人员惊讶表情应对建议

惊讶表情，因其持续时间短暂而不太容易捕捉到。服刑人员表现出惊讶表情时，意味着服刑人员看到、听到了吸引其注意的意外信息。此时，建议一是通过密切观察，区分服刑人员表达的惊讶是真是假。判断真假的标准主要是惊讶表情的时间长短；喜欢装作惊讶的人，一般也会伪装其他表情。二是通过密切观察，对于服刑人员表达的真惊讶，可以帮助监狱民警直接掌握服刑人员在乎、关心的人和事。三是通过回顾当时所发生的事件，留心观察引起服刑人员意外的信息到底是什么，这个意外信息对于服刑人员的意义又是什么。

第九节 恐　　惧

恐惧，是人类和动物共有的原始情绪之一，指有机体在面临并企图摆脱某种危险情境而又无能为力时产生的情绪体验。恐惧发生时，常伴随的动作是缩回、逃避、异常激动、心慌、毛发竖立、惊叫、预示危险的面部表情和姿态等。依据攻击的双峰模型，攻击分为掠夺型攻击与情感型攻击。其中，情感型攻击又根据伴随的情感不同，区分为激惹型攻击与防御型攻击。激惹型攻击伴随的是愤怒，或由愤怒引发；防御型攻击则由真实的或幻想的恐惧引发。[①] 因此，关注服刑人员的恐惧情绪，辨别其真实性与虚幻性，对防止狱内暴力案件有重要意义。

---

① 宋胜尊、章恩友等：《暴力倾向与暴力行为矫正》，法律出版社 2017 年版，第 190 页。

一、恐惧的刺激来源

人们对危险或威胁的预料或预感，会诱发复合性恐惧情绪。当遭遇利害冲突、灾难、疾病、生活中形形色色的威胁和挑战等情景因素，而个体感受到无法摆脱的严重威胁或可能的损失时，就会产生复合性恐惧或持续性焦虑。服刑人员的恐惧来源也是如此，利害冲突、灾难、疾病、生活中形形色色的威胁和挑战都是客观存在的，尤其是新入监的服刑人员，由于受到影视剧或传说的影响，对狱内可能存在的“牢头狱霸”心怀恐惧，对监狱民警的管理心怀恐惧。对服刑人员构成威胁、危害的恐惧刺激，是要避免、消除的；对于某些精神病态的服刑人员的恐惧，要采用药物疗法、心理疗法，驱除他们的恐惧感，提升安全感，防止因恐惧而诱发防御型攻击的狱内案件发生。

二、恐惧的识别要点

（一）恐惧的表情识别

恐惧的表情识别要素包括上眼皮尽可能抬高，下眼皮稍稍紧张；抬高眉毛；下嘴唇下拉，露出牙齿；嘴角向两侧横向拉开。从嘴部动作看，可以这样理解：恐惧是惊讶之后预支的悲伤。

判断恐惧表情的核心要素是抬起上眼皮，不管下眼皮、眉毛、嘴部的动作是否有足够的变化，上眼皮抬高到极限，就足以让人感受到这是一副恐惧的表情。

（二）不同浓度的恐惧情绪的外在表现

个体自身对情景的危险性、自己的应对能力等方面的评估，决定着恐惧情绪的浓度。高浓度的恐惧会导致心智紊乱，行为举止呆若木鸡或出现可笑而显愚蠢的行为。处于高度恐惧中的个体，注意力会出现管窥效应，高度集中在恐惧刺激中，而忽略周围的环境、他人、自身身份等恐惧刺激之外的东西。例如，有的个体在恐惧状态下，精神和身体如同被冻结了，意识无法调动和支配自身的肢体、肌肉等，可能出现口齿不清、词不达意、表达和行动困难等。恐惧对个体的后续影响，有可能使当事人变得退缩，他们努力用各种方式寻找到“躲藏”的感觉；深度恐惧还可能延续很多年，并对近似的物体也产生恐惧感，正所谓“一朝被蛇咬，十年怕井绳”。

（三）恐惧情绪诱发攻击行为

恐惧情绪容易使人产生防御性攻击行为。有一些个体会在恐惧情绪中，对现实性威胁或想象中的威胁，做出防御性的攻击行为，或者出现自伤、自残等失常行为反应。

三、服刑人员狱内恐惧源

服刑人员在狱内的恐惧源包括：新入监时对监狱环境存在恐惧感；对惩戒制度心存恐惧；对自己掌握的一些信息恐惧，担心会有人来盘问；对某些同犯的人际关系恐惧；对当下的个别谈话教育中的谈话内容感到恐惧；对警官给予自己的主观评价心怀恐惧；对入狱服刑经历给自己的未来带来的影响心怀恐惧；对出狱后的生活适应心怀恐惧；对自己的罪行以及信仰所提及的报应心怀恐惧；有恐惧症，对空旷场景、黑暗、社交、某些物品等心怀恐惧。

当服刑人员反复出现恐惧情绪时，建议参照本书“恐惧”这一部分讲述的方法，对病态恐惧的服刑人员予以保护、关心和治疗。

四、恐惧症的治疗

恐惧症是一种以恐怖症状为主要临床表现的神经症，恐惧症患者表现出对特定的人、物或场景有按捺不住的恐惧和紧张。服刑人员常见恐惧症有社交恐惧症、场所恐惧症等。治疗恐惧症的方法通常有药物疗法和心理疗法两种。

治疗恐惧症的药物疗法，目的是减轻患者的紧张、焦虑或惊恐发作，常用药物有苯二氮卓类药物或/和抗抑郁剂。在症状缓解后更多使用心理疗法。

治疗恐惧症的心理疗法常用的有：(1)行为治疗，常用方法有系统脱敏疗法、暴露疗法等，治疗目标是消除恐惧对象与焦虑恐惧反应之间的条件性联系，对抗患者的回避反应。(2)认知行为治疗，是治疗恐惧症的有效方法之一。这种疗法在调整患者的行为的同时，强调对患者的不合理认知的调整。例如，恐惧症患者歪曲的信念和信息处理过程，加剧了恐惧症状的持续存在，而纠正这些歪曲的认知就成为治疗中的关键内容。社交技能训练，是治疗社交恐惧症的针对性更强的方法。社交恐惧症患者常常低估自己的社交技能，而通过一定时间的社交技能训练就可以提升其信心、改善社交恐惧症状。这类训练包括治疗师的示范作用、社交与人际沟通的言语训练、社交强化、自我肯定训练等。

系统脱敏疗法在狱内使用很普遍，在此笔者重点介绍系统脱敏法在治疗服刑人员恐惧症的应用。系统脱敏疗法是非常缓和地逐渐减低恐惧水平的治疗方法。约瑟夫·沃尔普[①]虽然不是第一个提出使用系统脱敏法这一行为技术的人,但他被公认为是对此项技术进行改良来治疗焦虑障碍的第一人。这种疗法的基本观点是:你习得了一个无效的行为(恐惧症),现在你必须消除它。这便形成了沃尔普治疗恐惧症的基础。

五、惊恐症的治疗

(一)惊恐症的表现

服刑人员中,罹患惊恐症的情况时有发生。

惊恐症是以反复出现显著的心悸,出汗、震颤等自主神经症状,伴以强烈的濒死感或失控感,害怕产生不幸后果的惊恐发作为特征的一种急性心理障碍。惊恐症的特征很容易识别:一再发作的恐惧感,并在持续数分钟后逐渐消退。惊恐症的每次发作,会伴随胸口疼痛、汗流不止、恶心呕吐、头昏眼花、呼吸急促或颤抖等症状。惊恐症患者大脑中的神经化学物质在处理害怕情绪时表现出一定程度的异常。

惊恐症的症状特点表现为自发出现、反复发生、难以预料,并伴有明显的濒死感。濒死感,是指意识失去了身体的束缚和重量,开始移动,甚至有人仿佛看到抢救自己的医生们,他们的意识仿佛飘出了自己的身体。濒死感、失去控制感和精神崩溃感是患者典型的精神体验。濒死感常常表现为患者突然产生胸闷、胸部压迫感、窒息感,不能自主呼吸的恐惧紧张感,甚至感到死亡将至而呼喊,常常不由自主地奔向窗户,打开窗,让空气进入胸腔。失去控制感是患者表现出的极度的精神紧张,有即将失去控制的焦虑或将变得疯狂的恐惧。精神崩溃感是部分患者的体验,他们体验到无法控制的精神崩溃的来临。无论哪种体验,有过这种发作的患者都对再次发作存在极度的恐惧和焦虑。

惊恐症发作伴有明显的躯体反应,主要表现为交感神经过度兴奋。其中,循环系统表现出心跳加快、心悸、心慌出汗;呼吸系统表现出胸部压迫感、气短、胸痛不适、喉部堵塞感;消化系统表现出恶心呕吐、腹胀、腹泻、腹痛;神经系统表现出身体漂浮、眩晕、发热或发冷感、麻木、皮肤刺痛感、震颤。另外,还有部分患者出现人格解体或现实解体的感觉等。惊恐发作一般是突然发作,10～30

---

① Wolpe, J. (1964), *The systematic desensitization treatment of neuroses*, Experiments in Behaviour Therapy, 132(3), 21–39.

分钟后症状迅速到达高峰，持续时间短暂，很少超过1小时，并会突然终止。

（二）惊恐症的诱因

生理方面的因素可以诱发惊恐症。有研究者给有惊恐症病史的实验组试注射乳酸钠，数分钟后，60%～90%的被试者体验到惊恐感；而对于没有惊恐症病史的控制组人员，即使注射了这种物质也几乎体验不到惊恐感。这个实验表明乳酸钠可能是诱发惊恐症的生理因素。

惊恐症具有一定的遗传特性。有研究表明，当同卵双生子中有一人患上了惊恐症，另一个人的患病率高达31%；但在异卵双生子的对照组中，一人患病并不影响另一个人。患有惊恐症的人中有超过一半的人的亲戚有一定程度的焦虑症或酒精中毒症状。

（三）惊恐症的药物治疗

马丁·塞利格曼梳理了可以缓解惊恐症的药物发现，目前有两种药物——三环抗抑郁药和抗焦虑症药物阿普唑仑。药物实验研究表明，这两种药的效果比安慰剂的效果好。

牛津大学教授戴维·克拉克认为，如果对于身体感觉的灾难性的诠释是惊恐症发作的根本原因，那么治愈惊恐症的方法就是改变这种诠释倾向。①

认知理论认为，一个人仅仅依靠改变这种错误解释就可以阻断由乳酸盐引发的惊恐症。相反，生物理论则认为无论怎样，乳酸盐都会引发惊恐症。克拉克用实验验证了自己提出的理论是正确的。他给10名惊恐症患者注射了乳酸盐，这10名被测试者中有9名体验到了惊恐感。然后他又给另外10名惊恐症患者注射，但这次他向被测试者介绍了一系列对身体感觉的错误解释。之后他只是简单地告诉他们，乳酸盐只是体内的一种自然物质，注射了乳酸盐后会感觉像做了一次运动或喝了酒，所以注射后有些感觉变化是很正常的。接受了后面解释的人中，只有三个人体验到了惊恐感。②

（四）惊恐情绪管理

惊恐情绪管理目标是要求惊恐症患者从客观现实的角度重新诠释那些体

① ［美］马丁·塞利格曼：《认识自己，接纳自己》，任俊译，万卷出版有限责任公司2010年版，第52页。

② ［美］马丁·塞利格曼：《认识自己，接纳自己》，任俊译，万卷出版有限责任公司2010年版，第54页。

验到的症状。

治疗时需要在办公室里用一个纸袋来进行快速呼吸。这样做会增加二氧化碳的含量,造成呼吸短促,很像惊恐症发作时的感觉。这种疗法的宗旨是让惊恐症患者明白他们所体验到的呼吸短促和心跳加快都不是什么危害性事件,不是心脏病发作的征兆,只不过是过度呼吸的后果。患者们要学习的就是如何正确诠释这些症状。

案例1.9.1 使用沃尔普疗法治疗恐高症

假设患者对高空有非理性的恐惧,即人们熟悉的恐高症,问题很严重时,人很难爬上梯子到房顶或树上。当这种对高空的恐惧严重到干扰了正常生活时就需要进行治疗。沃尔普把这种治疗分为三个阶段:放松训练、构建焦虑层次和脱敏。

第一个阶段放松训练。在最初的几次治疗中,并不急于针对恐惧症进行治疗。相反,治疗师把精力集中在教患者如何放松自己的身体。沃尔普采用了雅各布森发明的渐进式放松训练。[①] 这种训练方法在现在的一般性心理治疗中被广泛应用。经过5~6个疗程,个体学会了无论何时都能让自己进入放松状态(当时催眠术也被穿插运用)。

第二个阶段构建焦虑层次。进入治疗的第二个阶段,患者和治疗师共同制定一张焦虑情景或恐惧情景的条目表。条目表从以引起轻微恐惧的情景开始,强度逐渐增加,最终以最严重的恐惧事件结束。[②]

第三个阶段脱敏。沃尔普认为,不让患者直接与恐惧情景接触,对减少病人对情景的敏感性是必要的。因为恐惧症是通过想象产生的,因此,也将以同样的方式消除。治疗步骤是:首先,按照治疗师的引导,患者进入深度放松状态。其次,治疗师便从焦虑层次的第一条开始,给患者一一描述情景。在此过程中的任何时候,如果患者感觉到了轻微的焦虑,就可举起食指示意,治疗师将暂停对焦虑层次对应的情景的呈现,直到患者完全放松为止。最后,治疗师的描述

① Jacobson, W. (1938), *The early development of the avian embryo. ii. mesoderm formation and the distribution of presumptive embryonic material*, Journal of Morphology, p. 62.

② 参见[美]霍克:《改变心理学的40项研究》,白学军等译,人民邮电出版社2010年版,第311-313页。

重新从前面某一个层次开始,以便患者能保持放松状态。这个过程一直持续到患者完成全部层次表中的条目并能保持放松状态。这是一个完整的疗程,不同的患者需要的疗程次数存在差异。

(五)惊恐症疗效比较

通过比较认知疗法和药物疗法对惊恐症的治疗效果,认知疗法和药物疗法在改善程度和减少复发方面效果都不错;在副作用方面,认知疗法比药物疗法的副作用要小;在治疗费用方面大致相当;在时间消耗方面,认知疗法可能会更长一些。总体评价看,认知疗法的效果比药物疗法要好。[①] 沃尔普从150例恐惧症患者中随机抽取39例,用系统脱敏疗法技术对这些被测试者进行治疗。结果显示:在这39例患者中有68种恐惧症状需要治疗,其中62种症状的治疗(涉及35名被试者)被评定为完全成功或部分成功。成功率占比91%,其余六种症状的治疗没有成功,占比9%。[②] 成功治疗的平均疗程为12.3次。

综上所述,恐惧症、惊恐障碍等这些常见的与恐惧相关的障碍,认知疗法配合药物治疗的效果更为有效。在服刑人员群体中,运用认知疗法治疗恐惧症已经成为一种常用方法。

第十节 焦虑情绪管理与训练方案

焦虑,是指个体由于不能达到目标或不能克服障碍的威胁,致使自尊心与自信心受挫,或使失败感和内疚感增加,形成的一种紧张不安并带有恐惧的情绪状态。它与危急情况和难以预测、难以应付的事件有关。犯罪人在犯罪过程中、审判过程中以及服刑改造过程中都会伴有焦虑情况出现,严重者也可造成情绪、情感障碍。

---

① [美]马丁·塞利格曼:《认识自己,接纳自己》,任俊译,万卷出版有限责任公司2010年版,第55页。

② Wolpe, J. (1961), *The systematic desensitization treatment of neuroses*, Journal of Nervous and Mental Diseases, 132, 180 - 203.

一、焦虑及其类别

（一）现实性焦虑

现实性焦虑所表现的，是个体对现实的潜在挑战或威胁的情绪反应，而且这种情绪反应是与现实威胁的事实相对应的，是一个人在面临其不能控制的事件或情景时的一般反应。此种焦虑的强度与现实的威胁程度相一致，并随着现实威胁的消失而消失。因而，现实性焦虑具有适应性意义。它有利于个体动员身体的潜能和资源来应对现实的威胁，并使个体逐渐找到应对挑战所需要的控制感及有效地解决问题的策略，直到导致焦虑的威胁得到控制或消除为止。现实性焦虑是人类适应环境和解决问题的基本情绪反应，是人类在进化过程中形成的一种适应和应对环境的反应方式。

（二）病理性焦虑

病理性焦虑是指个体持续的无具体原因地感到紧张不安，或无现实依据地预感到灾难、威胁或大祸临头感，伴有明显的自主神经功能紊乱及运动性不安，常常伴随主观痛苦感或社会功能受损。

病理性焦虑的特点包括：（1）焦虑情绪的强度并无现实的基础或与现实的威胁明显不相称；（2）焦虑导致精神痛苦和自我效能下降，是非适应性的；（3）焦虑持续的时间相对持久，即使客观问题得以解决，焦虑依然存在；（4）表现自主神经系统症状为特征的紧张的情绪状态，包括胸部不适、心悸、气短等；（5）预感到灾难或不幸的痛苦体验；（6）对预感到的威胁异常痛苦、害怕并深感缺乏应对能力，甚至因此而影响现实的适应。

病理性焦虑表现为两种：惊恐障碍和广泛性焦虑障碍。惊恐障碍的表现参见本书相关章节。广泛性焦虑障碍是一种以对许多事件或情景过分的和不可控制的担忧为特征的慢性状态，以慢性的、弥散性的对一些生活情景的不现实的过度担心紧张为特征的情绪障碍，并伴有躯体症状，如坐立不安、肌肉紧张、易激惹，注意集中困难和睡眠障碍等。[①] 广泛性焦虑障碍通常表现为持续性精神紧张，伴有头晕、胸闷、心悸、呼吸困难、口干、尿频、尿急、出汗、震颤及运动性不安等。广泛性焦虑并非由实际的威胁或危险所引起，其紧张的程度也与现实事件不相称。案例 1.10.1 中的武某就是一种典型的广泛性焦虑障碍。

---

① 参见张理义、耿德勤主编：《临床心理学》（第 5 版），河南科学技术出版社 2018 年版，第 283 页。

案例 1.10.1 服刑人员担心前来探监的母亲出车祸

服刑人员武某在北京监狱局清河分局的清园监狱服刑。母亲从北京到清园监狱探监离开后，武某反复恳求监狱民警打电话给武某的母亲，问是不是回去的路上出了车祸。当民警告诉武某，他母亲是乘坐监狱的通勤班车返回北京时，武某依然表现得坐卧不安。每次武某的母亲来探监走后，武某都会担心不已。

二、与焦虑情绪共处

焦虑作为一种随时随地可能发生的情绪，人们似乎并不喜欢，总是希望尽快消除它。事实上，焦虑、抑郁和愤怒这三种情绪是人类本能地规避危险情境的反应，它对个体生存也有一定的积极意义。我们要帮助服刑人员探讨两个问题：一是当个体感觉到烦躁不安时，什么可以改变，什么不能改变？二是在什么情况下，个体不要做无谓的挣扎，而是与焦虑情绪和平共处或听从焦虑情绪的警示？需要改变的是外部生活而非内心世界。

（一）听从焦虑的警示

焦虑是危险来临时的警笛，驱使人们深思熟虑、冥思苦想，并企图找到各种可能的解决方法。事实上，焦虑是人的“心灵卫士”，它让人暂时从忙碌中停下来，做一个全面检查。焦虑乐此不疲、不受意识控制，它会把个体的家庭、事业、娱乐等逐一排查，直到找到不对劲的地方为止。一旦发现“病灶之处”，就开始担忧并竭尽全力让个体意识到曾经被忽略的地方，并誓死将其一网打尽。“焦虑卫士”会通过制造一些躯体的不舒服来提醒个体注意这些不对劲的地方，如果个体继续忽略、无动于衷，那么“焦虑卫士”就会干扰个体的睡眠或破坏个体的胃口。[①] 可见，焦虑给个体带来的伤痛和折磨是为了给个体敲响危险将近的警钟，提醒个体要有备无患、提前做好准备。这时，对于那些焦躁不安的情绪，我们应该忍受、关注甚至感激。

（二）什么时候不该焦虑？

当焦虑在日常生活中表现得过于活跃，预知危险的能力过于敏感时，会让某些个体感觉到一直处于危险预警之中、永远不会雨过天晴时，就要设法减轻

---

① 参见［美］马丁·塞利格曼：《认识自己，接纳自己》，任俊译，万卷出版有限责任公司 2010 年版，第 39 页。

焦虑带来的痛苦了。塞利格曼提出了三种指标来告诉人们焦虑已经成为负担，需要尽快减轻负担了。焦虑失控的第一个指标，是焦虑已经不可理喻。焦虑失控的第二个指标，是焦虑出现频率过高，对个体危险的预警功能丧失，塞利格曼称为“麻痹性”。焦虑失控的第三个指标是焦虑的强度很高，并弥漫在生活的方方面面。[①]

三、减少生活中的焦虑

大量研究证实，要改善日常生活中的焦虑，渐进式放松技术和冥想技术确实有效。这两项技术虽然没有立竿见影的效果，但只要每天花 20～40 分钟练习，并持之以恒坚持练习，效果就会显现。此外，焦虑严重时服用少量的镇静剂，如安定、舒乐安定、少量白酒等，也会有立竿见影的缓解效果，但有时会有一定的副作用。

（一）渐进式放松训练

渐进式放松训练是一种逐渐的、有序的、使肌肉先紧张后放松的训练方法，由雅各布森发明。[②] 渐进式放松训练强调放松要循序渐进地进行，要求被试者在放松之前先使肌肉收缩，继而进行放松。这样做的目的，是进一步要求被试者在肌肉收缩和放松后，通过比较从而细心体验机体所产生的放松感。同时要求被试者在放松训练时，自上而下有顺序地进行，放松一部分肌肉之后再放松另外一部分，“渐进”而行。

渐进式放松训练的步骤：（1）找一个安静的场所，用舒服的坐姿坐好。（2）训练开始，先绷紧全身的肌肉，保持 5～7 秒，然后慢慢放松身体的主要肌肉，直到完全松弛下来。注意肌肉紧张时所产生的感觉，然后，使紧张的肌肉彻底放松，并细心体察放松时肌肉有什么感觉。（3）按照下列部位的顺序，依次进行紧张—放松的练习：第一组，优势的手、前臂和肱二头肌；第二组，非优势的手、前臂和肱二头肌；第三组，前额、眼、颈和咽喉部（双臂向前，双臂向后，耸肩）；第四组，肩背部、胸、腹；第五组，臀部、大腿、小腿（脚尖向上，脚尖向下）、脚（内收外展）。

---

① 参见［美］马丁·塞利格曼：《认识自己，接纳自己》，任俊译，万卷出版有限责任公司 2010 年版，第 40－41 页。

② Jacobson, E. (1987), *Progressive relaxation*, The American Journal of Psychology. 100 (3/4), 522－537.

在渐进式放松训练中，肌肉一张一弛，每天至少训练10分钟，可以消除人的身体和心理方面的紧张状态，既可以使正常人提高健康水平，又可以作为治疗心理疾患的辅助手段。

（二）超觉冥想

超觉冥想又被称作"超觉静坐""超然沉思"，是印度瑜伽术语，是练习静坐时达到的一种心无旁骛的沉静境界。被认为是一种能使人增加能量，降低应激水平，保持身心健康的锻炼方法。从生理变化上看，与醒觉、睡眠、梦和催眠状态均不同。练习后，人的紧张水平会降低，心率变慢，血压下降，耗氧量减少，脑电图中α波增多。静坐时肌体放松，精神集中，排除一切内外干扰，可恢复生理疲劳，消除心理紧张。①

超觉冥想的一般姿势是盘膝坐下，双手放在膝上。这需要一定的柔韧性。身体不便的人也可以选择"长跪"——即跪在床或者垫子上，臀部坐在自己的脚后跟上。

冥想的有效方式有很多种，如禅坐冥想（坐上的觉悟）、静坐冥想（感受平和的自我）、读书冥想（汲取灵性之光）、物件聚焦冥想（深度专注的神奇效果）、断食冥想（清洁身心）、愿景冥想（提前享受愉悦）、语音冥想（与灵性振动）、祷文冥想（归于平静安宁）、芳香冥想（最优雅的冥想）、烛光冥想（最浪漫的冥想）、音乐冥想（最享受的冥想）、印度式冥想（与自然合二为一）、色彩冥想（曼妙的七色之花）、曼陀罗冥想（解码心灵密码），等等。②

（三）积极面对焦虑

哈佛大学医学博士伊萨克·M.麦克斯在《解除焦虑》一书中，提供了解除焦虑的六种方法。③ 第一，积极锻炼身体，缓解心理压力；第二，寻找和获得成就感，降低现实性焦虑；第三，重新审视社会比较，只和自己比；第四，专注做事，远离胡思乱想；第五，进行合理的时间安排，及时将完成的事项"打钩"以奖励自己；第六，为自己留出放松的时间。

四、焦虑缓解方法效果比较

积极心理学之父马丁·塞利格曼比较了冥想、放松和镇静剂对缓解焦虑的

---

① 参见林崇德：《心理学大辞典》，上海教育出版社2003年版。

② 张宁：《冥想，唤醒内心强大的自己》，文汇出版社2017年版，第25－41页。

③ 转引自徐宪江编著：《哈佛情绪控制课》，中国法制出版社2013年版，第202－203页。

效果。他认为,在焦虑的改善程度方面,冥想和镇静剂的效果略优于放松训练,冥想和镇静剂对焦虑的改善程度达到 60% ~80%,放松训练的效果能达到 50% 左右。在防止复发方面,冥想的治疗效果最好(60% ~80%),放松训练的效果次之(50% 左右),镇静剂的治疗效果较差,复发的情况最严重。从副作用来看,冥想和放松训练没有副作用,镇静剂具有中等的副作用。从耗费的时间看,冥想需要数周或数月,放松训练需要数周,镇静剂则只需要几分钟。因此,从总体来看,冥想是很好的治疗方法,放松训练是有用的治疗方法,镇静剂则是可有可无的治疗方法。①

第十一节　敌　意

一、敌意及其成分

敌意,是一种复合的情绪状态,由愤怒转化而来,是个体在后天生活中形成的。敌意由愤怒、厌恶和轻蔑组成,其中愤怒是敌意的主要成分。愤怒的意义在于激发人以最大的力量去打击来犯者,并进而导致攻击行为发生。轻蔑作为准备应付所面临的危险对手的一种手段而起作用,以“我比对手更强”的优越感激活个体应付对手的情绪体验。轻蔑由心理的和社会的原因所引起,它的发生基于个体的认知评价,往往随着复杂的嫉妒、怨恨等情感,表达出对对方极不尊重的态度。厌恶和轻蔑,都代表着对对方的否定态度。其中,厌恶导致躲避倾向,轻蔑导致冷淡与疏远。厌恶与轻蔑虽然不像愤怒那样激烈,然而,三者的结合却能产生具有独特色调、独特性质的敌意情绪体验。②

敌意一般在少年时期之后才会出现,具有遗传性。③ 它由情感、认知和行为三部分构成。敌意可分为经验性敌意和表达性敌意。经验性敌意指经历敌意情绪的倾向,如憎恨和怀疑,这种倾向并没有被公开表达出来;而表达性敌意,

---

① [美]马丁·塞利格曼:《认识自己,接纳自己》,任俊译,万卷出版有限责任公司 2010 年版,第 45 页。

② 孟昭兰:《情绪心理学》,北京大学出版社 2005 年版,第 195 页。

③ Hur, Y. M. (2006), *Heritability of hostility in South Korean adolescent twins*, 36th Annual Meeting of the Behavior - Genetics - Association.

则是通过身体和言语进行攻击,公开表达出敌对情绪。[①]

二、敌意与攻击的关系

从敌意的认知成分看,敌意归因偏向是一种认知加工偏向,指个体将模棱两可的信息以敌意的方式进行解释的倾向。研究发现,敌意归因偏向与攻击紧密相关。一方面,敌意解释偏向与攻击行为在儿童、青少年和成年人等不同年龄阶段的群体中均表现为显著正相关,并且具有跨文化的一致性。[②③] 另一方面,具有攻击倾向的个体存在敌意归因偏向。[④⑤] 与其他个体相比,他们更倾向于将他人的模糊性意图作敌意性解释,而不是作无意的或善意的解释。[⑥] 反应性攻击是指对真实的或知觉到的激起刺激的一种防御性的、报复性的攻击反应。

敌意归因偏向与攻击关系的研究主要包括两方面:敌意归因偏向是攻击行为的一种认知机制,攻击是敌意归因偏向的行为基础或人格成因。前者主要探讨敌意归因偏向对攻击行为的影响,后者主要探讨攻击行为或特质攻击对敌意归因偏向的影响。深入理解敌意归因偏向与攻击关系的内在心理机制,有助于我们了解两者之间是如何相互影响的;探究两者关系的影响因素可以使我们了解这些因素如何影响两者关系。这些研究为进一步的临床干预提供依据。[⑦]

关于敌意归因偏向影响攻击行为的心理机制,有研究发现,消极紧迫性与敌意归因偏向和反应性攻击呈显著正相关,且消极紧迫性在敌意归因偏向和反

---

① 傅小兰主编:《情绪心理学》,华东师范大学出版社 2016 年版,第 83 – 84 页。

② Martinelli, A., Ackermann, K., Bernhard, A., Freitag, C. M., & Schwenck, C. (2018), *Hostile attribution bias and aggression in children and adolescents: a systematic literature review on the influence of aggression subtype and gender*, Aggression and Violent Behavior, 39, 25 – 32.

③ Chen, P., Coccaro, E. F., Lee, R., & Jacobson, K. C. (2011), *Moderating effects of childhood maltreatment on associations between social information processing and adult aggression*, Psychological Medicine, 42(6), 1293 – 1304.

④ Mellentin, AI., Dervisevic, A., Stenager, E., Pilegaard, M., Kirk, U. (2015), *Seeing enemies? A systematic review of anger bias in the perception of facial expressions among anger – prone and aggressive populations*, Aggression & Violent Behavior, 25:373 – 383.

⑤ Wegrzyn, M., Westphal, S., & Kissler, J. (2017), *In your face: the biased judgement of fear – anger expressions in violent offenders*, Bmc Psychology, 5(1).

⑥ Crick, N. R., & Dodge, K. A. (1996), *Social information - processing mechanisms in reactive and proactive aggression*, Child Development, 67.

⑦ 张丽华、苗丽:《敌意解释偏向与攻击的关系》,载《心理科学进展》2019 年第 12 期。

应性攻击的关系中具有中介作用。这反映出敌意归因偏向与反应性攻击的关系与个体的消极紧迫性密切相关，消极紧迫性是敌意归因偏向影响攻击行为的一种情绪机制。[①] 在敌意归因偏向与攻击行为关系中，敌意归因偏向对个体愤怒沉浸的频率具有显著预测作用，而愤怒沉浸与攻击行为的发生和发展存在密切关系，[②]愤怒沉浸在敌意归因偏向与攻击行为间具有中介作用，当个体对挑衅者的模棱两可意图采取敌意性解释时，会导致其对愤怒事件的反复思考，进而促进其攻击行为。

敌意归因偏向会导致个体的攻击行为，攻击个体倾向于敌意归因偏向。个体的攻击行为会发展或强化敌意归因偏向，因而敌意归因偏向与攻击之间可能存在彼此促进的循环关系。这种彼此促进的循环关系可以通过一些理论加以解释。社会信息加工理论认为，从线索编码到行为执行的攻击心理过程是一个循环，个体的认知过程会导致攻击行为。反过来，个体的攻击行为也可能通过内隐心理结构（如记忆存储、社会图式和社会知识）的中介作用来预测攻击认知——敌意归因偏向，而后者又潜在地激发个体进一步做出攻击反应。这表明敌意归因偏向与攻击行为之间会形成相互强化的恶性循环。此外，根据一般攻击模型，[③]高特质攻击个体会在一定情境的影响下通过敌意归因偏向影响其内在状态，进而导致攻击行为；而与攻击行为相关的知识结构会在生物因素和环境因素的相互作用下得到不断的演练与强化，最终完全自动化而成为习惯，使个体形成无须意识控制的攻击性人格。这种人格会使个体进一步出现敌意归因偏向、攻击行为。这表明个体的攻击特质、敌意解释偏向与攻击行为之间存在紧密联系的循环结构。

服刑人员中，敌意与攻击行为之间的关系也更直接，这通过日常的行为观察就经常能见到。案例1.11.1就是充满敌意的服刑人员表现出了强烈的抗拒改造行为，可以理解为对民警、对监狱规章制度的攻击和破坏行为。

---

① Gagnon, J., & Rochat, L.. (2017), *Relationships between hostile attribution bias, negative urgency, and reactive aggression*, Journal of Individual Differences, 38(4), 211 - 219.

② Denson, T. F., Pedersen, W. C., Friese, M., Hahm, A., & Roberts, L. (2011), *Understanding impulsive aggression: angry rumination and reduced self - control capacity are mechanisms underlying the provocation - aggression relationship*, Personality & Social Psychology Bulletin, 37(6), 850.

③ Anderson, C. A., & Bushman, B. J. (2002), *Media violence and the american public revisited*, American Psychologist, 57(6 - 7), 448 - 450.

案例 1.11.1 敌意化解

刘某,53 岁,惯用宗教仪式消极改造。在刘某转入监狱被民警谈话时,无论民警问什么都是一句“嘛呢嘛咪吽”,让民警哭笑不得。面对刘某的装疯卖傻,民警打算暂缓谈话,待进餐后再进行。不料,刘某反手将饭碗摔在地上,从此开始绝食。

医务人员赶来为刘某检查身体,刘某极不配合,对所有问话均回答:“嘛呢嘛咪吽”。同时,刘某开始发狂、砸玻璃、撞墙,声称“不想活着了”。

这类言行怪异、举止狂暴的服刑人员,给监区的主要负责人员提出了一个严峻课题。刘某是装疯卖傻别有企图,还是真有精神疾病?如果属于前者,应该对其进行攻坚教育;如果是后者,则应当送往精神病医院做规范治疗。

年轻却不乏工作经验和宗教常识的张指导员,从刘某进入监区那一刻就一直在细心地观察其行为特征。他发现刘某每一次说“嘛呢嘛咪吽”时都会做一个单掌礼的姿态。其语言动作配合得准确,不像一个精神分裂患者那样言行游离。

对刘某精神检查的结果显示其“无精神分裂迹象”,心理测试显示“间歇性人格障碍”。这下张指导员心里有了底,他开始调度警力组成攻坚矫治小组,对刘某进行深层地观察、规劝和教育。

与此同时,主管民警汇报称刘某要求找监区主要领导谈话,张指导员立刻意识到这是一个积极信号,刘某提出了诉求,有诉求就必然有谈话。张指导员吩咐民警不要着急,下午 3 点找他谈话,让他吃了午饭休息一下。

刘某得知张指导员答应与他谈话,心里很高兴,午饭时,刘某面对着又白又软的大馒头和尖椒肉丝,真想一头埋进去吃个痛快。可是一想,还是别吃了,指导员没见我,只是撂下一句话让我吃午餐,我就乖乖停止绝食,岂不宛如一条狗!思来想去,虽然身体已发出了诚实的信号,但还是“硬气”了一把,继续绝食。

下午 3 点,刘某盼望的时间终于熬到了,谈话准时进行。

刘某:“指导员好。”张指导员:“嘛呢嘛咪吽。”刘某大惊,心想,怎么指导员也玩起了这一套。刘某:“我的束缚太紧了,能不能给我松松?”张指导员:“嘛呢嘛咪吽。”刘某看了看指导员,笑了。张指导员也笑了,二人对视了一下都哈哈大笑起来。刘某:“指导员,我以后再也不玩这一手了。”张指导员:“那就好,按说我们不应当用你玩过的招数来对付你,我只不过是想让你知道当你拒绝和我们交流的时候,我们有多着急,多痛心。现在你有什么话只管说……”刘某:“我要求把手铐松一松,太紧了!”张指导员:“可以,我现在就给你松!”张指导员喊来主管民警把手铐打开,发现刘某手腕皮肤已经淤青立即喊来监区卫生员,对刘某的手腕做了消毒、包扎。卫生员一边处理淤青,指导员一边说:“你看看,你装疯卖傻,以自己身体做筹码,闹到现在,你得到了什么?看这皮肤青得,你不心疼自己,我们还心疼呢!快点醒悟吧……”

“你不心疼自己,我们还心疼呢!”就这么一句关心的话,立刻消除了刘某这一段时间以来的僵持和较劲,甚至是仇恨。人是一种神奇的动物,一句深情的安慰,竟能改变一个偏执的意识。

大约十多天的时间,刘某还念念不忘“我们还心疼呢”这句无比厚重的话,反复地思考着:“你们真心疼吗?哼,假仁假义,假慈悲!你们要是真心疼,干嘛给我戴上这坚硬冰冷的铐子弄疼我?你们要是真心疼,干嘛不早一点来安慰我……”“倒也难怪,要是不铐上我,我还真会出事,会出大事……”

刘某不停地换位思考,得出了一个明确的结论:“指导员的话是发自内心,指导员是监区领导,我一个蹲号子的,指导员没有必要在我面前说几句话讨好我。指导员完全可以不理我,可以按规定,该怎么处理就怎么处理……”经过一番思前想后,刘某终于下决心按指导员说的,逐渐醒悟了过来。

“我们还心疼呢”这句最平常的话,用在了监狱民警和罪犯之间,就不仅是一般意义上的感情表达,它犹如春风化雨般地滋润了一株即将枯死的禾苗。在这种感情激励下,刘某迷途知返,很快,他被解除了约束,回到原监狱正常服刑。再有 2 年光景,刘某将会带着指导员给他的那股正能量,和自己一段难以启齿的恶作剧,回到他阔别 7 年的家……

三、敌意与健康的关系

出于对服刑人员身心健康保护的需要,我们探讨敌意与健康之间的关系。有研究发现,敌意是导致冠心病的一个高风险因素。[①] 敌意和心脏病、周边动脉

① Smith, T. W. & Ruiz, J. M., (2002), *Psychosocial influences on the development and course of coronary heart disease: Current status and implications for research and practice*, Journal of consulting and clinical psychology. 70, p. 545 – 568.

症、心绞痛、冠状动脉疾病有关。在心理生理模型中，和敌意相关的神经内分泌和心血管反应可能导致冠心病。有敌意倾向的人更容易体验到愤怒情绪，并对所处环境保持警惕以避免伤害，这可能导致强烈的心理生理反应。有敌意倾向的人更倾向于不喜欢他人，并把这种情绪表达出来，在人际环境处理中更加愤世嫉俗，从而增加罹患抑郁症的风险。

敌意与人们所处的社会经济地位有关。社会经济地位偏低的个体，敌意强度更高。从家庭、社会、个体自身与敌意的关系看，父母关系紧张、母亲对孩子的过度保护、过度干预会促进敌意。①

服刑人员如果表现出强烈的敌意倾向，民警就有必要通过团体训练、个别谈话、组织读书学习等方式，降低敌意倾向，克服敌意归因偏好。

四、敌意化解策略

敌意化解训练旨在降低或消除服刑人员个体的敌意认知偏差，增强其对社会、对他人的积极社会认知。比如，可组织服刑人员观看视频资料《乔家大院》第十七集，乔致庸化解达盛昌老板的敌意，并展开分析与讨论：

人与人之间交往，或多或少会发生一些摩擦，尤其是在官场、职场、生意场中游走的人，为了各自的利益和竞争，产生一些隔阂在所难免。当对方对你有了敌意时，采取什么态度更为合适？一般人首先会想到“人不求人一般大”“这个年头谁怕谁”等消极应对方法。

化解对方敌意的最好方法是化敌为友、为我所用。这种方法包括三个步骤：一是激起对方的自尊心；二是处处显示谦卑；三是要给对方台阶下。

此外，通过下列一些规范流程训练，也能帮助化解敌意。这个流程包括六个步骤：一是承认问题；二是克制感情；三是多想他人；四是增加幽默；五是以诚待人；六是宽容大度等训练。

中国有句古话叫“有理不在声高”。幽默恰好就有这样的特点，以理服人，以柔克刚，以静制动，温和亲切，物我两忘，充分展现个人幽默才能和处事不惊的风度，会使你左右逢源、快乐一生。

当一个人感觉到对某人或某事充满敌意时，建议做好以下几步：(1)换角度思考。通过和别人进行沟通和交流，换个角度重新看这个问题。(2)用最诚挚

① 参见傅小兰主编：《情绪心理学》，华东师范大学出版社2016年版，第84页。

的方式,寻得对方的谅解。精诚所至,金石为开,尽最大努力,求得对方的理解。(3)寻找对方的朋友从中进行沟通和调解。(4)真诚待人,悦纳他人,乐观地和别人交往。(5)低调对待别人的敌意,不激烈还击,不和对方"顶牛",避免敌意升级。(6)强大自己的实力,不怕任何人的攻击。正所谓"不惹事不怕事"。(7)避免使用"以牙还牙"的方式还击,那样容易两败俱伤。相反,采用着力化解敌意、低调和讲策略对待敌意的态度,目的是占据解决问题的主动权。这样,既不被对方牵着鼻子走,也显得比对方思想层次高、富于智谋,更重要的是减少了自己不必要的时间支出、精力支出和其他可能的损失。

五、敌意评价工具

下面是一个用于评价敌意水平的量表。该量表的英文版出处见脚注,由美国的学者发展而来。该量表的优点是题量小,做起来便捷。而且据当时量表编制者进行的信度与效度检验情况看,信度、效度还不错。使用者可以根据样本和同时使用其他测量工具,完善使用常模。

敌意量表①

说明:对于以下每个问题,如果对你来说是正确的,请打钩(√),如果对你来说是错误的,请打叉(×)。

表 1.11.1

序号	问　　题	反馈
1	你觉得你从生活中得到不公平待遇了吗?	
2	如果没有人支持你,你能取得更多的成功吗?	
3	你觉得赢得一场战斗比什么都有趣吗?	
4	你认为警察待人很不好吗?	
5	你做过很多事后后悔的事情吗?	
6	有经常和你作对的一些人吗?	
7	如果人们能看到你的感受,你认为你会被认为是一个难以相处的人吗?	

① Brodsky, S. L. & Smitherman, H. O. (1983), *Handbook of Scales for Research in Crime and Delinquency*, Plenrum Press, New York. p.554 – 557.

续表

序号	问　　题	反馈
8	你认为如果警察不喜欢你,他们会以任何理由逮捕你吗?	
9	有人帮你准备好了吗?	
10	你有没有感觉到你正在被人密谋反对?	
11	你有被人跟踪的感觉吗?	
12	你经常想知道一个人为你做好事有什么隐藏的原因吗?	
13	你认为警察和地方法官会说一套做一套吗?	
14	为了一次冒险你就几乎敢做任何事情吗?	
15	你觉得大多数兄弟姐妹有许多烦恼是不值得的吗?	
16	你觉得有人正想抢劫你吗?	
17	人们会误解你的做事方式吗?	
18	你认为大多数人交朋友是因为朋友对他们有用吗?	
19	你觉得不信任任何人更安全吗?	
20	你觉得大多数人内心都不喜欢特意帮助别人吗?	
21	你觉得有想伤害你的敌人吗?	
22	你有没有因为害怕做或说一些事后可能会后悔的事情而远离别人?	
23	当你感到非常快乐和活跃的时候,是不是一个痛苦的人破坏了一切?	
24	人们经常让你失望吗?	
25	当你试图阻止别人犯错时,你是否曾因被误解而感到难过?	
26	当你试图纠正别人并帮助他们时,他们是否经常误解你的意图?	
27	你是否经常遇到那些本应是专家的人,但他们并不比你强?	
28	你是否经常发现人们嫉妒你的好主意仅仅是因为他们自己有首先想到?	
29	你经常在那些看起来是争功诿过的人手下工作吗?	
30	你相信有大量的人犯有不良性行为之罪吗?	

该敌意量表(HOS)的计分方法:所有 30 个条目回答“是”都表明了敌意。回答“是”计 1 分,回答“否”或不回答计 0 分。敌意分数就是总得分。

国内目前用于测量敌意的量表有症状自评表 SCL－90[①],其中有一个维度是敌意,可测量厌烦、争论、摔物、争斗和不可抑制的冲动爆发等,涉及思维、情感和行为。巴德敌意量表被认为是目前建构最为谨慎的敌意评价工具,包括八个维度:攻击、间接敌意、易怒、消极、怨恨、怀疑、言语攻击、内疚,由 75 个条目组成,以“是、否”作答,该量表后来被修订成为攻击问卷。

① 症状自评表(the Self－Report Symptom Inventory, Symptom Check－List 90, SCL－90)是以 Derogatis 编制的 Hopkin's 症状清单(HSCL1973)为基础,包含 90 个项目,分为 5 级评分的精神症状自评表,基本上是用来衡量门诊病人自觉症状的严重程度。

第二章　服刑人员负性情绪疏导

寻找中国服刑人员的情绪变化规律，离不开中国的社会文化背景、中国人的集体主义文化对个体带来的影响。为了更好地探讨中国文化背景下服刑人员的情绪及人际关系冲突中的问题，我们以案例为基础，设立了第二章“服刑人员负性情绪疏导”。

对于服刑人员习惯性的情绪体验与表达，本章提供情绪的疏导与引导策略。服刑人员的情绪，能疏则通，善导必安。

首先，引导服刑人员如何与坏情绪相处，如日夜煎熬的焦虑、大难临头的惊恐、看似无厘头的恐惧、让人崩溃的不安全感、黑暗无边的抑郁、熊熊燃烧的愤怒、永不消逝的伤痛等。

其次，化解服刑人员心中的仇恨，转变认识问题的角度和能力，疏导他们的纠结、心结、死结，从情绪上引导他们升华，实现从抱怨、怨恨到感恩、感同身受的升华，养成懂得倾听、换位思考的习惯，提升人际问题解决能力和社会适应能力。

负性情绪管理模块包括：仇恨化解、愤怒疏导、焦虑缓解、恐惧克服、绝望自救、哀伤转移、亲情修复、幸福分享。每种训练方案的构成包括训练的基本原理、适用场景与对象、训练的基本流程、训练效果评价四部分。

高级情感教育模块旨在培养服刑人员的道德感、理智感和美感，通过集体进行高级情感教育。

第一节　如何让服刑人员的情绪稳定

监狱中的服刑人员，同在监禁条件下生活、劳动，但每个人的内心世界又各不相同。悲观绝望的有之，愤愤不平、怒火中烧的有之，躲在暗处扇阴风点鬼火、唯恐秩序不乱的有之，但大多数服刑人员还是希望能够平安度过自己的刑期，早日回归社会、早日与亲人团聚。维持相对稳定的情绪，减少愤怒、冲动、大喜大悲，不仅有助于减少狱内人际冲突，而且有助于服刑人员的身心健康。本节推荐几种稳定服刑人员情绪的策略。

一、走进服刑人员的内心世界

入监服刑的罪犯，防御心理是很强的。打破心理防御壁垒，走进服刑人员的内心世界，了解其所思所想、洞悉其困境与困惑、挖掘情绪背后的需要、发现其改过自新的潜能与资源，是有效实施系统教育影响的前提，也是发现和抓住教育时机的关键。正所谓"不愤不启，不悱不发"①。

（一）留心观察

日常工作中细心观察，润物细无声般帮助。在最需要的地方给予点拨、帮助和指导，最能起到"润物无声"的效果。

案例 2.1.1　节日的亲情电话

李警官为了照顾分监区民警回家过年，主动要求大年三十自己值班，值班时李警官会把符合拨打亲情电话要求的服刑人员，按照年龄从大到小排好队，跟所有服刑人员明确："你们是对家庭有罪的人，你们要主动给家人拜年！"为了让大家都能拨打拜年电话，要求每个人都控制好时间。随后，李警官带着服刑人员逐个打拜年电话。为了让所有符合打电话条件的服刑人员都能给家里拜年，李警官连饭都顾不上吃。到大年初一早上，李警官召集服刑人员集体拜年，并要求那些给家里打过拜年电话的人员分享给家人拜年的感受。②

这不是简单拨打亲情电话，而是通过引导服刑人员主动跟家里联系、主动示好，帮助他们用行动修复家庭关系，赢得亲人的理解、宽恕、支持。

案例 2.1.2　用感人的电视剧唤起感恩

王警官筛选了感人的电视剧《娘》，用录制的光盘一集一集地播给服刑人员

---

① 出自《论语·述而》："不愤不启，不悱不发。举一隅不以三隅反，则不复也。"第一句的意思是说："不到学生努力想弄明白，但仍然想不透的程度时，先不要去开导他；不到学生心里明白，却又不能完善表达出来的程度时，也不要去启发他。"

② 案例的原始来源：方舟、王金亮、郭际唐等：《清河教育改造模式之思想矫治法》，法律出版社 2013 年版。

看，播完一集，王警官就让服刑人员说说心得。王警官有时也会结合剧情给服刑人员讲世间那些不容易的娘亲的故事。

无须高谈阔论、激扬文字，民警们通过大量日常工作，用自己的人格力量，用“润物无声”的方式，融入服刑人员的内心世界，使他们在信服、感动中接受民警的系统影响，转变着扭曲的认知、不平静的心情。

案例 2.1.3　用真诚的帮助触动灵魂

服刑人员侯某在某年 12 月初突发心肌梗死，六名民警护送侯某就医，到了户外发现侯某因天气寒冷而瑟瑟发抖。当时负责护送的张警官没有丝毫的犹豫，把自己的棉袄脱下来盖在侯某身上。感动的泪水从侯某脸颊流淌下来。第二天张警官跟全分监区的服刑人员通报了侯某的病情，并分享了一个细节：在抢救侯某的整个过程中，分监区长始终坚持抬担架，到晚上吃饭时，分监区长手因天气寒冷而冻僵。之后，张警官要求全分监区的每一名服刑人员都为侯某的健康以及全分监区服刑人员的健康，送上一句祝福语，都用遵守监管制度、积极劳动改造的行动，为侯某祈福。[①]

正是张警官这种鼓励服刑人员相互尊重的行为，把各位民警对服刑人员的关爱，转化成给予每一位服刑人员生命的尊重，从而把教育影响渗透到整个分监区服刑人员的心里。不难看出，真正能触动灵魂的往往不是言语，而是行为，是朴实无华、源自真心助人的内在行为。巧妙、及时的引导更显得至关重要。

（二）赢得信服

监狱民警要想赢得服刑人员的信服，需要在平时的监管工作中给予他们尊严。给予尊严，不在于多少物质优惠，而在于日常改造中树立的尊严感。

如何让服刑人员感受到被尊重、体验到尊严感，以下几点值得关注[②]：

第一，通过讨论明确方向。针对每一位长刑犯，在一个星期之内，由主管民警与其谈话，目的是明确改造方向、制订改造计划，指导服刑人员在不同阶段怎样多多拿到奖项，明确这些奖项怎么能够拿到，按照既定改造计划，刑期可以缩

---

① 案例原始来源：方舟、刘卫丹、姚静强等编：《清河教育改造模式之思想矫治法案例集》，法律出版社 2014 年版。

② 参见方舟、王金亮、郭际唐等：《清河教育改造模式之思想矫治法》，法律出版社 2013 年版，第 12－13 页。

短多少，可以早出狱多少天。谈话的最后，一定要倾听服刑人员的真实想法："你怎么想？""怎么才能真正落实？"

第二，在细微之处及时发现并放大优点。人们都喜欢得到赏识、赞赏，服刑人员也不例外。因此，准确利用表扬、称赞等精神激励措施很重要，尤其要在细微之处考虑到服刑人员的感受。例如，在接见的时候不要批评服刑人员，对他们身上的优点，哪怕是一个小小的优点，也要认真表扬；接见后，一定不要当着亲属的面进行搜身；过节发苹果时，从苹果大小到发苹果时的态度好坏都要平等。对服刑人员表现得态度有远近就犯了大忌。

第三，关注弱势人员。对那些身体不好、家庭条件差的服刑人员，要加以公开关心。比如，用下列语言表达关心："最近身体怎么样？"同时告诉服刑人员的班长："咱们班能照顾××的地方要照顾。"

第四，处理问题公开透明。服刑人员普遍自卑而敏感，民警在处理问题时，如果方式不当，做很多好事却未必换来好的结果。如案例 2.1.4 所示，在对服刑人员实施捐助时，要充分考虑到受助人的心理，避免因为物质捐赠而带来心理伤害。

案例 2.1.4　捐助中的施与受

服刑人员李某家境贫寒。如果民警直接让其他服刑人员捐助，容易引起其他服刑人员被强行索取的反感，李某也可能会感到没有尊严。民警经过集体商议，决定先从几个表现良好的服刑人员这里做动员，提出了李某的困难，请几位商议一下怎么帮助李某，很快，几名服刑人员达成了共识并开始准备捐助。当给李某捐助的物资准备好时，并不是很唐突地送给李某，而是民警利用点名之后特意组织了一个仪式：首先，由民警说明分监区内的服刑人员为李某准备了一份礼物；其次，说明李某是用自己的哪些行为赢得了大家的这份礼物；再次，请捐助者代表讲讲李某的什么行为让大家很受感动；最后，请李某发言。

通过随时创造或挖掘改造资源，创设教育改造的最近发展区①，从而让服刑人员的思想、行为进步得以循序渐进、螺旋式上升。

---

① "最近发展区"的概念是维果斯基提出的。他感兴趣的是儿童发展的潜能，而不是儿童在某一特定点的发展水平，因而，他提出了"最近发展区"的概念。他把"最近发展区"界定在"儿童现有的独立解决问题的水平"和"通过成人或更有经验的同伴的帮助而能达到的潜在的发展水平"之间的区域。

（三）坚定的信念

改造服刑人员错误的思想认识是一项艰巨的工程。在民警与服刑人员长期的管理与被管理关系中，不仅民警影响服刑人员，服刑人员也在不同程度上影响民警。教育改造工作，是监狱民警在和一个又一个服刑人员进行“拉锯战”的过程中，依靠坚定的信念、坚韧不拔的毅力，不抛弃不放弃的精神，对服刑人员尤其是其中的“顽危犯”实现纠正错误思维、重塑新的行为习惯的过程。是什么让民警们能坚持下来？我们来看看民警们的回答：

回答一：确信邪不压正，相信自己一定能做好！

回答二：每经过一个艰难的时期，就告诉自己这是对自己信心的激励！

回答三：一天不行就两天，只要我们不放弃！

回答四：每成功转化一个，就是自身价值的一次体现！

回答五：告诉自己，一定能把这个难题拿下！

回答六：曾经那么多困难的工作都咬牙坚持下来了，退缩了就前功尽弃了！

……

总之，正是民警的坚持和不放弃，才实现了一个个“顽危犯”的转化奇迹。案例 2.1.5 讲的是一个充满无赖习气的顽固犯的转化过程，其中民警坚定而执着的信念、制订出的步骤清晰的矫正方案最终感化了王某，实现了改造的目的。

案例 2.1.5　无赖习气消除记

服刑人员王某，多年来在社会底层混生活，养成了一身的无赖习气。刚到监狱服刑时，就在罪犯群体中扬言：“我不打背包、不劳动、不背诵规范。”

分管的常警官对王某提出了明确要求：“必须和其他服刑人员一样，必须打背包、必须劳动、必须背诵规范。”王某开始耍的无赖对策是：“我不会！”常警官的对策是：“不会，没关系，我教你！”常警官开始利用每天中午的时间，逐字逐句教王某背诵规范，就像教小学生学习一样；每天早晨 7 点，常警官准时进队，手把手教王某打背包，一板一眼地教；到车间劳动的时间，常警官就坐在王某身边，和王某一起干活。就这样，持续不间断地坚持了两个星期，手把手教，持续监督劳动，时刻检查王某的规范背诵。到第三个星期，王某主动提出：“您别再教我了，我自己会做了。再不好好做，都没脸在这个分监区待下去了。”

二、让服刑人员的心里亮堂起来

要想让服刑人员心里亮堂，就要引导他们学会全方位、多视角看问题，懂得用唯物辩证的观点看待问题和发生在自己、他人身上的事件，而不是简单地沉浸在问题中。

(一)珍惜拥有

人们习惯于关注自己所没有得到的东西，而忽视自己所拥有的东西，正如人们视而不见的常识“只有生病了才知道健康的重要”。对服刑人员来说，“只有自由被剥夺了才知道自由的重要”。引导服刑人员珍惜所拥有的东西：健康、亲情、四肢、头脑、生命、感官等，以及人们习以为常而忽略的阳光、空气等能被生命感知的所有东西，都值得珍惜。

(二)发现资源

人们赖以生存和发展的资源，也常常被忽略。帮助服刑人员发现自己所拥有的赖以生存的各种感官、管控思维和行为的大脑、关心自己的家人和警官、可以共同劳动的班组伙伴、维护自己权益的法律、劳动能力等资源，能激励服刑人员将资源化为看得见的进步和财富，有利于服刑人员稳定情绪和提升改造动机。

(三)构建多维视角

学会多角度看问题是帮助服刑人员走出思维“死胡同”的有效方法。空椅子疗法[①]常常有助于缓解服刑人员的思维定式，让解决问题的方法变得更灵活。

三、稳定情绪的认知方法

(一)克服自我中心观念

克服自我中心的观念，又可以称为“虚己以游”。《庄子·山木篇》中有一个故事：“方舟而济於河，有虚船来触舟，虽有惼心之人不怒。有一人在其上，则呼张歙之；一呼而不闻，再呼而不闻，於是三呼邪，则必以恶声随之。向也不怒而今也怒，向也虚而今也实。人能虚己以游世，其孰能害之！”[②]后世人把这个故

---

① “空椅子技术”，是格式塔学派常用的一种技术，是使来访者的内射外显的方式之一，是完形疗法种种著名而有影响的技术中，最为简便易行而适于心理辅导的技术。“空椅子技术”的目的就是帮助当事人全面觉察发生在自己周围的事情，分析体验自己和他人的情感，帮助他们朝着统整、坦诚以及更富生命力的存在方向迈进。

② 用现代白话文理解就是：“你驾驶一只小舟在河中游走，有一只空船撞到了你，虽然你脾气不好但是不会生气。但是，如果有一个人在那船上，你就会大声呼呵他。叫喊了一次对方没听到，你就会再三地呵斥人家，并且会口出恶言。之前不生气，可是现在却生气，完全因为之前是空船而现在船上有人。”庄子因此得出一个结论：“一个人倘能听任外物，处世无心而自由自在地游于世，谁能够伤害他！”

事演绎成“空船理论”。

这个故事启示我们:人不要太自我、太自私、太把自己当回事。一个人如果总是以自我为中心,太把自己当回事,那么就很容易与别人起冲突。相反,一个人如果不把自己当回事,不以自我为中心,放下自以为是、放下偏见和无用的面子,谁又能伤害他呢?

其实能帮助自己的不是他人,而是自己。倘若了解并能熟练运用“空船理论”处事,一切问题就迎刃而解了。例如,德国哲学家叔本华说:针对别人的行为动怒,就跟向一块横在我们前进路上的石头大发脾气同等的愚蠢。

(二)正视欲望

德国哲学家叔本华的钟摆理论认为:欲望就是这样一种东西,它的满足总是暂时的、有限的。当愿望满足、幸福旋即消失之后,新的欲望就会继之而起。欲望永远无法全部得到满足,由欲望不满足而带来的痛苦也就不可避免。叔本华认为,人生有如钟摆,摆动于痛苦和无聊之间,痛苦和无聊是人生的两种最后成分。

当然,积极心理学还启示人们,当欲望得到满足后,感恩之心、回报社会会增加人们的幸福感。叔本华帮助人们意识到欲望的存在和永不满足的特性,对引导服刑人员认识、正视自己的欲望有积极意义。如何引导服刑人员正确对待欲望、如何正确对待已经满足的欲望参见本书第四章积极情绪培养部分。

(三)掌控自己的反应

美国社会心理学家费斯汀格认为,生活中的10%是由发生在个人自己身上的事情组成(客观事件),而另外的90%则是由个人对所发生的事情如何反应(系列反应)所决定。换言之,生活中有10%的事情是我们无法掌控的,而另外的90%却是我们能掌控的。

案例2.1.6　手表被摔的连锁反应

【事件初起】卡斯丁先生早上起床,洗漱时顺手将自己的高档手表放在洗漱台边。妻子看到后,担心手表被水淋湿,就随手拿到了餐桌上。儿子起床后到餐桌上拿面包时,不小心将手表掉到地上摔坏了。

【卡斯丁对事件的反应】卡斯丁先生看到心爱的手表被摔坏,不由分说,就揍了儿子一顿。然后,又黑着脸,把妻子狠狠骂了一通。

【卡斯丁妻子对卡斯丁的指责的反应】妻子不服气,说是担心水把手表打湿才放到了餐桌上。

【卡斯丁更猛烈的反应】卡斯丁说他的手表是防水的。于是,与妻子二人猛烈地争吵起来。一气之下,卡斯丁早餐也没吃,直接开车去公司上班。但快到公司时,突然想起,自己竟然忘了拿公文包。然后,又立刻掉转车头回家。可是,此时家中并没有人:妻子上班去了,儿子上学去了。而卡斯丁的钥匙放在公文包里,他进不了家门。于是,只好打电话向妻子要钥匙。

【卡斯丁妻子的慌乱反应】卡斯丁妻子接到电话,慌慌张张地往家赶。路上,不小心撞翻了路边的水果摊,摊主拉住她不让走,要她赔偿。她不得不赔了一笔钱才得以解脱。

【卡斯丁上班迟到的后果及连锁反应】待卡斯丁拿到公文包赶到公司时,已迟到了 15 分钟。挨了上司一顿严厉的批评,卡斯丁的心情坏到了极点。下班前,卡斯丁又因为一件小事,与同事吵了一架。妻子也因早退被扣除了当月的全勤奖。卡斯丁的儿子这天参加棒球赛,原本夺冠有望,却因心情不好、发挥不佳,第一局就被淘汰了。

在上述案例中,手表被摔坏是最初的事件,在整个事件中仅占 10%,后面一系列事情就是另外的 90%。事实上,在人生中有很多时候,人们控制不了前面的 10%(客观事件的发生),但完全可以通过调整心态与行为,决定另外的 90%(一系列的后续反应),这就是著名的“费斯汀格法则”。

我们反思卡斯丁先生的做法。当看到心爱的高档手表被摔坏时,此时至少有两种可以选择的处理问题的方法。第一种,就是上文所述的,指责妻子、暴揍孩子,结果是引发了一系列的混乱反应,妻子被扣奖金,卡斯丁先生本人挨批评、与同事吵架,孩子痛失比赛冠军。而所有这一切,并没有让摔坏的高档手表自动修复,后续修表的费用一点都不会减少。第二种解决问题的方式,就是提醒孩子,拿面包不小心摔坏的是珍贵手表,如果是滚开的水或汤锅,孩子就很可能被烫伤;之后,感谢妻子对手表的保护,只是别放餐桌上,那里也容易被汤水打湿或摔坏。第二种方案则是保护性的、建设性的解决方案。

(四)专注当下

如果服刑人员每天思考着家中要解决的问题而又无法回家,势必会心烦意乱。此时,最好的办法是引导他们专注于当下的改造生活:专注于学习劳动技能、专注于自身的思想改造与健康心理培养、专注于自身解决人际问题技能的提升。人在专注状态下,可以解放自己的思想束缚,得到许多愉悦体验,能维持较长时间的愉悦心境。

案例2.1.7 故事法引导服刑人员专注当下

向服刑人员讲述下面的故事:

小和尚问老和尚:"您得道前,在做什么?"

老和尚回答说:"砍柴、担水、做饭。"

小和尚又问:"那得道后呢?"

老和尚回答:"砍柴、担水、做饭。"

小和尚继续问:"那何谓得道?"

老和尚:"得道前,砍柴时惦念着挑水,挑水时惦念着做饭;得道后,砍柴即砍柴,担水即担水,做饭即做饭。"

大道至简,平常心是道。引导服刑人员专注做好当下能做的事情,不仅让自己心安,还能取得好的工作效率和生活的心态、良好的人际关系。

第二节 情绪疏导:化解仇恨

在服刑人员中,曾经对检举人、执法者怀有仇恨的人应该不在少数。监狱民警及时发现心中充满仇恨的人、帮助疏解其心中的仇恨,对预防刑释后重新犯罪具有重要意义。化解服刑人员心中的仇恨,要从转变认识开始。

一、化解仇恨的一般原理

心怀仇恨的人,所专注的问题通常是自己丢掉了什么或损失了什么,而很少考虑损失的东西换来了什么。如果围绕最初的关注点——损失的内容,进一步思考这个损失换来了很多东西——健康、经验或教训、受到了警示、避免了更大的灾祸等,仇恨就很容易被化解了。例如,电视剧《澳门人家》中的男主角梁鼎文心中非常痛恨苏家骗走了"梁家大屋",一直念念不忘"是自己把梁家大屋弄丢了",直到阿琪与其直言相辩:"你一直说自己弄丢了梁家大屋,为什么不想想大屋换来了什么？当时卖了大屋，换来了小妹的学费、换来了梁伯（梁鼎文之父）和家栋（梁鼎文之子）的生命和健康。如果现在说让你用大屋去换小妹的学业、梁伯和家栋的性命，你会去换吗？”此时，梁鼎文才终于放下了对自己的责怪和对苏家的仇恨，真正与自己和解了。

在监狱中，对服刑人员来说，引发新仇、唤起旧恨的情景主要有：民警处理问题有失公平、“五类矛盾”[①]、服刑人员“二次违纪”[②]问题。特别需要注意的是，第二次违纪往往比第一次违纪的后果更严重，容易出现打架斗殴、持械报复、顶撞民警、自伤自残、背后“下黑手”等情况。

通过对“二次违纪”进行分析，发现下列情况是易发情境：第一次违纪时，大多数是因为琐事发生争吵、争执或轻微的肢体冲突。虽然民警也进行了处置，但由于少数民警责任心不强，存在“三麻思想”[③]，执法过于简单、随意，处理问题不彻底或过分相信服刑人员的口头表态，而对于服刑人员违纪的原因缺乏深入了解与分析，对服刑人员真实的思想缺乏足够的认识，后续的盯控、隔离与包夹未能及时跟进。[④]

二、化解狱内矛盾引发的仇恨

服刑人员狱内矛盾主要有三类：服刑人员与民警之间、服刑人员之间、服刑人员与监狱之间的矛盾。此处分别论述狱内矛盾引发的仇恨及化解方法。

这些狱内矛盾的产生，大多源自服刑人员在解决矛盾时站在自己的视角，很难做到换位思考，更难做到全方位地看问题。当然，也偶然会有来自监狱管理者中的问题。

如果由于民警处理问题有失公平引发了个别服刑人员的仇恨，需要民警及时察觉、双方进行开诚布公地沟通，如果当事民警自己无法处理，须及时向上级领导和组织上报时，民警应及时调整工作岗位，调动有关人员，确保及时化解服刑人员的心结；如果由于民警处理问题有失公平而招致了群体服刑人员的仇

---

① “五类矛盾”，指服刑人员之间、服刑人员与民警之间、服刑人员与监狱、服刑人员与家庭、服刑人员与社会之间的矛盾。

② “二次违纪”，指服刑人员在发生违纪行为后，由于民警没有及时发现或有效处理，导致服刑人员再次发生违纪行为。

③ “三麻思想”，指民警在监管工作中麻痹、麻木、怕麻烦的错误思想意识。

④ 程辉建、王畅、陈伟等：《清河教育改造模式之惩教服刑人员改造》，法律出版社 2015 年版，第 181 页。

恨，则需要监狱领导及时出面对民警的不当行为进行批评教育、调整工作岗位，问题严重的应通过问责，确保执法环境的公正公平，防止由于民警的执法不公引发服刑人员仇恨情绪的感染、蔓延和群体暴力事件发生。

如果是由于服刑人员之间的矛盾而引发的仇恨，主管民警和分监区领导要及时觉察，及时通过个别谈话、心理疏导、心理咨询、心理治疗进行化解矛盾，让矛盾双方进行充分的非暴力沟通（见本书第三章第四节提供的方法）、换位思考，让当事人宽恕自己、宽恕他人（具体方法可参照本书第四章第二节提供的方法）。民警力争对觉察到的仇恨情绪及时消除，确保仇恨不过夜、不累积、不延伸、不恶化。

为了防止服刑人员“二次违纪”和民警“三麻思想”引发的服刑人员仇恨情绪加剧，监区领导在狱情分析会上的一个工作重点是请监区民警对罪犯情绪、处理服刑人员纠纷问题的公平度、彻底程度进行梳理，不留“余火”，不留“灰烬”，以防仇恨的死灰复燃。

三、化解服刑人员对狱外人员的仇恨

服刑人员对狱外人员的仇恨主要包括对家中的亲人、配偶或兄弟姐妹，检举人，被害人家属，公安机关和法院的执法人员等的仇恨。这类仇恨通常会出现在服刑人员刑满释放前，经过在头脑中反复加工，仇恨情绪会加剧。如果民警不能及时发现和化解，让这种仇恨随着服刑人员的出监而带到社会中，一旦出现某种诱发刺激，则会酿成报复类案件。当年发生在石家庄的“3·16”爆炸案就源自刑满释放人员靳某某对家人的仇恨。

化解服刑人员对亲人的仇恨，主要着力点在于引导服刑人员发现别人给自己带来的恩情、自己给别人惹的麻烦，培养感恩情绪，学会恰当适度地表达情绪，学会与人进行非暴力沟通等，从根本上降低仇恨情绪、消除报复行为的动机。

服刑人员对原判刑罚的检举人的仇恨，在入监初期表现比较明显。此时，及时开展认罪悔罪教育，帮助服刑人员认识到被判入狱完全是由于自己的犯罪行为所致，检举人、执法者是在尽自己的法定义务，犯罪行为一旦做出，只要危害了社会，必然会遇到正义的惩罚。相反，如果入监初期的认罪悔罪教育不及时、不到位，这种仇恨在出监阶段可能会得到强化。服刑人员出监之前，往往会在心里彩排自己出监后的各种生活、如何应对自己曾经的各种关系人。

四、化解病犯的仇恨

监狱里的病患服刑人员，相比于身体健康的服刑人员，携带着更多痛苦。他们具有较多的负面情绪，兴奋度也很低，更倾向于用消极视角观察事物，生活情趣呈下降状态。他们大多伴有失眠、焦虑、敏感、多疑、烦躁不安等情况。有时，管教民警或者医务民警的一个表情、一个动作，都会被这些病患服刑人员无限放大，浮想联翩。这些服刑人员有的怨恨法律，把自己的犯罪归因于社会，进而表现出自卑、发泄、捣乱、煎熬混日等。如果不能对他们进行有效的改造教育，那么他们就可能出现返祖现象：返祖动物性，淡化社会性。

案例 2.2.1　化解病犯的敌意与仇恨

罪犯孙某，犯有强奸罪，在监狱服刑，身染肺结核，有时出现血痰，病情较为严重。传染科黄主任有一天带领九名医护人员去给病犯检查身体时，一位主治医师检查到孙某，孙某不但不领情，还牢骚满腹地叫嚣道："别玩这种假慈悲，假关怀。要是真关怀，就不该判我六年大刑！"听了这话，年轻的女主治医师气得说不出话来。

黄主任立马接过话来："这六年大刑正是对你最大的关怀，就凭你犯的那罪，要是不及时判你六年大刑，让你来接受改造，你会犯下更严重的罪行，到时候你哭都来不及了……"

孙某立刻向黄主任发起反击："这位警官先生，请问您，我犯的什么罪？"

这时在一旁的管教警官要制止孙某的无礼，但黄主任向这位管教警官做了个手势，示意他不要制止。

黄主任义正词严地说："你犯的是危害国家和社会的罪！"

孙某哈哈大笑道："警官，您猜错了，我犯的是强奸罪，只危害了一个女人……"

黄主任严肃地说："孙某，你又说错了，你的罪行后果是分两部分的。一部分是直接伤害，另一部分是间接伤害。你这种罪恶行径，不仅是伤害了个人，更多的是败坏了社会风气，给社会造成了负面影响，让家人蒙羞……"

孙某："得得得，您别说了，我说不过您，我也不想和您辩论。"

黄主任顺势接茬："不想辩论可以，但是你必须接受身体检查。并且，还要认识到保护你的身体健康是政府给你们的关怀。"

孙某继续讥讽道："谢谢警官，谢谢政府，您对我的关怀是毫无意义的，那不过是盲人点灯，白费蜡！还不如让我早点死。”

黄主任并没有反唇相讥，而是认真地问道：“你患的是什么病？”

孙某：“肺结核，快到晚期了，经常咯血，肺都烂透了。”

黄主任：“你不懂医学，不要把自己的病估计得那么悲观。”

孙某抢过话来：“我请教过一位老中医，那中医说，痨病一到了咯血的程度，神仙也救不了。”

黄主任笑着反问：“是哪位老中医说的？”

孙某不答，黄主任再问，孙某沉默了。

管教警官在旁边帮着说明：“他说的老中医，是他们班里一个自称是老中医的服刑人员。这个人专门散布疾病恐怖论，按他的说法，什么病都治不好，都得等死。为了这事，监区的指导员在大会上批评了那个‘老中医’，还差一点关他禁闭。”

黄主任态度严肃起来，认真地询问孙某：“孙某，你想活下来，还是真的想死？”

孙某沉默了一下，随后认真地说：“谁不想活下来，好死不如赖活着，谁愿意死呢？”

黄主任说：“好，既然想活下来，那你就配合我们，先做一次全面检查，然后由我亲自给你治病。我有能力止住你咯血，让你恢复健康。”

经过黄主任精心施治，轮换用药，使孙某肺里的结核菌产生了抗药周期性紊乱，大大降低了抗药能力，产生了较好的治疗效果；孙某在民警的疏导与感化下，心态从灰暗到阳光，增加了抗病能量。就这样，一个已经绝望而心怀仇恨的人，在黄主任的开导和精心治疗下，得以重生。

五、化解对自己的仇恨

对激情犯罪人来说，当被害人是自己的亲属时，一方面，他们容易招致其他亲人的痛恨；另一方面，当冷静下来思考时，他们对自己也感到难以饶恕，痛恨自己的情绪难以消除。

本书在第四章第二节介绍了提升服刑人员宽恕水平的策略，其中有针对服刑人员饶恕自己的策略。帮助服刑人员饶恕自己的过错不是帮他们洗清罪责，而是为了预防自我仇恨带来的一系列问题的发生。例如，服刑人员从仇恨自我发展到自我攻击——自伤、自残，心胸过于狭隘的人，他们还可能在“自杀前拉上垫背的”；从仇恨自我发展到仇恨社会，会出现反社会性攻击行为。此外，过度的自我仇恨，会使服刑人员的心理压力过重，严重的容易导致严重疾病，极度严重者甚至会死亡。因此，不论从维护监管秩序出发，还是为了服刑人员的合法权益保护，帮助服刑人员化解对自我的仇恨都具有重大意义。具体训练方法参见本书第四章第二节中的内容。

第三节　情绪疏导：平息暴躁

在监禁条件下的服刑人员群体中，心烦意乱、有发脾气冲动的人数不少，但大多数人能控制住发脾气、攻击他人的冲动。一旦脾气暴躁得难以自抑、冲动无法控制、酿成打架斗殴事件时，则需要监狱民警来控制现场，平息服刑人员暴跳如雷的愤怒甚至敌意情绪。

一、狱内暴力现象

华盛顿大学的詹姆斯·奥斯博士在对狱内暴力进行调查研究后得出如下结论[①]：(1)每一起暴力事件中均有双方明显的冲突，使用暴力是有原因的，双方都能解释为什么会发生暴力事件。暴力事件的发生也不是偶然的，很少出现一方与另一方素不相识的情况。(2)大多数参与暴力事件的服刑人员并不想打架。据他们自己提出的理由，之所以发生暴力事件是因为除了打架，他们别无选择。(3)服刑人员缺乏处理冲突的技巧。虽然他们并非出自本意，但却激化了冲突，降低了避免暴力的可能性。(4)监狱的社会结构产生并形成了冲突。服刑人员认为他们所处的环境是充满危险的地方，因此诉诸暴力来保护自身的利益。监狱氛围滋生了各种冲突，一方面，监狱的管理制度存在如下问题：一是导致对稀有资源的竞争；二是要求犯人与他人合作，但各人的行为是不可预测的；三是剥夺了个人隐私权。另一方面，监狱的文化也形成了冲突：一是受压迫的情况随处可见；二是他人对某人的物质财富构成危险；三是寻求狱警的帮助解决争端，被视为出卖团结或视为无能。(5)打架是双方力量的较量，是一场成

① 转引自黄兴瑞：《人身危险性的评估与控制》，群众出版社2004年版，第177－178页。

败之争。在某次冲突中,双方关心的是如何争取胜利,同伴、利益等对他们不再重要。(6)非物质利益,如尊重、公平、忠诚、荣誉、个人安全等价值观影响了每起暴力事件,原因在于其中的一方感到另一方会胁迫、威胁,或自己受到了对方的挑衅。(7)物质利益,如毒品、香烟、电话卡等物质利益受到侵犯后,也容易引发冲突。但所占比例不到二分之一,大多数服刑人员的打架斗殴行为与物质因素无关。当然,当他们认为自己的财产遭到侵害时,往往会认为应该用暴力来保护其财产。(8)不同种族是冲突的背景因素。

国内研究人员对诱发服刑人员暴力攻击的原因作了梳理:(1)违规违纪行为受到其他服刑人员制止时,当事人与制止者发生冲突,采取暴力手段排除不轨活动的障碍;(2)恃强凌弱,强势的服刑人员经由对其他服刑人员施暴获得心理快感;(3)炫耀武力或强壮、胆大妄为的服刑人员通过炫耀武力,在群体中获得"特殊地位";(4)受到其他服刑人员蔑视、侮辱、恫吓、敲诈时,采取以牙还牙的方式进行还击;(5)敌意投射(将敌意指向自己并无敌意的人或物上,对无关的他人或物采取攻击行为,间接地发泄敌意);(6)遭受挫折,沮丧、焦虑等消极情绪无处宣泄时,通过攻击行为缓解性感。①

该研究人员通过进一步的调查研究显示,施暴者和受害者对暴力冲突的描述存在差异。施暴者更多将对方视为冲突的起因,而将自己看作无辜者,认为自己在解决与其他服刑人员间的问题而不是欺压对方。他们这样描述自己的行为:(1)"我当时脑袋发热,不能自控",这是一种否认义务现象,把自己的过错行为归咎于不能自控,拒绝他人对其行为的指责。(2)"根本就没什么大不了的",否认对他人的伤害,用这句话为自己的行为开脱。(3)"我打的这个人一贯犯贱",否认被害人,妄称受暴者罪有应得。(4)寻求高度忠诚,把自己的暴力行为说成为了高尚的目的,为了团队友谊的需要或为了兄弟的忠诚。而暴力受害者所表现出的特质,表明受害者和施暴者几乎是"一体两面":受害者并不是一个同质群体,相当一部分被评定为受害者的服刑人员同时也是攻击其他服刑人员的施暴者。换言之,伴随服刑人员之间冲突的暴力行为,常常是受害者和施暴者互动的结果。服刑人员间的暴力事件,在双方相互刺激与相互伤害过程中,当事人到底是施暴者还是受害者,要具体分析事件的发展阶段。

---

① 郑杰:《狱内冲突澄明与管控》,厦门大学出版社 2016 年版,第 86 页。

哪类服刑人员更容易成为服刑人员暴力侵害的对象，是体型弱小、性格懦弱或较少有朋友的服刑人员，还是体型壮硕、习惯“巧取豪夺”、冲动善变或人际交往广泛者？郑杰的调查研究表明是后一类人群，并试图用欣德朗的生活方式/暴露理论解释这一现象。[①]

在服刑人员中，同样表现出鄙视“欺软怕硬”者的现象，他们推崇对抗强者（包括对抗警察）。至于为什么对抗，反而不是他们关注的重点。如果有服刑人员欺压弱者，他们一般不会直接干预（部分地域观念强烈者除外），但会对欺压者“不屑”。对于极其看重“面子”的服刑人员而言，这一点是一个不可小觑的因素。

二、冲动易怒服刑人员的特征

在违纪的服刑人员类型中，殴打其他服刑人员类、不服管理类、辱骂顶撞民警类、寻衅滋事类、闹监类服刑人员，多数属于易冲动暴力型服刑人员（以下简称冲动服刑人员）。[②] 这类服刑人员一般存在一定程度的冲动型人格障碍，具体表现为：因微小精神刺激而突然爆发非常强烈而又难以控制的愤怒情绪，并伴有冲动行为。这种突然发生的情绪和行为变化并非常态反应，行为发生后，行为人常常对自己的行为感到懊恼、后悔，但并不能阻滞类似行为的再次发生。有冲动型人格障碍的服刑人员在日常表现出以下特征：冲动、好争吵、易与民警或其他服刑人员发生冲突，当冲动行为受阻或受到当众批评后，有突发的愤怒和暴力倾向，计划性和预见能力明显下降，难以坚持任何缺乏即刻奖赏的行为，心境反复无常；自我形象与内在偏好紊乱；人际关系紧张，情感危机比较多见。以冲动服刑人员的冲动与暴力倾向的管控与疏导策略主要有两种：自我反省与行为养成。

三、“自我反省”抑制冲动暴力

自我反省，是服刑人员长时间冷静地回顾自己的思想和行为，检查其中的错误的过程，适用于严管队（惩教监区、集训队）中再次违纪的冲动型服刑人员。

反省室一般是一个 4 ~5 平方米的小屋，墙上贴着醒目的提示语，简洁而不

---

① 郑杰：《狱内冲突澄明与管控》，厦门大学出版社 2016 年版，第 89 页。

② 程辉建、王畅、陈伟等：《清河教育改造模式之惩教服刑人员改造》，法律出版社 2015 年版，第 131 页。

失严肃。处于反省期的服刑人员，在民警的适度引导下，将根据发生在自己身上的错误事件的认识程度，进行 3 ~ 7 天的自我反省，除了吃饭、睡觉、用餐、如厕之外，每天的全部生活就是在反省室里反思。

反省时，反省者低头端坐、一动不动、一语不发。反省的内容包括：回顾自己的思想和行为，寻找其中的缺点和错误，通过反观自己的内心世界，随时随地了解、认识自己的思想、意识、情绪、态度。

冲动服刑人员的自我反省对控制冲动、平息暴躁情绪有重要意义。第一，冲动服刑人员刚刚因违纪行为而受到惩罚，内心仍处于激动与焦躁的状态，自我反省作为一种冷处理方法，可以帮助其逐渐平复情绪，避免新的外在刺激导致其亢奋情绪再次爆发进而导致新的冲突事件发生。从宏观上看，有助于监管秩序的安全稳定。第二，可以帮助冲动服刑人员适应环境。冲动服刑人员的环境适应能力相对较差，一旦从管理相对宽松的常规监区调入严管监区，他们的不适应感会非常强烈。自我反省恰好为其提供了一个相对独立的空间和相对持久的时间，促使其逐渐熟悉全新的管理环境，舒缓其紧绷的神经和极端的抗拒心理，有助于顺利开展后续的教育改造工作。第三，自我反省为冲动服刑人员提供了一个冷静下来反思自身过错、认识违纪行为给自身带来的危害的机会，唤起其羞耻心、愧疚情，为悔过自新创造必要的条件。第四，通过自我反省这种形式，民警可以借助监控、情报、查阅档案等方式，充分了解服刑人员的思想、情感、行为特点，为制订个性化矫治方案打下坚实基础。①

案例 2.3.1　用“反省”平息暴躁

“反省什么啊？积分虽然被扣了，但我心头的那口恶气出了，我认了！”这是一个被带到反省室的服刑人员李某冲着民警大声嚷嚷的情景。李某，入狱七年，一直不认罪，再次在狱内打架，到惩教队接受惩教。与李某同期入狱的大多数服刑人员，都依法依规得到了减刑奖励，李某却因为不认罪并因为打架受到八个月的处分。这意味着先前已经获得的积分奖励清零。此外，由于受到惩教，根据惩教期和解除惩教后考取积分许可的限制规定粗略计算，李某可能获得的两年减刑奖励也没了。

---

① 参见程辉建、王畅、陈伟等：《清河教育改造模式之惩教服刑人员改造》，法律出版社 2015 年版，第 132 – 133 页。

反省期内，民警每次从李某的门口经过时，只重复一句话："冷静冷静，反思反思你这七年究竟最对不起谁？"

反省期结束时，李某迫不及待地跟民警倾诉："我这七年全跟自己较劲了，想来真对不起老婆、对不起孩子、对不起自己的老父亲……"在接下来的几个月，李某顺利度过了惩教期。①

四、用"行为养成"平息暴躁

行为养成教育是培养人们良好行为习惯的教育，既包括对正确行为的指导，也包括对良好习惯的训练。对服刑人员的养成教育，旨在通过一种半军事化的严格管理和反复强化的行为模式训练，促使服刑人员在矫正恶习、培养良好行为习惯的过程中，强化服刑身份意识、遵守监规纪律意识、牢记行为规范意识，提高自律、自制、自控能力，并在头脑中牢固树立敬畏规则的意识。

北京市监狱管理局清河分局的经验表明，行为养成作为对被惩教服刑人员教育工作的强有力抓手，在矫治转化冲动服刑人员中取得了十分突出的效果。这些效果主要体现在两大方面：第一，把服刑身份意识、遵守规范意识具体化，例如，从早上6时听从起床命令，接着穿衣、打背包、开窗通风、排队洗漱，这一系列紧张有序的行为到6时30分完成，并成为日常改造的习惯动作。冲动服刑人员在每日重复这些习惯的过程中，无形增强了规范意识和纪律意识。第二，帮助服刑人员实现了道德行为从"他律"到"自律"的转变。② 行为养成作为对所有被惩教人员的刚性要求，他们的行为训练是在警官及其他被惩教服刑人员的监督下完成的。这个阶段主要是他律的过程。当规定动作成为半自动化甚至自动化的动作时，监督就显得不再重要。例如，服刑人员6时听到起床命令就起床，随后习惯性完成系列规定动作，这时就进入自动化阶段，人的行为也进入自律阶段。

---

① 原始资料来源：程辉建、王畅、陈伟等：《清河教育改造模式之惩教服刑人员改造》，法律出版社2015年版，第133页。

② "自律"和"他律"是康德道德哲学用语。自律即支配人的道德行为的道德意志纯由自己的理性所决定，而不受制于外部必然性；与之相反，他律即支配道德行为的道德意志受制于外部必然性而非由理性自身决定。

五、平息暴躁的其他技巧

（一）用情绪调节技巧平息暴躁

运用“情绪觉察并给情绪命名—寻找引发情绪的最敏感原因—发散思维并识别可能的多种含义—在多种应对方案中进行选择”的情绪调节机制完成暴怒平息的训练。

案例 2.3.2 情绪调节技巧平息暴躁

（背景：罪犯冯某与同监舍的刘某发生了争执。冯某先是暴跳如雷，随后要动手打刘某，被其他犯人制止了。）

民警：说说今天要动手打人是怎么回事？

冯某：我在给儿子写信，想写“努力读书”，但忘了“努”字怎么写，就问在旁边看书的陈某。陈某说：“奴隶的‘奴’加个力。”我就说：“你告诉我努力怎么写就行了，我不用知道奴隶的事。”这时，旁边的刘某嘲笑我说：“就你这样，凭什么当人爹呀！你还是等着你儿子写信来教你怎么努力改造吧！”我就急了。

民警：你什么时候觉察到自己有情绪？

冯某：刘某说我“凭什么当人爹”的时候。

民警：当时的情绪是什么？

冯某：就是心里很难受，憋着一口气。

民警：给这种感觉起个名字。

冯某：难受。

民警：有人把这种难受叫愤怒，也有人把它叫焦虑，还有人把它叫郁闷。不知道你觉得你这个情绪叫什么比较好？

冯某：着急加生气。

民警：嗯，现在，你可以给自己的情绪命名了。这是咱们开始改变的第一步，没什么比开始更重要的了！给你一张词表（标有多种情绪词的一张词汇表），你得一个词、一个词地研究，就当是做作业，咱们俩抽空要把这些词的意义都弄清楚。

冯某：好，我保证完成作业。

（第二天，民警继续与冯某面谈。）

民警：昨天咱们完成了第一步，给情绪命名。现在要做第二步，找最敏感的原因。你现在想想自己当时着急加生气的原因是什么?

冯某:他说我不配做爹!我最恨的就是这种人!那是我儿子,他凭什么说我不配做爹。

民警:假如他真的指着你说“你不配当爹”,你心里立刻一闪而过的念头是什么?你跟自己说的话是什么?

冯某:我太差劲了!儿子要不认我了!

民警:他说你“凭什么当人爹呀!”除了有可能是在说你不配当爹,还有没有其他可能?比如说,他其实心里很羡慕你。

冯某:对呀,我怎么就没有想到呢!他有可能是羡慕我呢!

民警:还有其他可能吗?或许他在表现和你关系近,所以跟你说话可以很随便?

冯某:(笑)我不知道。

民警:看来除了你想到的那种可能外,刘某其实还可能表达很多其他意思。接下来,咱们要做第三步,选择方法,就是讨论一下,别人说你,包括指责、挖苦、嘲讽时,你都可以怎么做。

冯某:我当时做得不好,我骂人了。

民警:你当时用了最简单的方法“骂人”,结果你违纪了,要承担后果。还能有其他办法吗?

冯某:还可以不理他,继续写我的信。

民警:好办法!如果你真的不理他,继续做自己的事情,结果会怎么样?

冯某:真是的,其实,我稍微克制一下自己就没这么多麻烦了。

民警:还有什么办法?

冯某:站起来找您请教。

民警:如果你站起来出班找队长,结果会怎么样?

冯某:也挺好的,就是人家可能会笑话我:不大点事又去找民警!这个不好,还是我自己来处理吧!

民警:你能做出这样的权衡,并且愿意自己担当,了不起!

冯某:(不好意思地笑了)。

民警:咱们现在来练习一次:我来扮演刘某,你来问字怎么写,然后我还说那句话,你一边说前面的几个步骤,一边告诉我要怎么做了,你看怎么样?

冯某:好,我试试。如果我忘记了,您提醒我一下吧!

民警:没问题,咱们开始吧,你先从问字开始。

冯某:努力的“努”怎么写?

民警:我要说那句让你着急加生气的话了,你听完以后,先说出来你要怎么做,例如“我要给情绪命名”,然后再说下去,明白吗?

冯某:明白,我准备好了,您说吧。

民警:就你这样,凭什么当人爹呀!

冯某:(大力呼吸)我心里的感觉是着急加生气。我现在要找找自己心里的原因,原因是我知道自己不是个像样的爸爸,我不愿意说出来,我很担心儿子会不认我了。

民警:很好,继续,下一步是“我可以怎么做”。

冯某:我可以骂人、打人,但那是违规,弄不好要被送去惩教;我还可以去找队长,但其他人会笑我;我还可以站起来走到一边,假装没听见,其他人不会笑话我。我站起来走到窗口。(长长地出气)(一脸虔诚地)你快点教会我,让我把爹当好啊!

民警:你按照要求完整地做到了!你是怎么做到的?

冯某:我想早点回家去看着儿子。

民警:好样的,你儿子一定盼着你早点回家呢!明天你继续按照这个方法,回顾自己过去的冲动行为,看看有多少时候是可以通过这种练习避免冲突的,过几天我们再讨论。

(二)对话法平息暴躁

通过对话质询的方法,引导服刑人员学会权衡得失纠正服刑人员的错误信念,从而平息暴躁的情绪和行为,防止情绪被激惹带来的攻击他人等违法犯罪行为发生。

案例 2.3.3 对话质询平息暴躁

(背景:服刑人员高某,在改造期间发现狱友张某在其背后多次嘲讽后,便不能控制自己的情绪,与张某大打出手。因此,劳动积分被清零,并被关禁闭 15 天。高某刚刚解除禁闭,民警便对其开展心理矫治。)

民警:高某,这两天想明白什么了吗?

高某:(态度消极,心灰意冷)我觉得自己特别笨,我怎么连张某是人还是鬼都分不清!

民警:咱们先不说这件事的过程。你怎么看自己好不容易挣到的劳动积分被废了?

高某:算我倒霉!

民警:假如这件事是老天特意为你安排的呢?

高某:那就是老天也觉得就该我这笨蛋倒霉!

民警:换个角度想,如果是老天刻意选择一份礼物送给你,就是让你遇到这件倒霉事。你觉得老天干吗要送给你一份这样的礼物?

高某:我没有想过。

民警:以前没想过不要紧,现在想想嘛!

高某:唉,不就是要我更能忍吗?我已经很忍他了,谁让他这么过分!

民警:老天就是故意安排的这一幕,你说老天干吗这么费心地要让你克制自己?

高某:嗯……

民警:老天特意从人群中选中了你,并且为你专门准备了礼物。你觉得怎么就意味着老天这份礼物真的对你是有意义的?

高某:以后更加克制自己。

民警:嗯,看来老天没有白为你花心思。也许,劳动积分清零又关了禁闭,现在的情况让你感觉很糟糕。假如这就是老天送给你的礼物,那这个过程可就是一个非常重要的学习经历。想想看,在这次事件中你学到了什么?①

高某:真是,如果我就这么出去了,暴脾气没有改彻底,那出去了也还得惹事。

民警:其实就是一念之差,你前面控制自己做得很好,就是一念之差。

高某:(体会到民警用意,开始转变态度)我心里也后悔,自己再忍一分钟就没有问题了!

民警:那我们就讨论一下怎么才能再多忍一分钟,如何?

---

① 这种提问旨在强有力地推动心理矫治工作深入服刑人员内心深处,促使服刑人员用力改变自己的歪曲认识。关于“你学到什么”这一问题的讨论,旨在让服刑人员看到他自己的力量,看到自己能够做到的、有意义的、有价值的方面,以及在事件、境遇中的收获,这些都将对思想矫治工作起到重要作用。

高某:好的!

民警:其实,就这件事当时的情况,是不是可以尝试转移一下注意力,做点别的事情。或者走开,换个环境,离开影响自己情绪的场景,这样是不是可以控制一下自己的情绪。

高某:我当时过去他直接无视了我,我是真没法忍住了。

民警:你之前控制得很好啊,你可以在忍耐还没有到达极限时,在心中默数数,然后做自我心理暗示,在内心跟自己对话,告诉自己不要受情绪控制,用理性思考带动自己。

高某:一次可以,但是日积月累下来我还是没忍住爆发了。

民警:恰当地向人表达你的情绪,有助于情绪在一定程度上的缓解。尽量用平和的语气去表达自己坚定的信念。如果有需要你可以和我们聊聊,别把啥事都压在心里。你有想出狱开花店的想法很好啊,修身养性不错啊!

高某:(眼含热泪)我懂了,这是老天给我的礼物,老天在考察我的情绪控制能力。谢谢警官再次给了我希望,我会积极改造,在劳动中好好表现!

民警:你之前控制得很好,我们也相信你以后能继续保持,不要因为这件事有心理负担。把这次事件当成老天给你的礼物,我们相信你能努力,积极改造,争取减刑,早日完成自己的梦想。

高某:真的很谢谢你们,我一定会积极参加改造,争取早日出狱,谢谢![①]

合理情绪疗法在平息暴怒情绪中具有重要的借鉴价值。从事情造成的不良后果入手,用一个更柔和的角度切入问题,把服刑人员的不良遭遇比喻成另一种幸运,让罪犯觉得自己是幸运的,更愿意去思考回答警察提出的问题。通过具有强推动力的层层提问,让服刑人员看到自己能够做到的、有意义的、有价值的积极方面,以及在事件、境遇中的收获,从而让思想矫治工作深入服刑人员的内心深处,让服刑人员自己有力量改变自己的歪曲认识。通过提供一些能够使服刑人员控制自己情绪的方法,来矫治其不良情绪,并从服刑人员向往的生活入手,促使其更好地改造,以便能够过上自己想要的生活。这些都将对思想矫治工作起到重要作用。

---

① 原始案例来源:北京市监狱管理局清河分局调研案例。

第四节 打开固执者的“心结”

心结,是指人在经历某种外部刺激后形成了心理创伤,并由此发生的执着于心理创伤的扣结现象。当个体的心理历程因刺激和特定经历出现了某种影响心理发展的抑制、偏执、结滞状态,由此出现异于本人常态的行为表现和危害社会的行为,此时的心结就成为危险心结,可能对社会带来危害。[①] 按照李玫瑾教授的分析,有两个要素与危险心结有关,一个是“创伤性刺激源”,另一个是特定的个人生活经历。心结究竟如何形成,又该如何在形成中和形成后化解,是监狱对服刑人员教育转化中的一项工作。

一、内观疗法解“心结”

内观疗法,是监管领域引进的一种教育改造手段和方法,受到服刑人员体验者的广泛好评,教育矫治效果良好。内观源于中国传统文化,曾子曰:“吾日三省吾身,为人谋而不忠乎? 与朋友交而不信乎? 传不习乎?”这可以看作内观的理论基础和源泉。第二章第三节涉及的“自我反省”,可以看作内观疗法的一个特例,在特定时段对特定问题反观自身。

在现实生活中,人们难以看清楚全部的事实,尤其是服刑人员,经常被主观认识、主观感受、主观体验和主观态度蒙蔽了双眼,以致对客观事实视而不见,用借口、情感、判断、价值观掩盖“事实”。内观是换一种思维方式、换个视角“看事实,看自己”。在内观体验的一周里,体验者练习“不去感觉”“不去猜想”某件事,而是要用“事实”来看待发生过的事情。

案例 2.4.1 内观疗法解开“上访户”心结

监狱服刑人员杨某,是监狱重点“上访户”。常以要求“调监区”为手段,以“软对抗”民警管理为乐趣,已经被多次调整监区关押,已然成为民警眼中的“钉子户”。

服刑人员杨某,现年 41 岁,初中文化,因贩卖毒品被判处有期徒刑 14 年,

① 参见李玫瑾:《犯罪心理研究》,中国人民公安大学出版社 2010 年版,第 113 页。

入狱前无业，三“进宫”。2011 年入监服刑。

由于多次入狱服刑经历，杨某熟悉狱内的改造生活，在平时的劳动改造生活中大错不犯，小错不断，并经常在背后故意挑剔民警的言行，在为人方面极端自私，在思维特点方面表现得一根筋、爱钻牛角尖。例如，杨某坚持认为，做出的行为只有被逮捕了才叫犯罪，而不管那些危害社会的本质，只要没有被抓就不叫犯罪。在这种错误理念支配下，该犯改造意识淡漠，出狱后再犯罪的可能性极高。该犯的另一个错误理念是：自己的生活应该是美好的，至于如何获得美好生活，只要快就行，手段及是否违法并不重要。该犯的这次被判刑，正是因为“朋友”介绍贩卖毒品挣钱快才参与贩毒的，当时没有考虑后果。这足见其价值观、人生观和世界观发生了严重扭曲。

杨某在服刑过程中，存在严重的“自我中心”倾向，在待人接物中完全相信自己的主观判断，经常认为民警的工作针对他个人，为此，杨某与民警产生了很深的矛盾。例如，该犯在改造中自认为“门儿清”，在竞选班长时失利，便认为是民警在背后“搞事儿”。又如，该犯在接见时，受到了父亲的批评，便怀疑是民警背后给他“扎针儿”。该犯对管理他的民警心怀憎恨，曾经扬言，“释放前要找相关民警聊聊，必须划出个道来，按道上的规矩解决”。

由于该犯多次入狱，年事已高的父母对其更多的是伤心和失望，但并没有抛弃他，还是按期来接见他。妻子也因他的多次入狱，由每月来接见逐渐到无联系。看到父母对自己的不离不弃，该犯决心要改变自己，但多次尝试，总感到迷茫，不知从哪入手。

杨某看到监狱内视观想体验活动招募通知后，主动申请参加内观活动。内视观想的第一天，该犯的表现比较平稳；第二天早上，该犯没有吃早饭，在与导引师面接时，该犯说：“在父母亲来检视自己的时候，我想到了 2000 年与人打架被刀扎伤，生命垂危时，父亲闻讯赶来对我说的第一句话‘我没敢通知你母亲，怕她受不了’。我突然泪流满面——父母生养了我，而我却如此不知道珍惜，让父母担惊受怕，实在不该。”

在计算父母养育费时，该犯用“触目惊心”来形容自己的感受。该犯说道：“父母投入如此巨大，却从没要求我回报什么。这个恩情怎么还？必须还！既然现在明白了父母对自己的恩情，我要时刻牢记，并在以后做人做事时先考虑考虑父母的感受。出狱以后多陪陪他们，尽自己最大努力让父母不再为我操心、伤心、失望。”

在内视观想自我审视二十四条环节中，该犯有了深刻的心理感悟。杨某谈道：“回想自己之前的所作所为，自己与别人相处，起心动念是关键，善恶就是一念之间的事情。心存恶念，必得恶果。说一句谎话，得用一百句谎话来圆谎。这样事情的发展与本初的意思相距就会越来越远，无法回头。将来，自己要以善念待人，这样可能虽然未必得善果，但自己出发点是好的，别人总会有明白的一天。即使别人永远不明白，也没关系，自己问心无愧。我想做一个顶天立地、无愧于心的人，以前一直苦于不知如何去做，那眼前的不正是自己苦苦找寻的吗？对他人起心动念常为善，必无愧于心。方法就是我会用内观活动中学到的方式，时刻反省自己的内心，直指本心，不断拷问自己，修正自己的言行。”

内视观想第七天，死亡体验环节中，该犯泪流不止。他谈道：“我刚明白自己的一些想法打算去实现，比如明白了父母的恩情，想去孝顺。懂得了父母兄弟不易，想要照顾兄弟……但没时间了怎么办？如果我在遗憾中了却一生，那就是彻头彻尾的悲剧。我会牢记当时的感受，珍惜活着的每分每秒。”他说，“七天的体验，恍如隔世，我自己找到了心中的疑惑。我决定以后要努力做一个时刻反省自己言行的人，做一个好人，将心比心便是佛心。”

在内观结束分享会上，杨某分享了内观的收获。他说：“内视观想这七天使我认识到自己是一个失败的人，彻彻底底的失败的人。前半生十几年的时间在监狱度过。一直追求向往着美好生活的我，怎么这样了，现在的结果是我想要的吗？我错了！完完全全地错了。当面临死亡时我才知道，这一生我都干了些什么不该干的事情！还有两年我就要出狱了，我要好好规划自己的人生，出狱后好好孝敬父母。美好的生活不是奢靡的生活，而是家庭的和睦美满！最后我写了两首诗与大家分享：

父母恩情深似海，来世今生还不清。

一朝闻道大梦醒，浪子回头欲重生。

直指本心实不易，见证大道犹可期。

三省吾身学圣人，起心动念是关键。”

内观疗法帮助杨某打开了心结，学会了更多的应对挑衅与攻击的恰当方式。例如，面对挑衅或辱骂，学会了先冷静下来，待对方情绪稳定后询问根源，消除误会。

在内观结束一个月后的回访中，杨某所在监区的民警和服刑人员都反映，杨某整个人发生了巨大的变化。例如：与杨某同住一监舍内、脾气暴躁的崔某，晚上看电视时，以杨某挡住了电视为由，对其进行辱骂。如果是以前，杨某面对这种辱骂，轻则与其对骂，重则大打出手。但是内观体验结束回来的杨某，很冷静地处理了这件事。首先，他等崔犯情绪稍稳定后，向其讲道理，询问根源。其次，当杨犯得知是因前几天采买引起的误会后，主动予以了解释，两人表达了相互理解，崔某向杨某诚恳道歉。就这样，一起违纪事件得以化解，崔犯因辱骂他犯被扣分，杨某则获得了民警的表扬。在访谈中，杨某谈到，当天妥善应对这件事后，自己晚上睡得很好，心里很轻松，没有感到委屈，反而很快乐。这就是从内观体验中得到的收获。在问及杨某与民警的矛盾时，他思考了一会儿说，"一切都是我的错，是我小心眼儿，疑心太重，把民警的好意理解错了，现在那位民警已经不在我们监区了，这件事我在释放之前会找一个机会跟民警道歉的"。

上述服刑人员杨某的案例，民警通过引导服刑人员换一种视角观察自己的人生、观察自己与周围服刑人员的关系、观察自己与亲人的关系，最终引导服刑人员认清了自己，找到了人生努力的方向。这种发自内心的悔悟，对其人生的影响将是长期、持久的，也是深刻的、根本性的。

内视观想活动与教育改造活动有机结合，已经成为监狱对罪犯攻心治本的新型教育改造手段和有效方法，其重要性将日益得到体现，并将作为教育改造领域一粒攻心治本的"种子"，沐浴阳光，茁壮成长，开花结果，成长为教育改造领域的参天大树和响亮品牌。

二、从调整思维化解"心结"

自动化思维，是指无意识的、不带意图的、自然而然的并且不需要意志努力的思维。

当个体对一个任务或信息有大量经验时，可以采用不费力的无意识的自动化过程来完成该任务或加工信息，如采用某个群体的图式对该群体成员进行归类。这种自动加工过程快速、简单，但是容易忽略准确性，如刻板印象[①]。引起自动化思维的来源有三种：由激发事件引起，由幻想、联想、回忆引起，或由身体感觉引起。

认知疗法的权威学者贝克认为，认知产生了情绪和行为，异常的认知产生了异常的情绪反应（如抑郁症、焦虑症）。在情绪障碍中，认知歪曲是原发的，情绪障碍是继发的。例如，当一个人处于应激状态时，他本身的认知结构决定了他的情绪是焦虑或愤怒，是抑郁或愉快，相应的行为可能是逃跑或攻击。由于每个人原有的认知基础不同，对应激的行为和情绪反应也各异。每个人的人格特点决定了其认知的特点和最易受损的敏感点，在某种应激条件下，就构成了个人心理上易受伤害的弱点，即某人心理上易受伤害的触发点。[②]

面对同样的生活事件，有人出现心理障碍，有人没有出现，这是为什么？贝克认为，这是因为人们对事件的认识评价、解释和信念不同的缘故所导致。人们早年形成的"功能失调性认知假设"（或称为"图式"），决定着人们对事物的评价，成为支配人们行为的准则，但并不为人们所察觉，也即存在于潜意识中。这种潜意识一旦被某种严峻的生活事件激活，则有大量的"负性自动思维"在脑中出现，即上升到意识界。此时，负性自动思维进而导致情绪抑郁、焦虑和行为障碍；情绪和行为障碍反过来又加重了负性自动思维。负性认知、负性情绪、负性行为交互作用，相互加强，形成恶性循环。

服刑人员身处监禁环境中，遇到生活事件，如果任凭自动化思维思考和处理问题，那么很容易形成歪曲思维，影响到正常的判断和行为反应。服刑人员常见的歪曲思维有以下 16 种。[③]

· 心灵阅读，如不需要证据就自以为知道别人的想法，而这些想法往往是对自己的否定，像"民警就是在跟我过不去"。

· 命运预测，如"我就是出去了也过不好"。

---

① 刻板印象又称定型化效应，主要是指人们对某个事物或物体形成的一种概括固定的看法，并把这种观点看法推而广之，认为这个事物或者整体都具有该特征，而忽视个体差异。例如，认为"南方人聪明，北方人粗犷"就是刻板印象，因为南方人也有豪爽粗犷型的，北方人也不乏聪慧细腻之人。

② 许又新、吕秋云主编：《现代心理治疗手册》，北京医科大学、中国协和医科大学联合出版社 1997 年版，第 42 页。

③ 方舟、王金亮、郭际唐等：《清河教育改造模式之思想矫治法》，法律出版社 2013 年版，第 27－31 页。

· 雪崩思维,如“这下全完了”。

· 贴标签,如“我是一个不招人待见的人”。

· 无关紧要,如认为自己拥有的东西无关紧要,没有的才是最需要的。

· 负面过滤,如“就是再积极,出去也得十年”。

· 过度推论,如“身边的人都是判了刑的人,没一个好人”。

· 两极思维,如“警官们有的对我特别好,有的总是看我不顺眼”。

· 应该,如“我妈应该每个月接见都来”。

· 个人化,如“我爷爷是被我气死的,我爸妈也都是因为我病死的”。

· 归因他人,如“违纪不怪我,是他先找事”。

· “假设性”后悔,如“还不如没有动手打架,那样就不会被惩教了”。

· 情绪推理,如“心里特别乱,家里肯定出事了”。

· “推定式”无奈,如“就算能减刑,家里人表面欢迎我,真正的内心嫌弃我,怎么办”?

· 不公平,如“同班的服刑人员谁都比我过得好”。

· 不能驳斥,如“你不要骗我了,没有人对我是真心的”。

要使服刑人员减少负性自动思维,使情绪和行为障碍好转,按照贝克的理论,有两个关键步骤:第一步是通过识别认知改变负性自动思维,打破恶性循环;第二步是在第一步的基础上进一步识别和改变患者潜在的功能失调性假设,从而减少情绪障碍复发的可能性。

如何帮助服刑人员识别歪曲思维或负性自动化思维?这里又有直接发现法和探索发现法两种方法值得借鉴。

直接发现法,是指民警在谈话中通过询问引出服刑人员的自动思维,常用的问题包括:“遇到这样的事,你怎么想?”“你怎么看这个人/这件事?”“就这个问题而言,你怎么看自己?”“回想当时的情景,你在心里对自己说了些什么?”“事情过去了,现在你怎么看这个问题?”“你听到我要和你谈这个问题时,心里的第一反应是什么?”“你是不是在想……”

探索发现法又称间接发现法,是指民警持续围绕有关想法和事情进行询问,以此发现服刑人员的负性自动思维。常用的问题包括:“如果(你说的)是真的,会继续发生什么?”“如果真的按照你的设想发生了,对你来说,意味着什么?”“你认为最糟糕的情境是发生什么事情?”“那种情境中,让你最烦恼的是什么?”询问这些问题,就是去挖掘、探索发现事件背后的、最深层次的思维。

第五节　给“心死”的重刑犯一颗“强力救心丹”

“心死”,指心如死灰,思想顽钝,对周围的事无动于衷。如果不能及时矫治这类罪犯的顽钝思想、沮丧甚至绝望的情绪、破罐子破摔的行为,那么少数“心死”的服刑人员将牵扯民警的大部分精力,影响民警对其他罪犯的正常管理工作。如何唤醒这类罪犯积极向善的动力、唤醒他们的良知、激发出他们改过自新的愿望是监狱改造工作中一个必须面对的问题。

一、“心死”罪犯的表现

以下服刑人员容易“心死”,在行为中表现得破罐子破摔:第一类,罹患传染病类服刑人员。传染病服刑人员具有服刑人员与病人的双重身份,改造与治病的双重压力。因此,他们的心理健康状况普遍比健康服刑人员差。他们过度关注自身病情,负性情绪浓度极高,“无所谓”的态度突出,脆弱、多疑、偏执、敏感,自杀风险大。[①] 久病不愈者更容易“心死”。第二类,服刑人员中的“五没有”人员,即无生活来源、无劳动能力、无法定赡养人、无文化、无一技之长人员。这类人员一旦遇到挫折,精神支柱缺乏,容易“心死”或“横下一条心死磕到底”。第三类,部分特定重刑犯。这类罪犯通常犯有故意伤害罪、强奸罪等,而故意伤害罪的被害人通常是自己的亲属。这一类人,不仅自己的亲人看不起他们,就连服刑的犯人也藐视他们。

二、唤起积极向善的动力

面对已经“心死”的重刑犯,如何给他们一颗“强力救心丹”,唤起他们积极向善的动力?这是一个值得监狱民警认真面对的严峻课题。

有心的监狱民警从“存在决定意识”的唯物主义真理出发,认为要想改变“心死”服刑人员的“意识”,必须从改变他们的“存在”入手。一方面,从改变

---

① 方舟、谷建华、曹利华等:《清河教育改造模式之传染病服刑人员改造》,法律出版社 2014 年版,第 12－15 页。

“心死”服刑人员的境遇入手，如分监区面向服刑人员宣讲助人、友善的理念，鼓励服刑人员在日常生活中相互关照，在劳动中加强协作，让绝望、心死的服刑人员感受到身边人给予的温暖；另一方面，鼓励分监区全体民警对没有亲人探视、得不到家庭温暖的服刑人员给予情感关怀和生活照顾。

例如，民警们开始给没家人关怀的服刑人员，送洗衣粉、肥皂、牙膏。在民警们的带动下，分监区兴起了助人和友善的风气。许多服刑人员也纷纷把自己的洗衣粉、多余的牙膏交给民警，并指名道姓地请民警们转赠给需要帮助的服刑人员。每当民警们给需要帮助的服刑人员送去这些东西的时候，总会补上一句话：“这是某某同犯送给你的。”

被救助的服刑人员被监区的这种助人和友善精神所感动，他觉得尽管因为自己的罪错行为遭到亲人们的鄙视、孤立，但也还是有人关心他。民警们和服刑人员对需要帮助的罪犯的这种关心，既是对他们在服刑中的积极表现的承认，也是对他们的鼓励。民警引导被救助的服刑人员感谢帮助了他们的其他服刑人员。用这种送温暖、留尊严、树风气、讲感恩的方式唤醒“心死”服刑人员的积极向善的动力，在监狱实践中已初见成效。

三、唤醒“心死”者的良知

“心死”型服刑人员的良知真的完全泯灭了吗？事实上，这类服刑人员最初犯罪后，也曾一度很后悔、很自责。但随着家庭内外的谴责越来越多，自责的声音被强大的谴责覆盖了，使他们感觉到无论怎样悔过都于事无补了。索性就不再自责，我行我素、充分张扬自己的个性、完全依从本能决定行为方式了。

监区领导和民警们经过对这类现象深刻分析后认为，这类现象在监狱里并不少见，主要体现在那些伤害、侮辱亲人的服刑人员群体中。服刑人员中歧视、排斥现象虽然为监狱纪律所不容，但这也是一种人之常情，广大服刑人员普遍认为这类伤害和侮辱亲人的犯罪人都缺乏人性。因此，对他们十分憎恶。这是一些正常的服刑人员所持有的人性的折射，无可厚非。

如何重新唤醒“心死”的服刑人员的良知，并让这些人坚信良知、善行是赢得他人尊重的基石？民警们为了达到上述目标，尝试着在分监区内营造“良知—善行—受奖励—良知—善行—受奖励”的良性循环的改造氛围。例如，在上一点“唤起积极向善的动力”的基础上，对被救助的服刑人员强化感恩意识，“请伸出援手的服刑人员送给被救助人一句暖心的话语”之后，“请被援助的服刑人员分享自己的感恩心情”。最后直接在分监区倡导“感恩父母让我们来这个世界走一回”“感恩生命让我们品尝到酸甜苦辣咸”“感恩挫折让我们增长了挫折复原力”“感恩朋友让我们不再孤独”“感恩服刑生活让我们懂得了自由的可贵”。

当人们心中充满感恩之后，抱怨会自然而然地消退。当“心死”的服刑人员从感恩意识的萌生，到报答思想的形成，他们会逐渐感到自己的处境改变了。于是，他们会主动找民警汇报思想，和服刑人员交流改造心得。服刑人员群体对这类“心死”服刑人员的厌恶也会日渐淡化。而且，分监区友善、助人、感恩的风气一旦形成，将会影响这里的每一个服刑人员。服刑人员个体“存在”的变化，处境的改善，真的像一颗“强力救心丹”，唤醒“心死”的服刑人员良知，重塑了他们的善行，并因此形成良好的群体改造氛围，从而进一步激发“心死”服刑人员对生活的勇气和对前途的向往。心理与思想的积极变化，必然引起行为上的转变，通过积极参加劳动改造，主动汇报自己的思想进步和变化，减刑奖励也将不期而遇。

四、帮助“心死”者实现改过自新的愿望

如何帮助“心死”者实现改过自新、重拾自信、重新做人的愿望？笔者认为，促进需求目标的形成也是一个有效的策略。

不容否认，服刑人员遇到的很多问题确实是无法回避的，如接受有罪判决、失去自由在高墙内服刑、狱外配偶提出离婚、违规违纪后被扣除奖励分数、上报减刑材料后未必得到批准等。遇到此类情况，境遇性“心死”想象在服刑人员中时有发生，他们会出现“纠结不堪乃至绝望”“无助并出现极端行为”等现象。妥善的处理办法在于引导服刑人员关注自己想要实现的目标，以及怎样才能实现这一目标，并专注于实现目标所需要的资源，将服刑人员的注意力引导到如何解决问题上来。常用于引导的表达方式包括：

· 你期望的目标是什么？

· 怎样才能实现这一目标？

· 现在有哪些因素是对你有帮助的？

· 哪些做法对你没意义？

· 哪些做法可能起相反作用？

· 怎么才能用好那些有帮助的因素？

· 怎么才能减少有阻碍作用的因素?

对上述提问,服刑人员通常会理解为民警在帮他们做有利于自己的决策,更愿意配合,更愿意寻找有利因素。

五、亲情帮教是“心死”者的永恒需要

通过亲情帮教,培养服刑人员的正念,扶正祛邪,有助于唤醒“心死”服刑人员的良知善行。通过培养服刑人员的“正念”,克服失败感、痛苦感、挫折感、恐惧感、失望感、绝望感和失落感。远离狭隘,内心就会变得强大;挣脱自卑的枷锁,内心会增加一份自信;不再用借口来掩饰自己的懦弱,接纳自身的不完美,不再为自己的失败找借口,而是从行为改变开始。从改造中的小小目标实现、小小行动成功开始,感受每一次微小的成功带来的价值。

对于“心死”的服刑人员,充分发现其内心可能存在的亲情,充分发挥和体现情境效应、情感效应、感化效应,利用情绪的感染效应,在服刑人员群体中培养积极情感和教育改造的目标行为,从而借助群体影响每一个服刑人员。

第六节　引导服刑人员走出过度担忧与抑郁

性格懦弱、过度担忧的服刑人员,表现出的情绪特征是胆小怕事、对他人的议论充满恐惧和猜疑。充满抑郁情绪的服刑人员则表现为情绪低落、萎靡不振、思维缓慢、语言动作迟缓等,甚至出现显著而持久的心境低落的抑郁症症状。当服刑人员出现过度担忧或抑郁情绪时,及时帮助他们走出过度担忧状态、走出抑郁,以减少抑郁症及自杀行为的发生就显得格外重要。

一、克服过度担忧的一般策略

(一)类比法

对于性格懦弱、对他人评论表现出过度担心的服刑人员,降低他们对他人评价的敏感性、消除疑虑是关键。这类性格特征和情绪表现的人,又不太适合使用辩论的方式改变他们的认识,因此,宜使用类比的方式,逐渐引导其辨明是非、克服疑虑、恢复内在信心。

案例 2.6.1　性格懦弱者的忧虑排解

服刑人员朱某性格懦弱，凡事不敢担当，经常对事情表现得过度担忧，口头禅是“这下完了”，遇到任何问题都会频繁地找民警。朱某身体瘦弱、体重不足百斤，经常感冒，其他服刑人员有时拿这种身体单薄来开玩笑。服刑第二年，朱某的妻子就起诉离婚，理由是朱某赌博成性、身体总是病恹恹的。民警巧妙的引导取得了良好的效果。

朱某：“队长，这下完了，他们又嘲笑我了。”

民警：“他们指的是谁？”

朱某：“我们班的人。”

民警：“他们嘲笑你什么？”

朱某：“他们笑话我病恹恹的。”

民警：“他们是怎么笑话你的？”

朱某：“就是背后议论我，我一走过去他们就不说了。他们还以为我不知道，其实我看他们的口型就知道他们是在说我。这下完了，真完了。”

民警：“你说一个人如果口渴了，怎么办？”

朱某：“找水喝呀。”

民警：“没有认识的人，怎么办？”

朱某：“花钱买一瓶水呀。”

民警：“你真有办法呀！如果到了一个没到过的公园，不认识路怎么办？”

朱某：“问啊！找工作人员、清洁工问，或者自己看看路标。”

民警：“这两个办法都挺好！”

朱某：“队长，您不说我的事，怎么说起这些来了？”

民警：“如果有一个人在路上走，发现后面有两个人跟着自己怎么办？”

朱某：“找警察！”

民警：“好办法！万一附近没有警察呢？”

朱某：“那就想办法到人多的地方去！去银行，银行的保安多。”

民警：“真是好办法！你怎么有这么多办法？”

朱某：“这些问题都是小事，我们班的人总在背后议论我才是大问题。”

民警：“我们随后会讨论你说的这个问题。请继续回答我，假如走在街上有人看着咱们笑，像嘲笑的样子，怎么办？”

朱某："忍了，赶紧走开。"

民警："对。咱可以继续走路。还有其他方法吗？"

朱某："告诉自己，我何必要'拣骂'呢，他们都不认识我，我走自己的路就是了。"

民警："很好！你始终都记得要走自己的路！那么，假如走在街上有两个认识我们的人在看着我们笑，像嘲笑的样子，怎么办？"

朱某："没办法。"

民警："刚才那两个方法能用吗？"

朱某：……

民警："我觉得可以用，你觉得呢？"

朱某："嗯，让我想想。一个方法是不理睬，赶紧走开；或者告诉自己何必'拣骂'呢，我走自己的路。"

民警："是呀。"

朱某："也行。"

民警："现在班里有两个人在聊天，你一走过去他们就不说了。你会怎么处理？"

朱某："马上走开，继续做我自己的事情。"

民警："好！这时你会在心里跟自己说什么？"

朱某："队长跟我说过，他们也有可能不是在说我，我何必'拣骂'。"

民警："听你这么说，我特别高兴！留一个作业给你，怎么才能让自己的心理强大起来？试着用'这不是问题，因为……'做开头造五个句子。等你完成作业，咱们再讨论！"

本案例中民警巧妙运用"问题澄清—巧妙设问—鼓励服刑人员与自我对话"的策略，引导服刑人员克服了过度担忧倾向，并教会他们用"这不是问题，因为……"句型来应对未来可能诱发担忧的情境。

（二）澄清问题，估计事件发生概率

例如，在案例2.6.1中，服刑人员的内心期望民警把自己所说或所面临的问题当成头等大事，并希望能快速得到解决。但这种由民警替代服刑人员解决所担心的问题，并不能从根本上解决服刑人员性格方面的问题。此时民警循循善诱,与服刑人员一起分析所担忧的事情的本质是什么？所担忧的事件真正发生的概率有多大。澄清问题、估计事件发生概率(如案例2.6.3所示),这对克服过度忧虑倾向至关重要。

(三)设定问题与自问自答

这一点是很重要的。民警要求服刑人员用“这不是问题,因为……”造句时,需要注意以下两点:一是问题难度要适宜。服刑人员肯定能够找到解决问题的方法,最好是不止一个解决方法。二是民警设问的问题要和服刑人员的问题有一定的关联性,不能太难,也不能太简单,如果服刑人员感觉回答这个问题太“小儿科”,不仅会影响其参与度,而且还会让服刑人员产生被轻视的感觉。

(四)鼓励服刑人员学会积极地自我对话

在遇到服刑人员怀疑他人在说自己的坏话时,民警应积极地鼓励服刑人员与自我对话:“有谁会主动‘捡骂’呢?”“马上走开,我要继续做我自己的事情。”

(五)使用积极克服担忧的表达句式

对于性格懦弱的服刑人员,在遇到问题时教会他们“举重若轻”是一个相对长效的措施。例如,遇到问题时学会用“这不是问题,因为……”开头。但一开始,服刑人员未必会理解其用意,民警可以通过情景剧的方式,让服刑人员进入角色扮演并作说明。但如果服刑人员用“这不是问题,因为……”造句时,参与度低、不感兴趣,甚至抗拒,民警则需要首先跟服刑人员直接做沟通。案例2.6.2展示了这种沟通方式。

案例2.6.2　鼓励服刑人员用“这不是问题,因为……”造句

民警:看起来你对造句有意见?

朱某:没有意见。

民警:心里想什么呢?

朱某:他们在背后嘲笑我,您不管,却跟我说这些没用的事。

民警:为了能够彻底解决那些问题,咱们需要先讨论这些问题做铺垫。你觉得如果是你最好的朋友遇到这种情况,他会怎么造句?

朱某:我最好的朋友李某,是个特别心大的人,他遇到我担心的问题,会说“这不是问题,因为事情很快就过去了”。

民警:你们同寝室的王某某会怎么造句呢?(民警有意选择了积极乐观的

王某某)

朱某:王某某可能会说"这不是问题,因为我们完全有能力可以避免它发生,或者我们总会想出解决办法的"。

通过练习积极克服担忧的句式表达,帮助服刑人员学会积极面对问题、积极想方设法解决问题,能比较持久地克服服刑人员过度担忧的倾向。

案例 2.6.3 用概率学习法帮助排除忧虑

一位忧心忡忡的罪犯找到了他的分管民警,心存忧虑地请民警"破个例"。

民警:"什么事,要破什么例?"

刘某:"今天接见时我爸妈给我一种感觉,今天可能要出问题,我想打电话问问他们顺利到家没有,是不是出事了?"

民警:"你估计父母出事的可能性有多大?用百分比表示。"

刘某:"不知道。"

民警:"你父母坐接见车走的,接见车自开通以来已经有 25 年了,从来没有出过车祸。你觉得今天出车祸的可能性有多大?"

刘某:"零。但是万一今天出事呢?"

民警:"你排除了所有的可能,还要坚持几乎不可能发生的事情?"

刘某:"我也非常不想!所以我希望确定一下。"

民警:"每个人每天都和不确定性在一起生活。"

刘某:"我知道,我也不知道自己是怎么回事。"

民警:"如果你要排除所有的可能性,那么你可能就要承担两倍甚至五倍的焦虑。如果你只是简单地关注那些有可能发生的事情,你就更能接纳。"

刘某:"有可能发生的事情是指什么?"

民警:"如果你回到班里随便找一个人,对着人家破口大骂。你估计一下,这种情况,你受罚的概率是多大?"

刘某:"100%。"

民警:"对。这个是有意义的概率,这些问题是你需要重视的。生活在这个世界上,绝大多数事情是不确定的。对于这些不确定的事情,需要接纳。就是认可有些事有可能发生,但概率非常低。"

刘某:"挺难的。"

民警:“如果接受了这样的不确定性,对你有哪些好处呢?”

刘某:“我可能就不会这么焦虑、这么坐立不安了,反正应该不会发生,就算发生了,积极处理吧!”

民警:“就是这样的!你现在重复一句话:‘无论什么事,我永远都无法做到确定百分百发生/不发生。’重复10分钟,一直重复,观察自己内心的感受。”

案例2.6.3旨在通过帮助服刑人员判断所担忧事件发生的概率,克服其过度担忧倾向,并学会“无论什么事,我都永远无法做到确定百分百发生、不发生”的句式表达,以此帮助服刑人员接纳事件的不确定性,克服因此带来的过度忧虑倾向。

概率法解除忧虑的谈话一般包括三部分:第一部分重点在于对概率的分析,第二部分重点在于关于接纳的思想矫治,第三部分重点在于培养对不确定性的接纳。案例2.6.3中最后那句“无论什么事,我永远都无法做到确定”要求服刑人员每天都反复说10分钟,从而彻底完成对服刑人员接受小概率事件的心理矫治。

使用这种方法需要注意以下两点:一是有些服刑人员无法做到以不确定的方式重复“无论什么事,我永远都无法做到确定”。这种情况下,就需要民警坚定地要求服刑人员一定要做,同时鼓励他们关注自己的内心感觉。重复“无论什么事,我永远都无法做到确定”10分钟,焦虑水平会先升后降。二是有些服刑人员会很害怕,无法接纳“我永远都无法做到确定百分百发生/不发生”,这时,就需要民警特别坚定地坚持带领服刑人员做反复训练。

二、帮助抑郁者认识与接纳自我

在服刑人员群体中偶有抑郁情绪的人不在少数。如果抑郁情绪长期得不到缓解,出现显著而持久的心境低落,就可能被诊断为抑郁症,这是一种比较常见的心境障碍。抑郁症的临床表现可见心境低落与其处境不相称,情绪的消沉程度可以从闷闷不乐到悲痛欲绝,自卑抑郁,甚至悲观厌世,可能伴有自杀企图或行为;甚至发生木僵;部分病例有明显的焦虑和运动性激越;严重者可出现幻觉、妄想等精神病性症状。监狱民警最好对抑郁症有基本了解,初步了解诊断抑郁症的标准、初步懂得抑郁症的疗法,便于及时发现服刑人员的心境异常,及时转介给心理治疗师、精神科医生,防止因抑郁而自杀的事件发生。

(一)认识和了解抑郁症

从流行病学的观点看,在社会人群(而不是监狱服刑人员)中,抑郁症的发病率在不断攀升。据世界银行和世界卫生组织的统计,抑郁症给社会带来的总体经济负担,已成为第二花钱的疾病①,是仅次于癌症的第二大耗资疾病。

根据诱发原因抑郁症一般被分为外源性和内源性两大类。所谓外源性抑郁症,通常是指由外部环境事件所引起的抑郁症,是对挫折、生活中的不幸事件、工作压力和学习压力等精神刺激事件反应的结果。内源性抑郁症,一般指在体质基础上产生的抑郁状态,不能证实与器质性病因或与心理应激的因果联系。其特征是对外界刺激缺乏反应的抑郁心境、昼夜波动、迟钝、无精力、以早醒为主的睡眠紊乱和有危及生命危险的抑郁迹象。内源性抑郁症是由躯体"内部"因素所引起的抑郁症,带有明显的遗传生物学特点。

抑郁症既是一种精神上的疾病,也是一种身体上的疾病;既是当前的,也是过去的。抑郁症最糟糕的结果是自杀。

(二)抑郁的体验和感受

抑郁症是一个"整体"的疾病,它会影响身体、情感、思想和行为。抑郁的反面不是幸福,而是活力。活力是感知所有情绪的能力,包括高兴、兴奋、悲伤和痛苦。② 抑郁本身不是一种情绪,而是情感的丧失,是将当事人与世界隔离开来的厚重帘幔,并同时伤害当事人。它不是悲伤或痛苦,而是一种疾病。大多数真正罹患过抑郁症的人相信自己的身体里发生了一些生物化学性质的变化。当时所经历的那种情绪的改变以及对自我和对世界的认知的改变是如此深刻和不可抗拒,使当事人感觉自己像是被异物入侵了。

抑郁的标志是悲伤或"空虚"情绪的持续蔓延,有时也表现为紧张或焦虑,生活缺少乐趣。中度抑郁的人可能会参与饮食、工作、游戏、性生活等活动,但他们对这些活动的感受是"空洞"。更为严重的抑郁症患者会逃避上述活动,因为他们感觉太累、太紧张或太痛苦而不能从事这些活动。他们常常伴有持续的

---

① Christopher, J. L., Murray and Alan D. Lopez (editors), *The Global Burden of Disease: A Comprehensive Assessment of Mortality and Disability from Disease, Injuries, and Risk Factors in* 1990 *and Projected to* 2020 (*World Health Organization*, World Bank, Harvard University), 2006.

② Miller, A., *Drama of the Gifted Child*, See Gullickson T. Prisoners of Childhood: The Drama of the Gifted Child and the Search for the True Self. Psyccritiques, 1997, 42(5), p. 117.

疲倦感，难以集中精神，感觉没有价值和意义，自杀的念头和冲动会时常出现。

（三）诊断抑郁症

诊断抑郁症是精神科医生的职责，需要参照 DSM - Ⅳ的标准，一般民警不具备这些资格，可以把这项专业任务交给精神科的医生。但在服刑人员的日常改造中，民警可以很容易识别出抑郁情绪，根据抑郁的四个症状对服刑人员进行初步判断。症状一，人在抑郁和不抑郁时的思维方式是不同的，抑郁的人更倾向于用悲观的态度解释所遇到的人、事、物，或者说是一种悲观的解释风格。症状二，人在抑郁时，往往会有多种消极情绪伴生，如闷闷不乐、意志消沉、沮丧、悲伤、绝望、无助感等。症状三，抑郁时行为变得被动、优柔寡断、无精打采、动作言语迟缓甚至呆滞等，有自杀念头和自杀行为倾向。症状四，长时间处于抑郁情绪中的人，容易出现躯体症状，如吃饭没胃口、有躯体不适、失眠、头疼、四肢麻木、头晕耳鸣症状等。

下列因素似乎会引起个人对抑郁症的易感性①：遗传素质；早期与父母的关系存在问题；人际交往技能趋弱；缺乏社会支持；不稳定的自尊；悲观思维；童年及青少年时期的丧失经历或其他创伤经历；童年时期与兄弟姐妹之间的问题等。另外，还有一些可能致使易感个体坠入抑郁症深渊的急性压力：疾病、失败、社会压力、重要关系的丧失、角色地位的丧失、其他对于自尊的打击等。

抑郁症患者遇到下列情况，会加剧恶性循环：过度关注自我；抑郁性思维；自我伤害或自我妨碍行为；内疚、自责和降低的自尊；害怕情绪失去控制；生活的大部分方面运作不良；稳定的、运作不良的人际关系的形成；病人角色的设定；生理症状；神经化学递质的改变；躯体变化；歧视和偏见等。②

（四）走出抑郁的方法

帮助抑郁症患者走出抑郁的根本方法有两个：一是信任，二是情感投入与支持。心理治疗师与患者之间一旦信任和支持的关系比较稳固了，心理治疗的治愈效果就开始产生。患者可以跟随治疗师学习多种新的应对事件的技巧，并辅以药物治疗、非药物治疗（如鱼肝油）及其他基于大脑的干预方法，监狱民警

---

① ［美］Richard O' Connor：《走出抑郁》（第 2 版），张荣华译，中国轻工业出版社 2019 年版，第54 - 56 页。

② ［美］Richard O' Connor：《走出抑郁》（第 2 版），张荣华译，中国轻工业出版社 2019 年版，第 57 - 60 页。

可以请一位精神科医生和一位心理治疗师，帮助服刑人员进行有规律地锻炼和正念冥想，患者在很多方面如情绪、行为、思维过程、压力、人际关系、身体、自我等都会随着治疗而改变。

情感投入与支持，是针对患者的亲属而言的。患者的亲属如果能给予患者更多的情感投入、社会性支持，会有助于改善抑郁者的人际关系、情绪体验，缓解社会疏离或社会排斥带来的压力感，对改善他们的躯体症状也有很大的帮助。案例2.6.4展示了民警通过情感投入与支持的方式帮助服刑人员走出抑郁的过程。

理查德·奥康纳认为，抑郁症既是一种个体的疾病，也是一个社会问题，是个体对压力的适应不良，需要经过专业的治疗，需要通过自我的努力来克服。他为抑郁症患者提炼了获得康复的12条原则：体会个体的感受；相信事出皆有因；正念练习；坚持练习；超越抑郁性思维；明确优先次序；照顾好自己；直接交流；寻找榜样；慷慨大度；培养亲密感；在个体需要的时候，寻求帮助。[①]

案例2.6.4　帮助抑郁症患者走出抑郁

民警："这两天睡眠好吗？"

刘某："还好。"

民警："有什么高兴的事情吗？"

刘某："我努力改造。"

民警："咱们一起来感受一下你所拥有的，怎么样？"

刘某："我能有什么呀，我都这步田地了。"

民警："对呀，你拥有什么呢？"

刘某："我没有自由、没有一技之长、没有工作、没有老婆孩子，什么都没有。"

民警："你有年轻、健康、父母、朋友。"

刘某："这些什么用都没有，这些是谁都有的。"

民警："那咱们试试，反正你觉得拥有这些也没有什么用，那咱们把你拥有的这些都交给一个你信任的、有超自然力量的人保管，怎么样？"

---

① ［美］Richard O'Connor：《走出抑郁》（第2版），张荣华译，中国轻工业出版社2019年版，第278-289页。

刘某:“好呀。”

民警:“你信任的、有超自然力量的人是谁呢?”

刘某:“谁都行,反正我也没有什么。”

民警:“有的人会选如来佛,有的人会选弥勒佛,有的人会选太阳神,有的人会选孙悟空……不知道你最信任的神人是谁?”

刘某:“灶王爷吧!”

民警:“那现在就把你拥有的一切都交给灶王爷了,你的身体、你的衣服、你的父母、你睡的床……只剩下你的思想。灶王爷很讲理,只要你觉得自己这些东西有用了,想要回去了,你跟他说明就可以了。为了表明你是真的想要回去,你需要跟灶王爷说说你想要回去的这个东西对你有什么意义,你要回去的理由。怎么样?”

刘某:“干嘛要这样?”

民警:“为了让你能尽快好起来。咱们开始吧!”

刘某:“我什么也不想要。”

民警:“那就什么也不要。你的思想在干什么?”

刘某:“待着。”

民警:“待着想什么。”

刘某:“在想活着其实真没有意思。”

民警:“发生些什么思想就会觉得有意思了?”

刘某:“看看电视吧。”

民警:“对不起,你没有眼睛,看不成。”

刘某:“那我就把我的眼睛要回来。”

民警:“好啊,你现在就跟灶王爷说说你想要回眼睛的原因。”

刘某:“灶王爷,我想要回眼睛,我想看电视,没有眼睛一片黑暗,更没有意思了。”

民警:“好啊,灶王爷说你想好了,一旦你把眼睛要回去以后,就由你自己全权保管了。”

刘某:“想清楚了。”

民警:“现在你有眼睛了,你想做点什么?”

刘某:“看电视。”

民警:“不行,你见过半空中飘着一双眼睛看电视吗?”

刘某:“那我把头、把身体要回来!”

民警:“那你跟灶王爷说说。”

刘某:“我要我的身体,没有身体我什么也做不了。”

民警:“灶王爷说反正你也觉得一切都挺没意思的,要不就算了吧,不看电视了。”

刘某:“不行,没有身体,思想在空中悬着,只能想想,什么都做不了,太难受了,我还是要身体,我觉得有身体了就能干活了。”

民警:“如果灶王爷说对不起,你的身体出状况了,你不能再拥有健康的身体了,会怎么样?”

刘某:“那我不就跟死了一样吗?”

民警:“好像健康的身体对你来说很重要?”

刘某:“是呀,我忽然想自己如果每天瘫痪在床上,不能动,没有健康的身体,真是太可怕了!”

民警:“好像现在你每天也不爱动,也不怎么跟其他人说话,反正是不爱动,索性就不要身体了,怎么样? 思想是不是会更自由?”

刘某:“有健康的身体,可以动也可以不动,和那种完全没有健康的身体是不一样的。不行,我还得活着!”

民警:“说说。”

刘某:“我小时候就很想去埃及看看金字塔,这么多年我都忘记这事儿了,我出去以后得去看看金字塔!”

民警:“好,身体回来了。身体做些什么呢?”

刘某:“看电视。”

民警:“光着身体?”

刘某(笑):“必须穿好衣服,我要衣服。”

民警:“你跟灶王爷说说为什么想要衣服呢?”

刘某:“我怎么也不能光着身子呀,原始人都要围个兽皮什么的!”

民警:“灶王爷说衣服、电视、你待的房子都是其他人为你提供的条件,你直接把那些给你提供条件的人要回去吧!”

刘某:“我想要回我爸,我爸帮过我很多,不像我妈,总是唠叨我。”

民警:"好像上次你爸妈来接见,你都不怎么说话。要是不要他们了,你一个人自由自在的,不用跟他们说话,听他们唠叨了,你觉得怎么样?"

刘某(沉默):"我其实挺想他们的,也不知道怎么回事,真见面了,又觉得挺烦的。"

案例2.6.4展示的是民警给予服刑人员的一种社会性支持,引导服刑人员梳理自己所拥有的宝贵资源来感受自己的富足,能有效地帮助他们克服对物质贫乏的过度关注和无助感,能使他们有效地理解亲情、重新审视自己拥有的亲情、体验被亲情包围的感受。服刑人员感激之情被唤起,言语与行为回归常态而不再出现迟缓状态,这些已经表明服刑人员走出了抑郁情绪。

服刑人员一旦被诊断为抑郁症,单纯的心理咨询与治疗就不能完全解决问题。新的神经科学已经证明,当我们废止一个习惯时,旧的神经通道会萎缩,会被通过行为改变而获得新的神经所替代。通过集中注意和练习,我们能够改变我们的大脑。同时,心理学和行为医学方面的新发展也给我们提供了更多特定的、已经被证明有效的方法,来帮助人们摆脱抑郁的习惯,并学会新的方法来摆脱痛苦。因此,鼓励并使抑郁的人们坚信:为自己而采取有效的行动是走出抑郁、使药物和心理治疗更有效的方法。[①]

第七节　低落与过激情绪的紧急处置

有些服刑人员会因为一些不合理信念的夸大而情绪低落、无精打采。遇到此种情形,监狱民警首先要辨识这种无精打采是因为有难以言说的心事还是存在不合理信念所导致的。这种区分的意义在于,如果服刑人员有余罪漏罪而表现得无精打采、呆坐走神,民警应深挖线索,弄清服刑人员的余罪;如果是因为在人际关系中有不合理信念导致的情绪低落,则可以考虑使用"陪审团找证据"策略帮助其调整心情。此外,如果是生理原因导致的情绪低落,则需要请医生帮助鉴别诊断和治疗。

---

① Richard O' Connor:《走出抑郁——让药物和心理治疗更有效》,张荣华译,中国轻工业出版社2014年版,第10-21页。

一、情绪低落的定义

服刑人员情绪低落是指服刑人员的情绪异常低迷，心境抑郁。患者表现出忧愁、语音低落、言语和动作明显减少、自我感觉不良，常常自卑、自责、自罪，严重者有明显的罪恶感等症状，甚至可出现自伤、自杀念头或行为。[①] 抑郁的人一般伴有情绪低落，但情绪低落不一定被诊断为抑郁和抑郁症。情绪低落往往是一时的、一过性的。服刑人员情绪低落现象比抑郁情绪、抑郁症出现的频率要高得多。案例2.7.1展示了民警对服刑人员情绪低落的处置过程。

案例2.7.1 不合理信念导致的情绪低落处置

（在一个风和日丽的日子里，服刑人员罗某在工作车间里心不在焉地做着工，被巡逻的监狱民警小王发现。从罗某紧皱着的眉头可以看出他有心事。不知道缘由的小王没有贸然呵斥，而是将罗某叫到了一旁……）

民警："这几天怎么无精打采的？"

罗某："挺好的。"

民警："挺好的是什么意思？"（采用追本溯源，先弄明白问题的症结在哪里）

罗某：（低头不语）

民警："好几天了一句话都不说，也算挺好的？"

罗某："我太惹人嫌了，我来这个世界就是多余的。"

民警："你能用事实证明你惹人嫌、来这个世界多余吗？"

罗某："连我妈都烦我。"

民警："还有其他证据吗？"

罗某："我一个朋友都没有。"

民警："还有其他证据吗？"

罗某："就这些，已经足够了！"

民警："那好，既然你有这些事实，咱们就请一个陪审团专门来审视一下，理一下这些事实是不是足够证明你惹人嫌，你看怎么样？"

罗某："什么是陪审团？"

① 转引自江开达、周东丰、李凌江、孙学礼：《精神病学高级教程》，人民军医出版社2009年版。

民警:“陪审团就是由各个阶层、各种类型的、负责任的、善良的人们组成的,专门裁决证据是不是足够支持观点的团队。把证据提交给陪审团,看看他们怎么说,怎么样?”

罗某:“行,那就问吧。”

民警:“那我代表陪审团来提问。陪审团问你:‘你说罗某惹人嫌,有什么证据吗?’”

罗某:“我亲妈都嫌弃我。”

民警:“陪审团认为这是结论而不是证据。请问:‘有证据证明你亲妈嫌弃你吗?’”

罗某:“我妈每次接见就是把我数落一顿、骂一顿,从来都不关心,还特意写信说她从来就没有指望过让我养老送终。”

民警:“陪审团分析认为,罗某的亲妈如果真的嫌弃他,就会不理他,而不会跑很远的路来探视他;如果罗某的亲妈真的嫌弃他,就没有那么多话跟罗某滔滔不绝地说,更不会给罗某写信。陪审团认为,事情恰好证明罗某的亲生母亲很在乎他。请问,还有其他证据吗?”

罗某:“我没有朋友。”

民警:“陪审团请你提供更多证据,证明你没有朋友。”

罗某:“没有人主动和我说话,没有人听我说心里话。”

民警:“陪审团讨论后认为,交流是一个互动过程,罗某不主动和其他人说话,按照这个逻辑,由于罗某嫌弃其他人,所以他才没有朋友。如果罗某不嫌弃其他人,主动和其他人说话,才能发现其他人是不是嫌弃罗某。”

罗某:“我嫌弃别人吗……”

民警:“你怎么看陪审团的意见?”

罗某:“不知道。”

民警:“我也同意陪审团的意见,不妨你先试试跟其他人、跟你们班长主动聊聊,看看他会是什么反应,然后咱再讨论你的想法。你觉得怎么样?”

罗某:“那我明天找班长说说话,如果他嫌弃我怎么办?”

民警:“那你不就有证据交给陪审团支持你的观点了!明天咱们再聊,怎么样?”

罗某:“好吧。谢谢警官。你跟我说了这么久,你就不嫌弃我。”

民警:"我跟你说这么久,也因为你跟我说心里话。试想,如果你始终一个字不说,我就会认为是你嫌弃我,那咱们俩就没有这么多交流了。所以,交流是互动过程,两个巴掌才能拍响,对吗?"

罗某:(笑)

上述案例中使用了一种类似"陪审团质证"的技术,旨在引导服刑人员不轻易对自己作评价、不随意给自己贴标签,而是学会为情绪低落找原因、找出悲观、失落等低落情绪的真正原因——自我封闭、自我贬损带来的负性情绪,并最终引导其关注积极乐观的评价、体验更多的正性情绪。

面对服刑人员的情绪低落,民警们发展出的类似"陪审团的质证"技术,如案例2.7.1所示。使用时需注意以下两点:

一是质证技术需要针对服刑人员表达的具体观点或"结果""结论",要求服刑人员找出证据,而不是针对服刑人员的情绪状态找证据。例如,上述案例中,罗某说"我亲妈嫌弃我",可以围绕"有什么证据证明这个观点",引导服刑人员找出支持的证据或反对自己观点的证据。据此,可以帮助服刑人员辨识自己的错误观念、纠正认知偏差。如果罗某说"我很难受",就不能使用这个质证方法。因为难受是一种情绪,情绪是主观体验,是不需要证据的。"我难受"是描述的一种感觉,相当于"我口渴"一样。

二是当服刑人员没有实质性内容的表达时,也不能使用质证技术。例如,服刑人员说"我无法相信",这种没有实际意义的表达不需要询问证据来支持,而是要讨论"无法相信什么"。又如,服刑人员说"我不能容忍",同样是没有实际意义的表达,要先讨论"不能容忍什么",待其明确表达出内容之后再讨论证据。

二、过激情绪的处置

当服刑人员遇到某种事件或强刺激、高度预期的目标没有实现时,可能会出现过激的情绪反应。在负性情感浓度非常高的时候,服刑人员可能会完全深陷其中,行为方式出现剧烈反应,如大哭大叫、捶胸顿足、撞击身体等。能否对这些过激情绪反应做出恰当处置,十分考验监狱民警的工作能力。民警首先要控制局面,采取必要的包夹措施,以确保服刑人员自身和周围人员的人身安全;让处于高浓度情绪的服刑人员平静下来是第一个关键步骤。第二个关键步骤,可以借助放松训练先让服刑人员松弛、平静下来。第三个关键步骤通常使用认知重评技术，完成应急情绪疏导。运用放松或正念技术，帮助服刑人员降低反应强度、恢复冷静和理性，有助于他们正确处理遇到的问题，避免因过度反应带来的不良后果。

案例 2.7.2 用放松与正念处置过激情绪

（服刑人员李某，在得知本月考核加分无望时，找到分监区领导要求加分。当李某提出的要求被拒绝后，情绪激动、大喊大叫，同时用头撞桌角。被包夹人员控制住之后，仍旧大喊着“不活了”。）

民警：（一边安排包夹人员对其予以控制，一边走到李某面前，蹲下身，看着李某的眼睛）“看着我的眼睛，现在看着我。”

民警：“跟我说‘放松……放松……放松，跟我一起说，fang 放—song 松’。”

（李某开始看着民警）

民警继续：“放松……放松……”

民警始终很平静、坦诚地注视着李某，用稳定的声音一遍又一遍地一直引导着说“放松……”李某已经明显平静下来，开始跟随着说“放松……”持续5分钟后，民警继续要求李某闭上眼睛，独立地重复说“放……松……”

李某按照民警的引导，闭着眼睛，非常流畅地说着“放……松……”

（5分钟后）

民警：“停下来，回顾一下：刚才你在说放松时，大脑里出现了一幅什么样的画面？”

李某：“田野，绿油油的，好大一片。”

民警：“你想到了什么？”

李某：“我妈在唱歌，我听着我妈唱歌，真好听。”

民警：“身体的感觉怎么样？”

李某：“身体感觉挺自然的，没有什么感觉了。”

民警：“有什么新的想法吗？”

李某：“庄稼该熟的时候才成熟，不能着急，让庄稼慢慢长！”

过激情绪应急处置的技术关键在于词汇的多次重复，给大脑提供一个无形的背景情绪，每次重复正性词汇，头脑中都会让这个背景发生影响，最终在内心形成积极情绪体验，并促使个体在这种情绪体验下思考、说话、做事。

第八节 疑病与恐惧人员的情绪管理

服刑人员坚持要求狱外就医,通常有两种情况:一种是为自己争取脱逃机会,另一种则是患有疑病症,总感觉自己有病,自认为在监狱医院无法救治好。本节介绍疑病情绪及其处置问题。

一、疑病情绪管理

疑病又称疑病症,是指患者对自身感觉或征象做出患有不切实际的病态解释,致使整个身心因此产生的疑虑、烦恼和恐惧所占据的一种神经症。疑病症患者体现出的情绪主要是焦虑和恐惧。

疑病症患者往往表现出对自己的身心健康过度关注,对健康估计之坏,跟身心实际情况很不相符,并处于对疾病的持续、强烈恐惧之中。他们往往在没有任何可靠证据的情况下,经常主诉自己病症的严重性。当医生检查得出否定结论时,疑病症患者常常断定医生的诊断是错误的或不可靠的,总是往坏处想,因此,无法消除内心对疾病的恐惧和疑虑,其结果是一次又一次地去一些医院,以寻找"更好""更可靠"的论断和治疗。在服刑人员群体中,疑病症患者出现的频率并不低,民警应注意区分故意佯称有病、坚持要求狱外就医、伺机脱逃或行凶的服刑人员。

案例2.8.1详细介绍了服刑人员疑病引发的情绪问题处置的过程。服刑人员钱某,自诉头疼,几乎每周都要求看病。经监狱医院检查,钱某并没有器质性病变。但据钱某自己说,感觉每天都头疼,特别是早晨和晚上,而且头疼的情况越来越严重。虽然医院明确诊断其头部没有病灶,但钱某认定自己得了脑瘤。之所以检查不出来,是因为监狱医院的仪器太差、医生水平太低。一段时间以来,钱某对监狱医院的检查结果非常不满,持续要求民警带自己看病、拿药,又不断地以药没有效果、自己的病情在加重为由,要求去更高级别的狱外医院看病。由于钱某频繁要求看病、抱怨医院医生水平差、药没有效果、泡病号,在服刑人员群体中造成了很坏的影响。如果民警不及时对疑病者进行疏导、消除疑病心理,不仅对当事人自身的身心健康、考核奖励不利,也给监管秩序带来干扰。

案例 2.8.1　疑病情绪管理案例

钱某:“队长,您带我去看病吧,我头疼得受不了。”

民警:“上次医生拿着 CT 片子一点一点地给咱们分析过,说大脑内部一切正常,头还是疼?”

钱某:“我头特别疼,现在躺不下、坐不住,您能不能安排我去北京看看?”

民警:“你觉得去最好的医院找最好的医生看,有可能是一个什么诊断结果?”

钱某:“我自己感觉着多半是长脑瘤了。”

民警:“你对自己作了一个判断。”

钱某:“我的身体我知道! 这必须赶紧治!”

民警:“你坚持认为自己得了脑瘤,这样想对你有哪些影响?”(正式开始分析原因。)

钱某:“就是难受,身体难受、心里难受,怎么待着都不舒服。”

民警:“咱们今天敞开了谈谈你这些难受,好不好?”(循序渐进地引导服刑人员愿意跟随。这里使用的“咱们”一词以共同面对问题的态度对钱某表示支持,非常有效地拉近了与服刑人员的心理距离。)

钱某:“这段时间以来,每天都头疼,早晨醒了就疼,晚上躺下更疼,白天只要想起头疼的事,头就真的疼起来了。”

民警:“真是受罪! 你这段日子是怎么过来的?”(加以引导……)

钱某:“唉,熬吧! 我就想脑瘤就脑瘤,总得治呀,否则这样下去我就只有等死了。”

民警:“认为自己得了脑瘤会影响你的情绪。为了便于咱们一会儿能全面、认真地系统分析,我把这些记录在这张纸上吧!”(带钱某继续就思维造成的结果作分析。)

钱某:“好。其实我也不愿意总去看病,影响干活、影响挣分,但我没有办法呀!”

民警:“再加一条:总去看病影响干活、影响挣分。还有吗?”(民警记下:总去看病,影响干活、影响挣分。)

钱某:“一想到自己得了脑瘤,我挺害怕的。因为我不想死,我闺女还等着我出去呢!”

民警:“会让你觉得害怕,写在这里了。你说你闺女等着你呢?”(民警记下:害怕、闺女等着你出去呢。)

钱某:“是呀,这一段我身体不好,我闺女每个星期都写信关心我。别看她妈妈说了我那么多坏话,孩子就是亲我,她那么小就这么懂事,我可真惭愧!还有四五年就出去了,我怎么才能对得起闺女,让她跟着我过好日子啊?!”

民警:“再加一条:因为身体不好,闺女每星期都写信。还有,你担心出去以后没有办法给孩子好日子。”(民警记录:因为身体不好,闺女每星期写信关心,期待着让闺女跟着自己过好日子。)

钱某:“自己受多少罪我都不怕,头疼什么的,我都能忍,可是我这么一个大男人没有办法给孩子好日子,一想到这些我心里就乱七八糟的,头就更疼了。”

民警:“是不是头疼了,也就顾不上想了?”

钱某:“是呀,头疼了,什么也顾不上了。”

民警:“这么说头疼可以算是一种把你从自己非常无奈的乱七八糟的内心纠结中解脱出来的方式?”

钱某:“有时候我就想:真得了脑瘤,又治不好,其实我也就解脱了。”

民警:“你很想让孩子过好日子,同时你又无能为力,这个时候脑瘤又来了,不过脑瘤可以让你多少感到些解脱。”

钱某:“我不会这样对孩子的!我就是得了脑瘤也得想法给孩子把嫁妆钱挣出来!”(民警记录:一定要给孩子挣出嫁妆钱。)

民警:“听你这么说,真为这孩子高兴!她有一个真的爱她的父亲!”(通过钱某的表达,民警找到了钱某的自我力量,于是继续用这个力量作推动。)

民警:“现在看看这张纸。认为得了脑瘤对咱们的影响:(1)身体难受;(2)影响干活、影响挣分;(3)觉得害怕;(4)因为身体不好,闺女每星期都写信;(5)担心出去以后没有办法给孩子好日子;(6)真得了脑瘤,又治不好,其实也就解脱了;(7)不能死,要给孩子挣出嫁妆钱。这些影响如果要分成不好的、还不错的,你觉得可以怎么分?”

钱某:“不好的方面有:身体难受,影响干活、影响挣分,害怕;好的方面:闺女来信多了,一种解脱的方式。”

民警:“如果这两部分加起来是100%,你觉得这两部分分别可以占百分之多少?”

钱某:“我觉得不好的影响占90%,好的影响占10%。”

民警:“看来咱们必须解决这个问题。你刚才说就是真的要死,也必须给孩子挣下嫁妆钱?”

钱某:“是呀,我必须好起来,我得早点回去照顾闺女,出去之后想办法挣钱养活家呀!”

民警:“真替你闺女高兴!不过这事可能真的要靠你的毅力。你看,医生给咱们看CT诊断结果时说脑袋里面没有问题,可是你的头又那么疼,这说明咱们得战胜这个疼!”

钱某:“除了上医院,还能怎么战胜啊?”

民警:“你回想一下,一般什么时候最疼?”

钱某:“早晨我一般五点就醒了,那个时候最疼!”

民警:“你再回想一下,一天中什么时候感觉要好些?”

钱某:“白天,不论是干活还是看电视,不想头疼这个病、不想将来的时候。有的时候我就会想,怎么头不疼呢?一这样想,头马上嗡的一下就特别疼。”

民警:“医生能帮咱治的可能不多了,而是得靠你自己帮自己了,为了闺女,要不咱一起试试?”

钱某:“您说需要我怎么做,我听您的!”

到此,民警消除了钱某的焦虑与恐惧情绪,接下来民警们通过行为塑造,帮助钱某重塑希望、规划人生、进行自我管理。

民警与服刑人员一起分析结果时,最容易出现的问题就是服刑人员不认为歪曲想法对自己有好的影响,他们会说“我不知道怎么会这样”。

民警在处理类似问题时一般会以香烟为例做引导:“就如吸烟,谁都知道吸烟有害健康,但很多人无法戒烟,就是因为吸烟时短暂放松的感觉,或者把吸烟当成了自己习惯的一部分等。咱们现在要发现的就是这个想法(指服刑人员的某种歪曲思维)让你那么难受的同时,看看带给你的一些不同于难受的感觉还有什么。”有时也可以直接引导:“人们重复在一些事情里总是有原因的,这个想法有没有用某种方式保护了你呢?”

一般来说,服刑人员的歪曲思维的潜在获益包括:避免失败、减少风险、规避承担责任、降低心理不适感等。有的时候，还需要民警带领服刑人员从长远的角度看问题，从而分析自己从中得到的益处。

疑病症往往是对因心理挫折而产生的不安全感的一种转移，是服刑人员自我防御机制作用的结果。尤其当服刑人员感到劳动绩效考核压力增大时，如果没有良好的心理素质，再缺少有效的支持系统、恰当的宣泄方法和民警的关心时，这种心理压力就有可能以疑病症等躯体的症状表现出来。因此，增强服刑人员同班组之间劳动改造的相互支持、适度缓解服刑人员的心理压力、增强身心健康的知识普及，会有效缓解疑病情绪和症状的发生。

二、缓解恐惧情绪

恐惧症原称恐怖性神经症，是指患者对外界某些处境、物体或与人交往时，产生异乎寻常的恐惧与紧张不安，可致脸红、气促、出汗、心悸、血压变化、恶心、无力甚至昏厥等症状，因而出现回避反应。患者明知这种恐惧反应是过分的或不合理的，但仍反复出现，难以控制，于是极力避免导致恐惧的客观事物或情境，或是带着畏惧去忍受，因而影响其正常活动。

服刑人员群体中，恐惧症患者和具有恐惧情绪而尚未达到神经症的人群都有存在。案例2.8.2是民警有效处置的缓解服刑人员恐惧的范例。服刑人员钱某向分管民警提出一个仪式要求，借此消除自己“可能面临的灾祸”。显然，这是一种心理不健康的表现，如果任由其发展下去，有可能成为严重的精神疾病。因此，民警遇到类似问题时，应先通过个别谈话教育或心理咨询，辨清真伪、摸准问题的严重程度，为下一步的矫正或治疗提供基础数据。

案例2.8.2　缓解因内疚带来的恐惧

钱某:“队长，您今天点名的时候记得叫完我的名字以后要看我一眼，对我点下头，我今天就能平平安安了。”

民警:“你怎么了?”

钱某:“我五点多醒了就一直心慌，好不容易想出这个破解心慌的招数，您一定要帮我破解!”

民警:“心慌? 是有什么担心吗?”

钱某:“我觉得自己要倒霉。”

民警:“你觉得可能会发生些什么?”

钱某:“我会很惨的！看我这臭嘴,该打,‘呸、呸、呸’。您记着冲我点头啊!”

民警:“哦,是这样啊。那咱们得一起努力把这个困扰你的恐惧赶走。你能告诉我,对于你担心的这些事情,眼前有什么画面吗?”

钱某:“有,我能看到自己特别难受,特别特别难受。”

民警:“特别难受?”

钱某:“我蜷缩在一个墙角,浑身疼,特别疼。谁也不理我,没有人管我,一个看我一眼的人都没有……我看见我的家人都在指责我、骂我、打我……”

民警:“他们为什么会对你这样呢？能具体说说吗?”

钱某:“我很害怕,我对不起家人,我让家人丢脸了,我使家人在外面抬不起头来。”

民警:“为什么觉得自己让家人抬不起头来？我可以帮助你,把你的担心和焦虑说出来,我们可以一起尝试着解决这个问题。”

钱某:“我是个罪人,我进了监狱,这个事情让我的家人都丢脸了,我觉得自己对不起家人,没脸见家人了。”

民警:“你只是犯了个错误,天底下谁不会犯错呢？只有你认真接受改造,你的家人才会原谅你。在这里好好学习、劳动,出去以后好好报答家人,弥补自己犯下的错误。好好听话劳动改造才会得到你想要的幸福生活。”

钱某:“可是我……我对不起他们啊,我最对不起我哥,他赡养了父母,还帮我把孩子的学费都交了。我进来,我哥又帮我继续抚养我的孩子,我怎么对得住他啊……”

民警:“那想想看,你哥这么做是为了什么？为了你们这个家！也说明你哥对你抱有希望,他盼望着你早点出去弥补过错,一起生活呢！他对你充满了希望,所以,想想看,你现在要怎么做才对得住你哥呢?”

钱某:“队长,我知道了,我知道该怎么做了……可是,我希望得到他的原谅,我好想和他说说话啊,我要给我哥道歉,还要谢谢他啊。”

民警:“那现在我们一起想想都有哪些办法能让你哥知道你的心情。”

钱某:“我可以写信。”

民警:“是的,你可以写信告诉你哥,你入狱服刑给家庭带来了哪些不好的后果,你对每一个家庭中的亲人想说的对不起和感恩的话都可以写出来。你的这些正确认识和忏悔，都能让亲人感受到你的进步！还有呢？”

钱某：“我还可以给我哥打电话。”

民警：“另外，为了让父母和孩子能看到你的进步，我们还可以帮助你录制短视频，把你要表达的感恩、忏悔、对自己未来的规划告诉亲人们！”

案例2.8.2中，民警因势利导、带服刑人员直面恐惧、分析恐惧背后的根源、引导服刑人员运用发散思维发掘解决问题的策略，最终实现了服刑人员克服恐惧、用积极行动补救自己过错的良好效果。

缓解恐惧和焦虑的方法之一是带领当事人明确表达焦虑或恐惧的具体内容、原因，然后引领当事人找到具体的步骤来解决所面临的现实问题，并规划未来的改造/工作/学习时间表。建议规划的方案要符合服刑人员的现有实际水平和未来可达到的水平，防止期待的水平过低或过高。期待水平过低，没有激励效果；期待水平过高，会因为难以企及而放弃，平添新的焦虑。

治疗恐惧症有行为治疗、药物治疗等方法。针对服刑人员症状的严重程度，民警与精神科医生、心理治疗师共同制订矫治方案会更有效。

第九节　为神经过敏人员系统脱敏

神经过敏，是指神经系统的感觉机能异常敏锐。在神经系统疾病中，神经衰弱患者大都有这种症状。神经过敏也泛指多疑，好大惊小怪的症状。服刑人员群体中，有多疑、喜欢小题大做、大惊小怪症状的人占有一定比例。本节拟采用系统脱敏疗法，帮助这类服刑人员进行脱敏，以确保他们能对环境刺激做适当反应而非过敏反应。

一、服刑人员神经过敏的表现

神经过敏类服刑人员通常对民警的言谈举止、身边其他服刑人员的言语和行为表现出多疑、猜忌、过度关注，甚至表现出言语动作上的大惊小怪。例如，有的服刑人员对民警的一个眼神都会思索很久，反复思考民警为什么用这样的眼神看他，是发现了什么？还是想向他传达什么？神经过敏类服刑人员通常表现出睡眠不佳、多梦易醒等伴随症状。

案例 2.9.1 服刑人员的神经过敏反应与应对

石某,2011 年 12 月因监狱调整来到光明监狱某分监区服刑。石某的典型特征是对他人的言谈举止表现出过敏反应,人际关系紧张,封闭在自己的内心世界里,遇到问题不是积极解决,通常会向民警提出“调队”的逃避性措施。

在帮助过敏反应类服刑人员脱敏前,民警首先进行了外围信息收集。这些信息包括:

第一,这名服刑人员现在的问题是什么?调查表明:石某与其他服刑人员关系紧张,摩擦不断,极度自卑;几乎不和监区民警交流;不断要求调队。

第二,怎样的生活经历可能是导致这些问题的根源?档案资料显示:石某的母亲在41岁时才生下石某,父母离异后石某跟随母亲长大,自幼缺少父爱,童年时期饱受同学、邻居等人的嘲笑、欺辱。母亲文化水平低,常年从事家政工作,脾气暴躁,与石某的互动方式是典型的“刀子嘴豆腐心”。这对母子尽管生活非常拮据,但石母尽可能在物质生活方面不让石某受委屈,而与石某的交流则基本局限于对其进行批评、指责。民警的日常观察与交流收集到的信息显示出石某性格自卑多疑,认为别人都看不起他,没有人真心对他好,认为谁对他都是虚情假意的。

第三,石某也因此与民警及其他服刑人员在交往中出现更多的敌对表现。民警分析认为这是因为石某自卑多疑,是对“其他人都看不起自己、没有人对自己是真好”这些错误认识所做出的自我保护性反应。而石某频繁要求调队、调整工作岗位也是石某采用的逃离式反应。

第四,石某的优点很明显。根据日常观察表明:(1)非常节约,把消费控制在最低水平,如只买手纸,不买其他任何东西。(2)自制力非常强,坚持不吃其他人的任何东西。(3)注重自己的形象,虽然生活贫困,但保持衣着整齐。

第五,石某的主要症状有:(1)过于敏感。其他服刑人员同情石某,泡好方便面后对石某说:“你吃一口吧!”石某立刻大声说:“你这是什么意思?嫌我们家穷啊?”其他服刑人员看石某没有牙膏了,主动说:“你先用我的,下个月你再还给我就行。”石某立刻厉声回应:“你什么意思?我们家穷跟你有什么关系!”(2)过于执拗。当民警直接批评石某过于狭隘,不妨接受其他服刑人员的好心时,石某会非常固执地坚持认为:“民警和其他服刑人员都在侮辱我!”(3)对民警不信任。民警每次找石某谈话,石某都会沉默,问急了,就是一句话:“你们都向着那些人!”

石某一般不会主动要求找民警谈话,如果找民警,通常就只有一句话:“我在这儿,没法待了,我要求调监区!”

针对石某不积极、不主动地参与人际交流,封闭在自己的内心世界里这些问题,民警采取个别教育、直接谈话法尝试解决这些问题。鉴于石某有很强的抵触情绪,又采用了消极抵抗的方式找民警谈话,民警并没有急于和石某谈话,一方面稳住石某,对他说:“我今天太忙,你先好好想想,咱们再找个其他时间谈吧!”另一方面想等待第二天石某的母亲来接见时看是否有机会在民警与石某之间建立起相对融洽的关系。

第二天,石某的母亲来接见了。她个子不高,看起来非常憔悴。民警主动找石某的母亲交流,告知石母石某在当月公示排名靠后的问题。石某的母亲询问:“石某表现是否有问题?”民警对石某母亲说:“石某心肠很好,就是有点极端,对发生在自己身上的事情反应过于敏感。您能配合我们做做他的工作吗?家里老房拆迁的事、您和他父亲之间的事都在石某心里反复琢磨。您嘱咐他两句:有任何困难、任何事情,有什么需要的都可以找民警谈谈,包括拆迁的事。让他跟人接触时把心胸放开些,不要太斤斤计较了。您看行吗?”

石某和母亲一见面就抱头痛哭,一直哭,几乎没有说什么话。石某的母亲说:“民警跟我表扬你了,你得好好努力,千万别辜负了这么好的民警!有什么事多跟民警说说,听民警的话!”石某的母亲把这些话说完以后,石某哭着说:“妈,您放心,您省吃俭用,那么不容易还来看我,给我钱花,不让我受委屈,我再不听您的话,我就不是人了!您让我怎么做我就怎么做!”接见结束回到分监区后,下午石某再次主动找到民警:“谢谢您对着我妈不仅没有批评我反而表扬我!我来六队给您添了不少麻烦,我心里对您特别感谢。我要求调队的申请现在就拿回去。我不调队了。有您在,我得对得起您!”

经过了接见的互动之后,民警感觉有了进行谈话的基础,当晚和石某进行了如下谈话:

民警:“在别人给你牙膏时,你听到自己在心里说什么?”

石某:“他看不起我。”

民警:“就同班的人给你牙膏这件事,你怎么评价自己?”

石某:“觉得自己挺丢人的。”

民警:“你怎么评价同班给你牙膏的人?”

石某:“他在跟我炫耀。”

民警:“在每天的生活中,你怎样调整自己不要过于沉溺在这件事情里?”

石某:“我总是告诉自己‘要有志气’。”

民警:“你不断地想‘他看不起我’,和班里的人相处不好,这两者之间有什么关系吗?”

石某:“我也知道他们对我不错,但我总觉得他们心里是看不起我的,他们对我好像是有所图的。”

民警:“你看我跟你这样相处,我是想图你什么吗?”

石某:……

谈话到此,已不难看出神经过敏类服刑人员的过敏表现及其内在的认知偏差。为了从更专业的角度对神经过敏类服刑人员开展矫治,民警最好了解学习系统脱敏法这种行为主义疗法,以便于在日常的矫治工作中取得事半功倍的效果。

二、系统脱敏的一般原理

系统脱敏疗法又称交互抑制法,是由美国学者沃尔普创立和发展的。这种方法主要是引导来访的患者缓慢地暴露出导致多疑、神经症性焦虑、大惊小怪的情境因素,并通过心理的渐进式放松训练来对抗这种焦虑情绪,从而达到消除焦虑或恐惧的目的。沃尔普在实验基础上,结合雅各布森发展出的肌肉松弛技术和想象暴露的方法,总结出一个基本的治疗模式,即系统脱敏疗法。这是第一个可供临床医生使用的、具有逻辑程序的行为疗法,这一疗法成为后来许多行为治疗实践的基础。①

系统脱敏法是行为主义疗法的一种,其原理是建立在经典条件反射和操作条件反射的基础上的对抗条件反射。系统脱敏的基本原则是交互抑制,常用于治疗恐怖症和其他焦虑症。系统脱敏法采用层级放松的方式,鼓励患者逐渐接近所害怕的事物,直到消除对该刺激的恐惧感,即在引发焦虑的刺激物出现的同时让病人做出抑制焦虑的反应,这种反应可以削弱,直至最终切断刺激物与

① 许又新、吕秋云主编:《现代心理治疗手册》,北京医科大学出版社1997年版,第66页。

焦虑的条件联系。[①]

系统脱敏法由三个部分组成:放松训练、建立恐怖或焦虑等级层次、要求来访的服刑人员在放松的情况下按等级层次中列出的项目进行想象或实地脱敏。[②]

经典的系统脱敏范式为:首先,带领来访的服刑人员学习放松,自我放松技能娴熟后,带领其进入放松状态;其次,带领的服刑人员进行想象脱敏训练;最后,进行现实脱敏训练。具体步骤如下[③]:

首先,进入放松状态:先选择一处安静适宜、光线柔和、气温适度的环境,然后让来访的服刑人员坐在舒适的座椅上,让其随着音乐的起伏开始进行肌肉放松训练。训练依次为手臂、头面部、颈部、肩部、背部、胸部、腹部以及下肢部训练,过程中要求来访的服刑人员学会体验肌肉紧张与肌肉松弛的区别。经过这样反复长期的训练,使患者能在日常生活中灵巧使用,随时练习。

其次,想象脱敏训练:先让来访的服刑人员想象某一等级的刺激物或事件,在他能清晰地想象并感到紧张时停止想象、全身放松,之后反复重复以上过程,直到患者不再对想象感到焦虑或恐惧,那么该等级的脱敏就完成了。以此类推,做下一个等级的脱敏训练。单次想象训练不超过四个等级,如果训练中在某一等级出现强烈的情绪,则应降级重新训练,直到可适应时再往高等级进行。当训练通过全部等级时,便可从模拟情境向现实情境转换,并继续进行脱敏训练。

最后,现实情景脱敏训练:这是治疗的最关键之处。训练顺序仍然从最低级开始至最高级,逐级进行放松、逐级脱敏训练,以不引起强烈的情绪反应为止。之后,为来访的服刑人员布置回到监舍后需要完成的作业,要求其每周在治疗指导后对同等级训练内容进行自我强化训练,每周两次,每次 30 分钟为宜。

三、引导病犯体验积极情绪

神经过敏类服刑人员的绝大多数人患有传染病。这类患者自卑、敏感等特

---

① 曹晓鸥、古淑青主编:《医务社会工作案例评析》,中国社会出版社 2017 年版,第 121 页。

② 钱铭怡编著:《心理咨询与心理治疗》,北京大学出版社 1994 年版,第 200 页。

③ 参见赵军政:《大学生常见心理问题及典型案例研究》,西北农林科技大学出版社 2016 年版,第 188－189 页。

征突出。因此,在传染病服刑人员的教育改造过程中,维持民警与服刑人员间的良性互动,通过引领服刑人员通过艺术制作、艺术表演、艺术欣赏等多种方法,带领他们体验积极情绪、转移注意力,从而达到脱敏治疗的效果。

全国许多监狱发展了借助多种艺术形式开展矫治的工作方法,其中包含对神经过敏服刑人员的脱敏疗法。例如,广西桂林监狱对改造表现达标的服刑人员,允许其参加桂林山水画的学习、练习活动,通过艺术学习、完成艺术作品的过程,提升对事情的专注度,消除对外界刺激的过度反应,培养对外界刺激的恰当反应模式。与之相似,云南女子监狱办时装展,同样体现了艺术矫治的成效,通过发现、发掘和发挥服刑人员的潜能,带领她们站在更广阔的平台上看待自己、看待身边的人和事,克服狭隘、过敏的行为与言语反应。在艺术矫治过程中,服刑人员几乎没有防御、对抗地把自己的内心世界展现在艺术作品里,这种疗法不容易引发服刑人员对矫治的阻抗,反而会促使其积极参与活动,最后达到自然疗愈。音乐、绘画、陶艺、根雕等多种艺术活动,相当于民警搭建了一座座通往服刑人员心灵世界的桥梁,在教育改造工作中所取得的实际效果也正是民警对服刑人员的内心世界开展矫治工作的效果。

案例 2.9.2　巧妙引导艾滋病患者体验积极情绪案例

纳米比亚籍艾滋病服刑人员胡某,对其他服刑人员和民警猜疑、敌对,情绪低落、性格急躁,经常为小事情绪激动,甚至顶撞民警,造成人际关系紧张,给管理工作带来很大难度。监狱心理健康指导中心会同艾滋病分监区对这名服刑人员进行了充分研究,依据其情绪状态、个性特点、文化资源等方面情况,为胡某量身制订了绘画治疗方案。在绘画内容上,选择了图案构成简单、色彩丰富、具有生命象征意义的植物类图案,绘制时间长度控制为中短期,以绘画感受为切入点,围绕情绪、亲情、适应和现实之间的关系进行讨论,并随着绘画治疗的深入,逐步加深对胡某的心理矫治。

在矫治过程中,民警始终发挥主导性作用,引导胡某体验注意力高度集中、缤纷色彩对感官的微妙刺激和对作品欣赏过程中的积极情绪,带领胡某感受调整呼吸、聚精会神、心无杂念等状态下自己的情绪、呼吸和身体等各方面的积极体验。在参加了 2 个多月的活动后,胡某的情绪逐步平稳,人际关系显著改善,不再动辄大呼小叫,而是开始积极参加监狱的各类矫治活动。

就整体而言，在对服刑人员开展艺术矫治的过程中，民警与服刑人员之间的言语交流，大多围绕艺术作品的创作、制造过程，带领服刑人员感受色彩、分享成果。民警对服刑人员的心理矫治过程从以往的传统说教方式，转变为引导服刑人员回顾、思考、感受、分享等多种新方式。比如，民警会和服刑人员一起讨论："这种（绘画）效果，你是怎么做到的？""在作品创作过程中，你学习到什么？""通过这些色彩，你体验到哪些美好的感觉？""你给自己的作品起一个好听的名字。""看着自己创作出来的作品，你要对自己说点什么？""你不断取得的绘画/雕刻/服装设计方面的成就，你想对其他服刑人员分享点什么？"借助这样的引导、讨论过程，民警和服刑人员一起发现服刑人员的闪光点和生命的美好。随着艺术矫治活动的进行，民警不断帮助服刑人员把注意力集中在关注自身优势、更好地认识自己，从而积极地面对现实。

为进一步深化艺术矫治工作的成果，监狱还以主题教育活动的形式对这项工作进行固化和加强，成立了组织机构，明确了责任部门，设立责任人对此项工作进行全程跟踪、跟进和调整。通过评比、座谈、经验分享、撰写收获等活动，为服刑人员搭建了相互学习、相互借鉴的平台，让积极、健康、有品位的艺术活动逐步丰富服刑人员的改造生活。监狱定期举行以"一个主题、三个内容，通过五种形式，面向六个群体"为主要内容的文化艺术与心理健康主题成果展示活动，取得了良好的效果。

适时展示病犯的艺术作品，不仅对病区的服刑人员是一种积极的巩固矫治成果的方法，对那些身体健康的服刑人员群体更是一种激励。

服刑人员对艺术矫治效果有着更直接的体验。服刑人员吴某说："我以前在家里做瓦工，没有想过用泥做出作品，而且我是个内心自卑的人，不敢想自己能参加比赛。监狱组织的陶艺制作彻底改变了我。我们队赵某捏了一个特别漂亮的小人，旁边还有树、房子，特别好看。我不相信自己能捏出来，队长鼓励我，让我跟赵某学习，还告诉我不要想别的，专心致志做陶艺就好。我想赵某都能做成，我也可以试试，后来特别用心做了一个龙凤呈祥，队长们帮我找资料、设计，包括提修改意见，最后我的作品得了二等奖。这是我人生第一次靠自己的努力得了奖。我第一次有对自己很满意的感觉。后来又做了航天发射作品等……说真的，挺费劲的，但我特别投入，那些天什么都顾不上想，满脑子就是想怎么才能做好。最后在队长们的鼓励支持下，我完成了一个又一个的陶艺作品。这次得了一等奖！奖了3分。做陶艺作品的过程彻底改变了我，我做成了以前从来没有做到过的事。我现在变得对自己有信心了，对改造也特别有信心！”

通过多种艺术形式引导服刑人员体验积极情绪、消除忧虑、焦虑、抑郁、恐惧等，在全国的许多监狱取得了良好的效果。音乐、绘画、陶艺、根雕、服装设计与表演等多种艺术矫治形式内容新颖、对服刑人员吸引力强，投入不多、参与服刑人员数量适中、矫治效果有效，在服刑人员和民警中广受欢迎。实践证明，艺术矫治方法对改造传染病等病患服刑人员的神经过敏、过度焦虑等常见问题是有效的。为深入开展艺术矫治工作，要做到以下几点：第一，要坚持项目化管理，提高艺术矫治工作技术含量。第二，要积极引进社会资源，深入开展艺术矫治工作。第三，要注重民警参与，提升改造能力。

第十节　引导服刑人员走出自卑

当人们遇到挫折或力所不能及的目标时，许多人会产生不同程度的自卑感。服刑人员群体也一样。

有自卑感是服刑人员群体中一种常见的现象，是服刑人员个体在和别人比较时，由于低估自己而产生的情绪体验。持续而严重的自卑感是心理上的一种缺陷。阿德勒认为，个体的攻击行为由自卑感所引起，是一种过度补偿的表现。服刑人员严重的自卑感，是心理矫治的主要任务之一。

一、服刑人员克服自卑的表现

奥地利心理学家阿德勒认为每个人的生活都受限于以下三个因素：第一个限制因素是我们生活在地球这个贫瘠星球的表面上，无处可逃；第二个限制因素是我们并非人类的唯一成员，人类个体的弱点决定了我们无法单枪匹马地完成自己的目标；第三个限制因素是人类由两性组成，个体和人类生命的延续必须考虑到这一事实。基于这三个限制因素，阿德勒提出了三个问题：第一，如何在自然环境的局限下找到一种合适的职业，以维持生存；第二，如何在同类中找到一个位置，以便相互合作并分享合作的成果；第三，人类的延续依赖于两性关系，如何自我调整，以适应这一事实。这三个问题可以概括为人类必须面对的职业、社会和性的问题。[①] 在面对这些问题时，每个人都存在不同程度的自卑感，因为我们总会遇到力所不能及的目标。当某一问题超出个体的适应程度或能力范围并且个体无力解决时，他就会产生自卑情结。与泪水是道歉的表现相似，愤怒也可能是自卑的表现。[②]

由于自卑情结经常会导致紧张，个体为寻求心理补偿就会寻求一种优越感，但这种优越感无助于问题解决。因此，经常可以看到，寻求优越感的行为总是指向生活中无用的一面，而真正的问题则会被个体搁置或排斥。自卑的人会为自己的行为设定限制，他们努力避免失败而非追求成功，在遇到困境时，会表现出犹豫、彷徨、踌躇不前甚至退缩的举动。

服刑人员焦某的自卑感体现在"觉得自己很没有用"。此时，如果单纯地指出"这是你的歪曲认识，以后不要这么想了"，带来的结果往往是服刑人员承认这是一种歪曲认识，但并不知道如何做才能修正这一歪曲认识。

无论服刑人员多么有诚意地承诺一定要改，这种歪曲认识仍旧会不断通过负面情绪吞噬他。案例 2.10.1 的对话则比较好地解决了这个问题。

案例 2.10.1　帮助服刑人员克服自卑感

民警："上次谈话，我们一起发现了你时常在心里对自己说'我很没有用'。"

（焦某点头）。

民警："我们今天一起来面对这个问题。"

焦某："好的。"

民警："你认为自己很没有用，是哪些事情让你有这种感觉？"

焦某："我干活总是很慢，也没有什么突出的表现；拿不到奖励分，评不了奖；没有朋友；在狱内待一辈子，八九十岁终于出去了，无家可归。"

民警："你今年 33 岁，还有 8 年余刑，怎么会待到八九十岁才出去呢？"

焦某："我没有仔细想过，这一条删去。"

民警："我们先讨论'干活总是很慢，也没有什么突出的表现'这个问题。需要加一个条件，如果继续保持现状，咱们不想任何办法改变。"

---

① ［奥］阿尔弗雷德·阿德勒：《超越自卑》，墨晔译，山东文艺出版社 2016 年版，第 4－5 页。

② ［奥］阿尔弗雷德·阿德勒：《超越自卑》，墨晔译，山东文艺出版社 2016 年版，第 42 页。

焦某:“能改变吗?”

民警:“那得看你要不要试一试?”

焦某:“那您帮我。”

民警:“好的。再说没有朋友。”

焦某:“就是一个朋友都没有。”

民警:“需要加一个条件,如果继续保持现状,咱们不想任何办法改变。”

焦某:“能改变吗?”

民警:“那得看你要不要试一试。”

焦某:“那您帮我!”

民警:“那么在未来的一周里,你期望咱们一起对哪件事做努力,提高干活效率还是交朋友?”

焦某:“干活!”

民警:“‘你们班谁干活最快?’(这一问题旨在对服刑人员面临的具体困难进行解决方法方面的指导。)”

焦某:“陈某。”

民警:“你一会儿回去以后要很真诚地找陈某求教,看看人家是怎么做的?”

焦某:“我不知道怎么说。”

民警:“咱们俩现在试试,假如你是陈某,我现在扮演你,你看着我怎么做。”

焦某:“好。”

民警(走到焦某面前,笑。):“陈某,您有空吗? 我想找您请教个问题。”

(焦某点点头。)

民警:“您干活总是既快又好,您能教教我怎么能干那么好吗?”

焦某:“我不知道他会怎么说。”

民警:“他会说吗?”

焦某:“会。”

民警:“那么你觉得怎么调整,就更适合你来跟陈某说?”

焦某:“不用调整,这样就挺好。”

民警:“那么现在我来扮演陈某,你来找我请教。”

焦某:“我试试。”

当焦某可以很熟练地找民警扮演的陈某请教之后,民警会继续对焦某说:

"你怎么看自己能够在扮演中尝试找陈某学习?"

焦某:"有您这样教我,我挺高兴的。"

民警:"你现在怎么看'我很没有用'?"

焦某:"有您帮我,我就不是很没有用。"

民警:"我帮你什么了呢?"

焦某:"你教给我要怎么做。"

民警:"当你不知道自己要做什么的时候,你对自己的结论就是不公正的。看来,你需要明确自己应该做些什么。"

(焦某点头。)

民警:"你现在就回去找陈某请教,找班里其他人请教,然后明天你要用心用脑子做尝试,还要记录一下明天的成绩。每天都用心想要做好,用脑子想怎么做,每天都记录成绩,过几天我找你,咱们一起看看你的记录。"

几天后民警找到焦某看他的干活成绩记录,发现他每天都有一点进步。民警继续对焦某的思想进行矫治:"这几天你的进步是怎么做到的?"

焦某:"我这几天按您要求的,每天都用心想要做好,用脑子想怎么做?"

民警:"你还认为'我很没有用'吗?"

(焦某笑。)

二、克服自卑的一般原理

既然自卑感在服刑人员群体中也普遍存在,那么帮助他们克服自卑感就值得仔细探讨。当他们遇到挫折或力所不能及的目标并感受到自卑时,如果这些人能一直保持勇敢,便可以通过改变处境这一唯一、直接、现实而有效的方法来摆脱这种感觉。但是,假如某人心灰意冷,认识不到如果他付出实际努力就可以改变处境,那么,他仍然无法承受自卑感,会继续苦苦挣扎以摆脱自卑感,但他采取的办法不会有效果,因为他的目标是"超越所有困难",而不是设法克服障碍。这样的人更愿意使用自我催眠或自我麻痹的方式,以产生优越感。同时,他的自卑感仍在积累,因为产生自卑的情境并未改变,造成自卑的根源依然存在。

从根本上看,过度强烈的自我意识是自卑感在作怪,是自卑的一种外在表现形式。有些人总是期望自己是生活中的强者,可以成为别人心目中的优秀者，但往往事与愿违，在理想与现实之间的差距，令他们的内心变得更加敏感，导致自身随时有可能捕捉到任何对自己产生影响的负面信号。最终，事情极有可能陷入一种恶性循环：一个人越是让自己在过度的敏感中过于紧张，便越容易成为他人的话柄或笑料；相应地，这些来自他人的恶性反应又加剧了当事人对人际的猜疑与敌意，从而使人际关系更糟糕。[①] 因此，克服自卑的首要认知转变是不要过度敏感。

我们知道，自卑本身并非异常，是人们所有改善处境所做努力的根源。从事心理矫治工作的民警，面对自卑的服刑人员时，要做的是如何帮助那些寻求优越感时误入歧途的人。

引导服刑人员克服自卑，需注意以下要点：

第一，当服刑人员按照歪曲想法预测出的结果是真实的时候，民警可以用讨论的口吻，进行询问或反问，引发服刑人员认识到自己所遇到问题的普遍性，并引导其找出克服自卑的办法。

服刑人员焦某自卑地说："我很没有用。"

民警："你认为自己很没有用，那么按照你的想法能预测出什么结果呢？"

焦某："我会难过，总有人看不起我，心里难过的时候还是我一个人面对。"

此时，焦某的这些预测都是真实的。民警可以依照下面的句式进行询问与引导："你做出的这些预测对每个人都是正确的。每个人都会难过，每个人都会遇到一些看不起自己的人，每个成年人心里难过的时候也都是自己一个人应付。依照你的说法，就说明所有的人都是很没有用吗？"

第二，除了让服刑人员预测会发生什么之外，还可以让服刑人员预测不会发生什么。通过对"不会发生"作分析讨论，从而检验这些思想的真实性。

验证焦虑预测需要对由焦虑产生的预测进行驳斥，如果服刑人员作出的预测是无法驳斥的，例如，"我可能会得癌症"，就没有办法进行驳斥。或者服刑人员对于很遥远而模糊的未来作预测，例如，"将来我会得病"。遇到这些问题时，民警可以要求服刑人员在某一个明确的时间框架里作预测，例如，五年之内会发生什么？

克服自卑的第二种认知转变是"承认缺陷也有价值"。许多服刑人员会因

---

① 徐宪江编著：《哈佛情绪控制课》，中国法制出版社2013年版，第39页。

为自身的缺陷或经历中的挫折,让自己失去奋发向上的欲望与激情,从而在“自我设限”中被压制、被禁锢。其实,这种无形的限制会成为个体成长与发展的巨大障碍。当一位服刑人员能正视缺陷并进行改正乃至利用缺陷时,缺陷就已经成为自身价值的一部分。

鼓励自卑者做回“本色自我”,而不是企图伪装自己的缺点,“坦然做自己”,能帮助服刑人员更快走出自卑。服刑人员不需要按照别人的期望来安排自己的人生,更不需要为了满足他人的愿望而对自己的缺陷进行遮掩——时时戴着面具做人,无疑令人疲惫不堪。只有做真实的自己,做有助于社会的事情,服刑人员才会拥有更多的成功机会。

三、婚姻破裂引发的自卑及其应对

服刑人员配偶提出离婚,对服刑人员来说,尽管可能早有预料,但这一时刻来临时,常常会诱发服刑人员多种情绪交织。其中,自卑体验深刻的服刑人员常常是家境相对贫困、家庭困难和矛盾偏多。如何帮助服刑人员挽救婚姻、走出自卑的情绪困境,是监狱民警日常工作中经常遇到的问题。

民警一般会从三个角度对服刑人员进行引导。首先,帮助服刑人员提振自身的信心,如积极改造、积极从事职业技能学习,并与配偶加强通信、电话沟通,让对方增强信心、对未来看到希望,对刑释后的生活充满期待。其次,根据服刑人员配偶对离婚的坚定程度、挽救成功的可能性大小,决定用什么方法帮助服刑人员走出情绪困境。如果其配偶对离婚既坚决又果断,那么,可以引导服刑人员的方法就是教会服刑人员“摒弃猜疑,接纳现实”。如果其配偶对离婚还在犹豫、观望、摇摆阶段,那么,引导服刑人员以满腔的热情、真诚的悔意来请配偶放心。最后,无论婚姻能否继续下去,都要鼓励服刑人员专注当下,把所有经历垫在脚下,通过努力提升自身价值,换取亲人的信任、支持和坚守。

案例 2.10.2　帮助陈某克服自卑,应对婚姻危机

服刑人员陈某的妻子半年没来接见,最近一次接见,又是陈某的父母来看他。陈某问到妻子,父母说应该就是工作太忙,也很久没有到家里来了。接见之后陈某情绪低落,心事重重。据其他服刑人员反映,陈某最近总是唉声叹气。

民警:“最近怎么样?”

陈某:“挺好的。”

民警:“怎么看起来没精打采的?”

陈某:“谢谢民警关心,也没什么。”

民警:“有什么心事就说出来,咱们聊聊。”

陈某:“唉,像我这么没用的人,要学会‘什么都不想’。”

民警:“没用的人?什么意思?”

陈某:“媳妇不来电话、不接见,自己一点办法都没有,连自己是不是被戴绿帽子了都不知道,就算知道了,也没办法。”

民警:“这么说,你觉得媳妇不来电话、不接见,是因为你自己没有用?”

陈某:“假如我很能干,媳妇就会对我特别好,就算我在里面,也会关心我、心里惦记着我。”

民警:“那咱们是不是可以说凡是媳妇没给打电话或者没有来接见的人,都是没用的人?”

陈某:“差不多吧。”

民警:“你知道咱们分监区已经离婚的有几个?”

陈某:“五个。”

民警:“你还记不记得,年前,咱们分监区杨某媳妇提出离婚,大家都特别担心,还有人给他‘拔份儿’,说出去了要替他去找他媳妇算账。杨某怎么说的?他和大伙说:‘离了对双方都好,我不拖累人家了,我也安心在这里服刑,心里干净。男子汉大丈夫,只要有谋生本领,不愁找不到媳妇!’”

民警:“再看看杨某是怎么做的?这大半年杨某每个月挣分,参加活动,过得挺好。你觉得杨某是没用还是有用?”

陈某:“他比我强。”

民警:“他比你强?你指的什么意思?”

陈某:“杨某自己有本事、有手艺,家里也有钱,他出去了当然什么也不愁。我要什么没什么,如果连媳妇也没了,我一个大老爷们出去就只有吃老爸老妈了,唉……”

当谈话进行到这里,不难看出,陈某真正纠结的并不仅仅是妻子是不是来接见,会不会与他离婚,而且还有对自己出狱后谋生能力的深深担忧。

第十一节　帮绝望的服刑人员找到希望

每个人在生活中都会扮演很多角色,各个角色都会遇到不同的问题与挑战,如果处理这些问题不得当,会使自己陷入无力感之中,久而久之就会产生另一种感觉——绝望感。绝望感是指患者对他所处的生活、人和事物都提不起精神来,对任何事物都抱着一种灰心的心态,感觉自己看不到希望,遇到事情无人能帮,生活像是在对他进行折磨。这是一种心理疾病,严重时可导致患者一时想不通而自尽。服刑人员群体在入监初期或即将出监阶段,绝望感会频频出现或持续存在。帮绝望者找到活下去、积极改造的希望,是监狱民警积极引导的重要节点。

一、厘清绝望的真正原因

让服刑人员产生绝望感的原因是多方面的,在个体之间也有很强的差异。例如,服刑人员邓某,从小由爷爷奶奶抚养。与父母关系不睦。最近奶奶生病住院,爷爷年岁大了,还要到医院照顾老伴。邓某近些天想到自己漫长的刑期和生病住院的奶奶,惆怅和绝望感相继出现。初步看来,家庭中的生活事件是服刑人员邓某绝望的原因,但经过细致工作和民警发现,真正令邓某担忧并产生绝望感的是刑满出狱后的前途。

案例 2.11.1　对出狱生活的绝望感

民警:"邓某,奶奶的身体怎么样了?"

邓某:"还是无法下地走路。"

民警:"我知道这段日子你过得很不平静。"

邓某:"我现在什么都没有了,出去的时候都 45 岁了,要什么没什么,唉……"

民警:"看来你做了最坏的打算。"

邓某:"我有时候会想,哪天爷爷奶奶管不了我了,我怎么办呢?"

民警:"他们年纪越来越大了,你想的是个现实问题。"

邓某:"我爸妈从来都不管我。"

民警:"你觉得这个经历在告诉你什么?"

邓某:“告诉我,我很可怜,能受就受着。”

民警:“如果说这段经历恰好是为了帮助你成长,你怎么看?”

邓某:“我够倒霉了,您别拿我开心了。”

民警:“什么让你觉得倒霉?”

邓某:“自己被判刑了,奶奶住院了,我什么都没有了。”

民警:“这段日子你开始思考自己的人生了!”

邓某:“以前每天就是瞎玩,打电脑,也不用想什么。”

民警:“当你心里特别难受的时候,你会想些什么?”

邓某:“每当我一想自己这辈子来世上一趟干什么,心里就挺翻腾的。”

民警:“说说你的想法。”

邓某:“有的人有钱,有的人有地位,我可倒好,这么大人了,还要靠爷爷奶奶养活,那天看电视里说孝顺,我想了想,自己好像从来都没有报答过爷爷奶奶,难怪我爸妈不要我、不管我,真是挺没劲的。”

民警:“听起来你对自己前面的人生做了一个总结。咱们一起试试换个角度看看你遇到的问题,好不好?”

邓某:“我什么都没有,将来就是出去了,又能怎么样?”

民警:“你的经历一定告诉了你一些东西,那是什么呢?”

邓某:“这段时间我一直想我怎么就什么都没有了呢?最后想明白了结果,前二十多年的日子我都白过了。”

民警:“也许咱们应该从中看到一些对你来说是好的东西。”

邓某:“我特别想奶奶、想爷爷,真后悔没有好好孝敬过他们,唉……也不知道以后还有没有机会报答他们。”

民警:“你开始想报答爷爷奶奶了。”

邓某:“这辈子不一定有机会了。”

民警:“怎么说?”

邓某:“我在里面只能给他们添麻烦,还得他们养着我,就算我出去的时候他们都挺健康的,我也没有能力挣钱养活他们啊!”

民警:“如果你是爷爷奶奶,你觉得他们最想要的报答是什么?”

邓某:“我也想做,但我做不到!”

民警:“说说你想做什么?”

邓某:“我想给爷爷奶奶尽孝。”

民警:“爷爷奶奶如果知道你想给他们尽孝心了,他们一定会特别高兴,不是高兴你要为他们做什么,而是高兴你真正长大了!”

邓某:“以前的确没有这么想过。”

民警:“其实你现在就能做些什么,关键看你是不是愿意再继续想下去!”

邓某:“我是得好好想想了。”

谈话到此可以告一段落。思想矫治工作往往需要分步完成。本次谈话的目标是引导邓某从迷茫、绝望中思考希望,并留下谈话后需要思考的具体内容,“怎么做能让爷爷奶奶感觉到自己长大了?怎么做可以让爷爷奶奶放心?”后面的谈话将循着这样的思路,让服刑人员发现生活中的自己身上有价值的东西,并最终引导到行为改变上。

二、克服绝望的一般策略

面对坠入绝望、人生低谷的服刑人员,民警可以从两个方面对他们进行引导与训练。

(一)持续创造各种可能性

陷入了绝望的境地先别慌,别呆板地死磕一条路,而是试着去跳出现状,用各种各样的方法多去尝试一下,尽早走出绝望。

服刑人员入监服刑后,对长刑犯而言,最初很容易陷入一种绝望、不知所措、过度悲观的心境中,如果引导不当,破罐破摔、企图脱逃、试图自杀等问题行为甚至犯罪行为都有可能发生。因此,首先引导他们在看似遥遥无期的生活中走出“死循环”,有效的方法是引导服刑人员运用发散思维,使用头脑风暴的方式,鼓励大家讨论如何让服刑生活过得更有意义。案例 2.11.2 可以用来启发服刑人员,如何用发散思维去解决生活中遇到的难题、跨过人生的绝境。

案例 2.11.2　渔夫的工具

河边,两个在钓鱼的人,其中一人在专心用鱼竿钓鱼,另一人除了用鱼竿,还用渔网。只用鱼竿的人,钓了一天,钓到了三条鱼,个头还都不大。但有渔网的人,钓了一天,钓了几十条。如果两个人钓鱼仅仅是为了体验垂钓的安静意境,那么只用鱼竿,可能就获得了精神上的满足;但如果是为了捕到更多的鱼,那么竿和网都有的人收获往往会更大些。如果既想多收获鱼,又限定自己用鱼竿钓鱼，那就进入了一个绝望的死循环。

事实上，帮助服刑人员走出绝望心境，完全可以通过带领他们重新审视自己的人生到底追求什么、如何能够把理想和现实结合起来、对人生工具箱中可用的工具作认真选择、把拥有的工具的功能重新定位，“死循环”就容易被突破，生活就会出现新的转机。

案例 2.11.3 一位职务犯从绝望到创作的蜕变

服刑人员秦某，被捕前身份是某部的司局级干部。由于贪污受贿被判有期徒刑 18 年。面对漫长的刑期、身份的落差，秦某一度郁闷至极，并产生了自杀的念头。民警发现秦某有自杀的念头后，积极引导其从多个角度思考：如何利用这十几年的时间，做更有意义的事情？服刑期间，有大把的闲暇时间，也不用再迎来送往，何不把当年的梦想看看能不能在狱内完成？经过这一番引导，秦某想到了自己的语言优势和技术优势，于是申请从事著作翻译、从事发明创造。经过监狱领导讨论、审查，同意了秦某的请求。在刑期过半时，秦某的译著、发明的专利都已变成现实。第一部译著问世极大地鼓励了秦某自己，也为其他长刑犯走出绝境、克服绝望情绪树立了榜样。

（二）维持精力充沛

精力充沛是改善情绪的重要途径之一。石油大王洛克菲勒的座右铭是：人要保持精力充沛，无论遇到了怎样的困难。事实上，绝望犹如一块石头，而你的精神则是一块玻璃，绝望一来，玻璃就碎掉，精神也随之崩溃了。许多监狱鼓励服刑人员在床头悬挂自己的座右铭，用以时刻提醒和激励自己。对于熟悉洛克菲勒的服刑人员，不妨采用这段座右铭来自我鼓励，以克服绝望情绪。“事情并没有想象的那样糟糕。”

（三）真诚悔罪，唤起改造激情

罪重刑长的服刑人员，常常为漫长的刑期而绝望。克服这种绝望的最好的办法就是引导他们真诚认罪悔罪，通过痛定思痛、反躬自省，从迷茫中苏醒。如何报答社会？如何向被害人及家属真诚忏悔？用积极的改造回答这些问题，不仅能帮助服刑人员彻底克服绝望，还能帮他们重新开启有意义的人生。

三、用社会支持克服绝望感

绝望感的产生与社会支持匮乏有关。对“三无服刑人员”[①]给予适度的社会支持,能有效消除他们的绝望感。社会支持是指一定社会网络运用一定的物质和精神手段对社会弱势群体进行无偿帮助的行为的总和。一般是指来自个人之外的各种支持的总称,是与弱势群体的存在相伴随的社会行为。就目前的研究来看,我们可以按照支持主体将社会支持分为四类:由政府和正式组织(非政府组织)主导的正式支持;以社区为主导的“准正式支持”;由个人网络提供的社会支持;由社会工作专业人士和组织提供的专业技术性支持。这四类支持互有交叉,但在更多层面相互补充,已经初步形成了政府主导、多元并举的社会支持系统框架。科恩和麦凯(1984 年)指出,社会支持是指保护人们免受压力事件不良影响的有益人际交往。[②] 它作为个体对其人际关系密切程度及质量的一种认知评价,是人们适应各种人际环境的重要影响因素。卡伦(1994 年)认为社会支持是个体从社区、社会网络或从亲戚朋友获得的物质或精神帮助。这几位学者的观点均认为,社会支持是个体经历被爱、有价值感和他人所需要的一种信息,是一种在社会环境中促进人类发展的力量或因素。[③] 服刑人员中社会支持匮乏者不在少数,如何确保他们的情绪稳定、安心服刑,是监狱民警关注的问题之一。

案例 2.11.4 社会支持匮乏者情绪引导案例

入狱服刑人员的狱外社会支持系统中,家庭的支持对他们的情绪影响很大。

监狱民警常某发现外省籍短刑罪犯,很难得到每个月一次的家属会见。他们眼巴巴地看着别人收到家里的大包小包的东西,感到自己完全像是一个失去了亲人的家庭弃儿。他们感到凄然,终日唉声叹气。

---

① “三无服刑人员”是指无生活来源、无劳动能力、无法定抚养义务人或法定抚养义务人丧失劳动能力而无力抚养的服刑人员。

② Cohen, S., & Mckay, G. (1984), *Social support, stress, and the buffering hypothesis: A theoretical analysis.* In A. Baum, S. E Taylor, & J. E. Springer (Eds.), Handbook of Psychology and Health, 4, p. 253 - 267.

③ Cullen, & Francis, T. (1994), *Social support as an organizing concept for criminology: presidential address to the academy of criminal justice sciences*, Justice Quarterly, 11(4), p. 527 - 559.

常警官经过长时间的思考,得出了一个结论:“被长期冷落的心灵,最需要感情的慰藉,给他温度,他就复苏。”在社会支持理论的指导下,常警官开始尝试他独创的“模拟探视”感化法。

常警官经过细心观察,筛选出了长期没有家属探视的罪犯。在每一个接待日之前,他买来许多生活用品:毛巾、香皂和书籍,然后分成若干份。到了家属探视日,常警官换上便服,像前来探视的犯人家属一样,探视一个又一个没有亲人探视的犯人。

他在“探视”一个叫温某的年轻罪犯前,让其他民警通知温某说“你哥哥来看你了”。

当这个犯人被带进大厅后才知道前来探视的不是自己的兄弟,而是与自己朝夕相处的监区指导员。此刻的常指导员脸上少了些许严肃,多了几分亲切。

常指导员进入了角色,温某也被感染地进入了角色,下面有这样一段真实的对话:

温某:“指导员,您怎么来了?”

常警官:“什么指导员,我现在是你哥哥,你的亲人。”

温某的眼睛立刻湿润了,一句话拉近了双方的距离。

常警官:“兄弟,你在这儿蹲大狱受罪吗?挺得住吗?”

温某:“您这可说错了,我们蹲的可不是旧社会的深牢大狱,我们这儿是现代化文明监狱。”

常警官:“你们能吃饱肚子,能穿暖衣服吗?”

这种亲人式的口吻,问着亲人们最关心的问题,深深地打动了犯人,真的应验了常警官的那句话:“被长期冷落的心灵,最需要感情的慰藉,给他温度,他就复苏!”

温某的眼泪夺眶而出:“大哥放心吧,我们吃的比家里好,有肉有蔬菜,不缺营养啊。”

常警官:“你在这儿已经两年了,有点收获吗?”

温某:“收获可不小呀,可以说是大丰收了。”他津津乐道地说起来:“政府号召我们学习法治,教给我们‘换位思考’,让我们站在受害者的角度去审视自己的犯罪。我认识到自己的犯罪太可恶了,太害人了,我真是对不起受害者,对不起国家啊!”

常警官："兄弟，犯罪是违法的，但是你还年轻，完全有时间和机会弥补，只要你好好学习，听政府的话，你的前途肯定是美好的。"

温某："您只管放心，您把家里的事操管好，我在这一定好好改造。"（温某真的把指导员当成了自己的大哥。）

常警官："你有什么话往家里带？"

温某："告诉咱妈别总惦记我，她有老寒腿，让她多晒晒太阳，告诉我的那个她，让她再等我两年，不，是最多一年零九个月……"

会见结束了，犯人被送回监舍。临别前，指导员又大喊一声："兄弟，记住我的话！"这亲切而温情的声音，对一个身处此境的犯人来说意义非凡。它将是这名犯人终生铭记的一串最亲切、最强烈的"音符"。

第十二节 拒绝认罪者的共情训练

服刑人员中的抗拒改造，从大的方面可以分为两大类：不认罪和不服管。本节讨论拒不认罪服刑人员的情绪管理问题。不认罪服刑人员可以分为三类：(1)确实属于冤假错案类（比例极小）；(2)为宽恕自己的内心而把罪错归咎于对方；(3)由于法律知识匮乏而不知罪，反而怨恨执法机关工作人员、被害人、举报人、证人。其中，第二类与第三类可以通过共情训练、唤醒服刑人员的恻隐之心，促其认罪、悔罪、积极改造。

一、共情能力训练原理

心理学中的共情概念，又称同理心、同感、投情等。共情能力指的是能设身处地地体验他人处境，从而达到感受和理解他人情感的能力。这是由美国人本主义创始人之一罗杰斯所阐述的概念，也越来越多地出现在精神分析学者的著作中。

西方学者提出的"共情"概念，与我国战国时期的思想家孟子阐述的恻隐之心的概念极为相似。恻隐之心是指人有意识地进行换位思考来理解别人的思想和感受的过程。孟子认为："恻隐之心，人皆有之。"孟子不仅相信"人性之善也，犹水之就下也。人无有不善，水无有不下"，而且还相信"人皆可以为尧舜"。

在中国人的交往中，注重人情事理、将心比心和推己及人，从而培养出善于设身处地考虑他人感受，同时尽可能以和为贵的民族基因。

（一）具备共情特质的人具备的特征

人是社会性的群居动物，共情是人类进化出来的可以促进亲社会行为和道德推理的基本能力和人格特质。具备共情特质的人，能够因他人的高兴而高兴，因他人的痛苦而痛苦；能够促进利他与合作行为；更容易向身处困境的人伸出援手；也往往拥有成功而满意的人际关系与生活幸福感。

临床视察表明，自恋型人格障碍患者及被动攻击型人格障碍患者都表现出共情的水平偏低甚至缺乏，而反社会型人格障碍、边缘性人格障碍和自闭症三类患者都有共情的功能障碍。

共情过程与共怀能力习得一般包括设身处地、感同身受、将心比心、推己及人和换位思考等。另有研究表明，共情能力是可得的。虽然共情具有可遗传性，但个体的成长经历、父母教养方式、社会文化等环境因素也对共情有重要影响。此外，共情还受基因与文化之间交互作用的影响。值得庆幸的是，共情是可以通过有效的训练而加以提高的。有实验研究证实，仅仅一天的与共情有关的“爱心训练”就增加了积极的情感体验，这个以亲社会的感觉和动机为训练目标的过程，在神经网络中引发了变化，明显增加了与共情有关的核心脑区的活动。

（二）提升共情能力的价值

有研究人员在进行社交焦虑与恐怖症患者的集体治疗中发现，一旦培养出来访者的共情，那么就能够产生积极的效果。研究者还发现，当来访者提高了共情水平，不仅有助于降低其社交焦虑与恐怖，而且能提高他们与人交往的动机和能力。

在服刑人员群体中，亲子关系紧张、婚恋关系危机等各类关系问题比较常见，民警和专业心理治疗师一起，对服刑人员开展多种团体辅导训练方法，通过有意识地培养他们的换位思考能力，会大大缓解其心理症状并改善其人际关系。共情也可以通过自我教育而提升，最主要的方法就是练习换位思考，学习从他人的角度看问题，将心比心。

（三）共情训练的依据

共情有三个要素：一是确实地倾听他人；二是不只是听对方说的话，还包括理解他话中的感受；三是必要的应答反应，而反应的方式是令对方知道有人确实听到他所说的话，并真正与他产生共鸣。

卡科夫提出的共情训练的五个层次，可以作为服刑人员共情训练的效果评价依据。这五个层次从低到高依次是：(1)毫无共情反应，即完全忽视当事人的感受和行为；(2)片面而不准确的共情反应，即理解当事人的经验及行为而完全忽略其感受；(3)基本的共情反应，理解当事人的经验、行为及感受，但忽略其感受程度；(4)较高的共情反应，理解当事人的经验、行为及感受，并把握其隐藏于内心的感受和意义；(5)最准确的共情，即准确把握当事人言语传达的表层含义，亦把握其隐藏的深层含义及其程度。

共情能力的训练流程，如图 2.12.1 所示，共包括八个环节。在对服刑人员训练前，可以通过民警的日常观察，选择共情能力和共情意识比较差的人员开展这项专题训练。

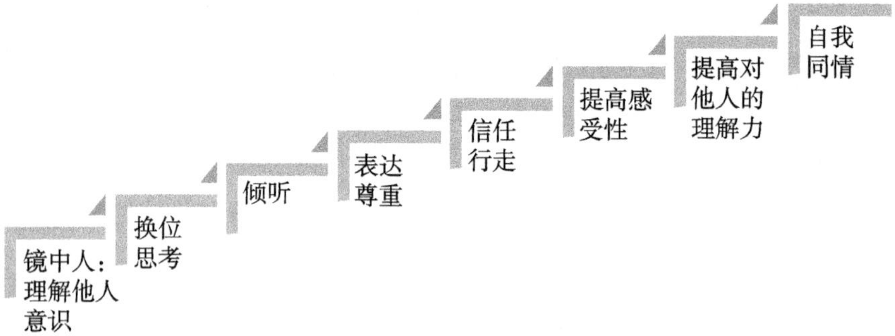

图 2.12.1 共情能力训练流程图

二、共情能力训练基本流程

（一）镜中人游戏

该活动的目的是提升服刑人员对他人行为的理解能力，树立理解他人的意识。

操作步骤：

(1)两人为一组，其中一个人自由做动作，另一个人模仿，然后互换。游戏过程中不能说话，只能用心体会对方用意。(2)表演结束后互相交流，看看自己对他人的理解是否准确。

（二）学会换位思考

《麦肯锡新人逻辑思考9堂课》中介绍的换位思考有三个要求：

（1）将换位思考当成一种习惯。（2）在换位之前先换思想。（3）合理掌握换位思考的度。

操作步骤：

（1）设立需要换位思考的情境事件，如遇到人际冲突的当事人双方重述当时的争执事件。

（2）找到六把椅子，代表找寻看待问题的六个视角以此去思考问题，直到解决自己的困扰为止。[①] 为每把椅子贴上视角标签。

主观视角。自己的视角，了解自己内心深处最真实的想法和感受。

客观视角。第三人视角，其他人客观角度如何看待这个问题。

相关视角。事件相关人视角，因为和事情相关联，可以考虑更全面。

发展视角。如果有个摄像头记录这个事件前因后果，如何发现起因，如何找到解决问题的方向。

积极视角。如果是自己所钦佩的榜样或导师面对这个事情，应当如何解决问题，推动发展。

结果导向视角。带着“问题已经解决”的心态去思考当下，脱离情绪困扰后看这个事件的发展，会更加客观平和地应对。

（3）当事人双方分别用不同视角思考后，做交流，重新认识所争执的问题，重新审视自己当时的态度。服刑人员也可以对自己的案由进行六个视角分析，对被害人进行换位思考，在认罪悔罪方面提升认知水平。

操作步骤：参与活动的服刑人员围绕民警提出的相关问题进行讨论和收获分享。

（三）善于倾听

训练服刑人员的倾听习惯对帮助他们理解他人具有很重要的意义。大多数服刑人员在听到某些言语后往往做快速反应，来不及仔细听、听完对方的意思表达，这也是引起冲突的常见原因之一。倾听则指听的一方能全身心地聆听对方的表达。倾听不仅指听取其口语表达的内容，还包括观察非语言的行为，

---

① 贾杰：《活得明白》，北京大学出版社2015年版，第2页。

如动作、表情、声音语音语调(音量的大小、语音的高低、音速的快慢、是否口吃等)。

不仅如此还需要有适当的反应,表示听了并且听懂了。善于倾听是一种能力,需要从以下几方面做起。

要认真倾听。在倾听后要适时做出如点头、附和等回馈性的小动作,以表明你在认真倾听。

能动理解,听取关键词。倾听过程中,要对谈话内容迅速而有重点地理解,找出谈话中的关键词。关键词往往会被对方一再强调,这些字眼通常包含某些信息,也反映出对方的心理情绪,应用心记取。

适当地提问。这可以使对方更有兴致地谈下去,从而快速缩短双方之间的心理距离。在提出问题时,一定要围绕对方所说的话进行,表示你很感兴趣,或者有新的想法。适时恰当地提问,有助于让谈话有条不紊地深入进行。

不要随意纠正对方的错误。如果对方说错了什么,或者你与之持完全相反的观点,须待对方说完后再谈自己的看法。如果对方说起来没完而你又毫无兴趣,此时,应技巧性地中止,巧妙地引导对方转换到你感兴趣的话题上。

及时准确地反馈。如果有的地方你没有听清,或者对方的意思不太确定,就应及时向其反映,争取将之弄清。切莫仅凭主观好恶去理解,以免产生不必要的误解。

训练倾听操作步骤:

(1)会倾听的要求:全神贯注,不打断对方讲话,不进行价值判断,努力体验对方的感受,及时给予语言和非语言反馈。(2)练习:角色扮演,要求服刑人员两个人一组,互相交替扮演倾听者和倾诉者。之后进行感受和收获分享。

(四)表达尊重

尊重,作为一个心理学的概念,是指咨询师在价值观念、尊严、人格等方面与求助者平等,把求助者作为有思想感情、内心体验、生活追求和独特性与自主性的活生生的人去对待。训练服刑人员学会正确表达尊重,可以围绕下列内容展开训练:(1)尊重对方的个性及能力而不是凭自己的感情用事。(2)接纳对方的信念和所作出的选择或决定,而不是评论或试图替其作决定。(3)善意理解对方的观点及行为,而不是简单采取排斥的态度。(4)以尊重并且恭敬的态度表达自己与对方不同的观点。不作价值判断,尊重对方的选择。

训练的操作步骤:(1)用一句完整的话,对一个你不同意其观点的人,以尊重的态度表达出自己的不同见解。(2)面对一个你不喜欢的人,设身处地地为他的某个行为找出五个以上的理由。

(五)信任行走

信任行走活动是指一名队员扮演导盲员,其他成员扮演盲人,一组盲人在导盲员的引导下,通过设定好的路线完成行走任务。

操作步骤:

(1)布置任务。每组成员(8 人一组)排成一列,选一名成员扮演导盲员走在队伍的最前面,负责带队并通过指令的变化,把路况信息传递给后面的队员。后面的队员全部扮演盲人,并手拉手前行,而且通过同样的手势变化向后面传递路况信息。

(2)察看地形后,各组成员谈论如何分配角色及传递信息的方法。

(3)将一组队员带到起点,蒙眼,原地转三圈。

(4)教员下达行走指令,并开始计时。走完全程后,计时结束。

(5)速度快的一组赢。全体队员鼓掌祝贺。

(6)各组按照上述步骤依次行走。

(六)提高服刑人员的感受性

所谓感受性,是指对他人的情绪变化的觉察和理解能力。提高服刑人员感受性的能力,其目的旨在帮助服刑人员摆脱以自我为中心的倾向,懂得留意身边他人的情绪情感变化。

操作步骤:

(1)要求服刑人员观察同一班组里善于与人交往的其他服刑人员,写出他们交往的特点。

(2)角色扮演练习:由服刑人员 A 说出一件最近遇到的重大事件,由服刑人员 B 对服刑人员 A 进行描述和评价。由服刑人员 A 对服刑人员 B 的描述和评价做出反应。之后互换角色,进行相同轮次的练习。双方交流练习过程中的感受。

(3)依据步骤(2)的方法,双方对情绪词语做替换练习。可以由一位服刑人员模拟烦恼、焦急情绪,另一位服刑人员观察、理解;之后互换角色进行练习。双方交流练习过程中的感受。

(4)带领服刑人员欣赏文学作品,体验作品中不同人物的情绪。

(5)带领服刑人员通过配对的角色扮演,体会对方的需要。使用“如果你需要帮助,你会有哪些言语和动作”句式诱导双方进行练习和体验。

服刑人员的感受性训练效果评价可以设置几个问题,由服刑人员进行自我评价,也可以请服刑人员之间(如同一监舍的服刑人员之间)进行匿名他评,还可以请每位服刑人员的主管民警进行评价。

(七)提高服刑人员对他人的理解力

对他人的理解力是指对某个事物或事情的认识、认知、转变过程的能力。

训练理解力提升的操作步骤:

(1)通过倾听提升理解力。角色扮演:由服刑人员 A 说一句话,服刑人员 B 重复或回答。双方交流并谈感受。倾听必须具备一定的形式。练习:两人一组,背靠背说自己最近遇到的高兴事,谈感受。打断对方是不礼貌的。通过提问了解对方的思想。提问是好的交流者的基本能力。提问使对方清楚地知道你真心想了解的方面是什么。

(2)通过恰当提问提升理解的准确性。常用于确认对方表达含义的提问句式:

“你的意思是……”

“你想说的是……”

“你看我这样理解……对不对?”

要求服刑人员进行对话练习。

(3)通过价值中立增进理解力。价值中立就是在交流过程中不做价值判断。一般的交流很少涉及原则问题,价值判断并不能改变别人的观点。用下列句式可以以尊重的态度表达你的不同观点:

“我理解你的意思,但在这个问题上我与你的看法不一样。你说的有你的道理,但我的看法是……”

(4)通过观察说话者的非言语信息,增加对他人的理解。

(5)用换位思考去提高对他人的理解力。

(6)学会表达共情提升理解力。练习:服刑人员 A 说一件快乐的事情。服刑人员 B 来说你现在的感觉。请其他服刑人员对两位对话服刑人员的回应进行准确性评价。

服刑人员练习表达对意图和情感的尊重的句式:“我理解你的感受,我知道这对你很重要。”

“我能理解这种心情,我知道处理这种事有多难。”

服刑人员练习表达关心句式:“我能为你做什么?”

作业练习一:为一个你不喜欢的人找10个优点,为他找10个理由。

作业练习二:重新评价一个曾经困扰你的人文环境。

(八)自我同情训练

自我同情训练是自我关爱,我们需要正视成功,承认自己不完美的成长背景,偶尔相信运气……不要对自己太严厉,要给自己放松的空间。

操作步骤:

(1)将身体自然放松。回忆那些和真正爱你的人在一起的时刻,回想受到关爱的感觉会激活你的依附感,引起你的同情心。

(2)回想一下那些让你自然而然给予同情的人,如小孩、遭受苦难的人或者你爱的人。这种同情的情感流可以唤醒人的神经基础,为自我同情做神经预热。

(3)慢慢地,把同样的同情心延伸到你自己身上:正视自己的痛苦,把对他人的关心和良好的期许延伸到自己身上;感受同情心慢慢地渗入心灵深处,如同温柔的雨滴浸润一切。

(4)把手贴在你的脸颊上,或心口处,如同呵护一个受伤的孩子一样,带着轻柔和温暖,呵护自己。请记住:和某种情感相关的动作会加强这种情感。

(5)在意识深处对自己轻语:“再次快乐起来吧”,或者轻轻说:“让这些痛苦的时刻赶快过去吧。”

(6)敞开心扉,接受同情心,将这份美好的感觉植入你大脑的深处。至于它是从哪里来的并不那么要紧。不论这份同情是来自你自己,还是其他什么人,都去尽量享受吧,让自己沉浸在这份感觉带来的抚慰和关爱中。①

① 参见[美]里克·汉森、[美]理查德·蒙迪思:《冥想5分钟等于熟睡一小时》,姜勇译,上海文艺出版集团有限公司2011年版。

第十三节 心理危机识别与管理

心理危机是指个体面临突然或重大生活逆境(如亲人死亡、婚姻破裂或天灾人祸)时,既不能回避,又不能用通常解决问题的方法来解决出现的心理失衡状态。[①] 换句话说,它是指个体运用通常应对应激的方式或机制仍不能处理目前所遇外界和内部应激时所出现的反应。

一、心理危机识别

确定心理危机,需要满足以下三个标准:第一,个体遇到了具有重要意义、产生较大心理影响的负性事件;第二,引起急性情绪扰乱或认识、躯体和行为等方面的急剧改变;第三,当事人或病人用平常解决问题的手段暂时不能有效应对。

一般来说,危机有危险和机遇含义。如果事件严重威胁到一个人的生活或其家庭,往往会导致当事人产生自杀或精神崩溃的可能,那么这种危机就是危险;如果当事人在危机阶段得到适当的、有效的治疗性干预或有效帮助后,防止了危机的进一步发展,并在经历事件过程中学会了新的应对技巧,使心理恢复平衡甚至超过危机前的功能水平,这就是一种机遇、成长或转折点。

情绪危机是心理危机的一个指向标。卡普兰阐述的情绪危机模型[②]为识别服刑人员的心理危机提供了重要参考依据。卡普兰认为,个体与环境之间在一般情况下处于一种动态平衡状态,当面临生活逆境或不能应对要解决的问题时,往往会产生紧张、焦虑、抑郁和悲观失望等急性情绪扰乱问题,进入一种危机状态,个体与环境之间的动态平衡可能会被打破。个体能否维持这种动态平衡,与个体对逆境或应激事件的认知水平、环境或社会支持、应对技巧这三方面关系密切。不同阶段有不同的表现:

第一阶段,创伤性应激事件使当事人焦虑水平上升,并影响到日常生活。

---

① 张理义、耿德勤:《临床心理学》(第5版),河南科学技术出版社2018年版。第421-423页。

② Caplan, G. (1964), *The structure and dynamics of organizations and croups*, Psychosomatic Medicine, 26.

第二阶段，常用的应对机制不能解决目前所存在的问题，创伤性应激反应持续存在，生理和心理紧张表现加重并恶化，当事人的社会适应功能明显受损或减退。

第三阶段，当事者情绪、行为和精神症状进一步加重，促使其尽最大可能应对，力图减轻心理危机和情绪困扰，其中也包括争取社会支持和寻求危机干预等。

第四阶段，处于活动的危机状态，即当事人由于缺乏社会支持，运用不恰当的心理防御机制等，使问题长期悬而未决，当事人可能出现明显的人格改变、行为退缩、自杀或精神失常。

根据上述四阶段模型，对识别与判断服刑人员当时所处的危机状态有重要帮助，为危机干预提供了前提和依据。

二、心理危机水平评估

心理危机水平评估，主要围绕两方面作出判断：第一，危机者是否存在危险，即自杀、他杀、自伤、冲动性攻击的可能性；第二，危机者是否丧失原有的社会角色能力，是否与周围环境疏远、隔离或离开所处的自然环境。

临床评估则从情绪、认知、行为和躯体症状四个方面作判断：(1)情绪变化，包括当事人是否出现紧张、焦虑、抑郁、悲伤、恐惧、愤怒、敌对、烦躁、失望、无助感等，并判断其变化程度。(2)认知改变，包括当事人注意力是否过分集中在对悲伤事件的反应中、记忆范围是否缩小或变窄、记忆是否减退、注意力是否涣散等。(3)行为改变，包括当事人是否呈现痛苦悲伤的表情、哭泣或独居一隅、兴趣减退、社交减少或社交技能丧失、郁郁寡欢、拒绝接受他人帮助、冲动易怒等。(4)躯体症状，包括是否出现失眠、多梦、早醒、食欲不振、饭量减少、心悸、头痛、全身不适等。

三、服刑人员心理危机干预

服刑人员的心理危机，一般是从情绪危机开始，最后发展到行为危机。有心理危机的服刑人员，其行为表现主要包括自杀、自伤自残、吞食异物等。处于心理危机中的服刑人员，对他们实施干预的方案，首先是遏制危机行为、控制现场，之后是进行系统的认知疏导与情绪情感慰藉等干预。

服刑人员的心理危机出现，有一些独特的特点。监狱民警熟悉这些特点，有助于在日常摸排中发现端倪、预警、预防。发生自伤自残的违纪服刑人员，一般在认知功能方面，采用非此即彼、以偏概全的思维模式来分析处理问题，思想偏激、易走极端，看不到解决问题的多种途径，在挫折和困难面前，难以对自身和周围环境作出客观评价；在情绪方面，通常有各种慢性的痛苦、焦虑、抑郁、愤怒、厌倦、内疚等特征，表现为不稳定、外向的神经质倾向，常以冲动性的行为，不分场合地发泄自己的情绪。此时，如果不能及时得到心理疏导，就容易发生自伤自残行为。从外在刺激看，服刑人员对民警的管理不满，如对罪犯劳动考核中的记分、扣分认为不公平、对服刑人员之间的矛盾认为民警有偏袒现象、对服刑人员的一些合理需求没有及时得到满足、批评教育不当激化矛盾，这些外在刺激，经过服刑人员有偏差的认知功能的折射，不满、报复情绪就会助推服刑人员的冲动行为，自杀、自伤自残行为发生的可能性进一步增大。另外，对那些“重权利、轻义务”的服刑人员，在争取不合法、不恰当需求失败后，发泄不满或作为要挟警方的一种手段，也可能会发生自伤自残行为。①

（一）自伤自残、自杀预警机制

首先，建立多元化的信息收集网络，确保自伤自残、自杀、吞食异物类突发事件预警信息收集的真实、准确、全面、有效。建立预警信息日收集汇报制度，将有自伤、自残、自杀等倾向的服刑人员纳入视线，做到“敌动先知”，及时发现苗头问题。信息摸排需要依托三种网络：以分监区民警为主的警察信息收集网络；以包夹员、耳目为主的服刑人员信息收集网络；以监控、监听为主的科技信息收集网络。

其次，建立起完善的狱情分析制度。重点分析被惩教服刑人员违纪的倾向性问题和违纪规律特点，突出对服刑人员个体情况（尤其是情绪波动较大的服刑人员）的摸底排查，及时排查监管漏洞、服刑人员可能面临的矛盾，及时采取有效措施，化解矛盾，排除隐患。

最后，建立起分级别的预警信息处置系统。对前述分析结果实行三级预警标注，并分别采取相应的处置对策。绿色预警（正常状态）；黄色预警（注意状态，指被惩教服刑人员存在异常行为等潜在的隐患）；红色预警（紧急状态，指突发事件一触即发）。

---

① 参见程辉建、王畅、陈伟等编：《清河教育改造模式之惩教服刑人员改造》，法律出版社2015年版，第47页。

（二）自杀、自伤自残、吞食异物预防机制

建立服刑人员的自杀、自伤自残、吞食异物等突发事件预防机制，防患于未然。预防机制包括：

（1）对服刑人员过往经历的细致查阅，指在接收被惩教服刑人员时，民警会认真详细地查阅服刑人员的副档，对那些因有过自杀企图、自伤自残经历、吞食异物而被惩处或者有过吞食异物违纪记录的服刑人员予以重点关注。

（2）在安排监舍时，监区会将上述人员安排在硬件配置相对完善、无异物存在可能的监舍。同时，在监舍内安排包夹员对上述三类服刑人员进行严格监督，安排相对可靠的被惩教服刑人员对其进行包夹，安排监控室民警和通道巡视民警对其进行重点监视，特别要注意其手部细节和脸部异样表情。每次组织过集体活动后（如集体教育、剃发剪指甲、洗澡），对其进行重点搜身，防止其藏匿异物、藏匿用于自杀和自伤自残的工具。在训练场组织活动时，要提前“走场子”，仔细清除一切有危险的异物，同时加强对其监督防控。

（三）自杀、自伤自残、吞食异物的危机处置机制

吞食异物的危机处置机制吞食异物事件的应急处理关键是要早发现、早处理，争取在服刑人员将异物完全吞下前予以有效制止。一旦发现被惩教服刑人员吞食异物，离其最近的包夹员应迅速予以制止控制，并立即向通道巡视民警发出警报。民警应在第一时间赶到现场，观察服刑人员吞食异物的状态，指挥包夹员进一步采取控制措施，如果异物还没有完全吞下去，力争马上取出；如果确实已经吞食了异物，则采取加戴手铐等一系列防护措施，防止二次违纪行为发生。同时，向包夹员及同监舍其他被惩教服刑人员，仔细询问其吞食异物的材质、大小、异物来源等细节。

监控室民警接到包夹员报警时，立即锁定监控画面，同时向值班民警汇报情况，并与医务所医生及时联系，使其提前做好救护准备。通道巡视民警控制现场后，监控室民警回放、提取录像，逐秒（逐帧）观察其吞食异物的全过程，并做好证据提取工作。带班领导向巡视民警和监控室民警了解情况后，请医务所医生对其进行体检。检查完成后，分监区遵照医生处理要求采取相关措施，争取在 24 小时内使服刑人员顺利排出异物；如果 24 小时内无法排出异物，申请送医院进行手术处理。

对于服刑人员吞食的异物，在取出或排出后必须照相取证、存档，上报监狱领

导。监区带班领导组织调查事实经过,采取相关措施,查清异物来源,追究相关责任人,同时,加强对被惩教服刑人员的包夹,严防发生二次违纪。

(四)自伤自杀事件的危机处置

对服刑人员的自伤自杀危机,民警力争做到摸清底数,排查隐患,加强包夹,严密监视,努力做到心中有数,早防严控。

一旦服刑人员发生自伤自杀事件,首先,通道巡视民警应迅速控制现场实施解救,并及时疏散监舍内其他服刑人员,做好现场保护和取证工作。带班领导赶到现场后,巡视民警应回到通道内指挥包夹员加强对其他有类似危险的服刑人员的包夹监督,确保分监区监管秩序稳定。监控室民警在接到报警后,要锁定画面、报告带班领导、联系监狱医院(医务所),同时做好录像回放、留证工作。带班领导应在控制现场后,详细了解事情经过,及时向监狱狱政科报告,监狱医院(医务所)的医生赶到后,民警要配合医生做好救护工作。

如果自伤自杀服刑人员没有受到严重伤害,应在体检后立刻对其进行隔离,并安排民警和包夹员进行严格控制。观察期结束后,转入教育转化阶段。

如果情况严重,带班领导应向监狱申请绿色通道,实施紧急抢救。

(五)服刑人员心理危机处置后的教育转化

对于不服从管理、抗拒劳动、顶撞民警、寻衅滋事或自杀自伤的服刑人员,不仅要看到他们表面的行为,更要注意探究表象背后其扭曲的人格、歪曲的思维方式、多年形成的恶习以及周围环境中的“阴风鬼火”等。

服刑人员的心理危机经过紧急处置后就进入了后期的心理矫治和教育转化阶段。这一阶段包括:心理辅导、个别谈话/评价/感化。

(六)行为训练/行为矫治

行为矫治是指通过行为训练,规范服刑人员的言行。行为训练阶段包括学习规章和考查学习效果(旨在讲明道理)。以惩教过程的严管阶段为例,第一个月为规范教育月,要求服刑人员背诵行为规范,矫正恶习。之后,把服刑人员熟记的应知应会内容落实在日常的坐、卧、立、行等环节中。其中的内容必须具体明确,既便于执行,又便于检查,从而有效保证行为训练的实际效果。依据心理学关于习惯养成的原理,成年人在建立新行为习惯的过程中需要克服很多困难,那些恶习深重的被惩教服刑人员建立良性行为就更加困难重重。为了确保新行为习惯得以建立,并最终成为稳固的行为模式,这种训练需要长期坚持、长期训练、检查与督促。经过严格检查、长期督促、检查服刑人员遵守规范的情况，是保障被惩教服刑人员良好行为习惯形成的最关键因素。只有做到处处有检查，时时有抽查，检查有密度、有力度，才能让被惩教服刑人员消除侥幸与松懈心理。

当然，行为训练中要注意尊重个体差异，把握训练规律。尊重服刑人员的个体差异，是指对被惩教服刑人员进行行为训练时，始终坚持实事求是原则，结合服刑人员的客观现实，寻找最恰当的训练方法，而不是搞"一刀切"，让所有的被惩教服刑人员做完全相同的训练。把握训练规律要注意以下三个方面：一是要注意训练频次与服刑人员的年龄、身体状况相适应，在强化队列动作训练方面，一般服刑人员每周四次；对于老、病、体弱的服刑人员，则每周安排两次训练；对那些因精神或身体原因而不能正常参加训练的被惩教人员，则由分监区安排民警对其进行专门的单独训练。二是要注意队列训练内容要循序渐进：例如，从开始时齐步走、跑步走两个科目，逐渐发展成涵盖了军姿、蹲姿、板凳操、齐步、正步、跑步、规范线行进、惩教口号、惩教歌曲、民警点评等十多个科目的训练体系。对于新送来的被严管服刑人员来说，在队列训练结束后要组织他们及时进行反省检查。三是对于那些因心脏病不能参加跑步训练的服刑人员，由民警负责安排其进行专项齐步走训练；对因大腿肌肉萎缩无法正常行走的服刑人员，则由民警负责安排其他服刑人员搀扶、沿着护栏等进行慢行训练。

行为养成的训练规律包括：(1)循序渐进规律。良好行为习惯的养成不可能一蹴而就。因此，要以实事求是的态度，在注重行为训练的同时，客观地对待行为训练的阶段性。在不同训练阶段，明确训练重点，由易到难，逐渐深入。例如，主动打招呼、问好、规范的坐姿，是比较容易形成的行为习惯；而在人际互动中的谦让、有效进行情绪的自我控制等，是比较难以形成的习惯。(2)行为养成训练与监狱三级管理相结合的规律。例如，在服刑人员的严管期，应侧重于那些容易建立的新行为，如队列训练、站姿、坐姿等；在普管期，依据服刑人员违纪的原因，针对其顽固性恶习，因人而异进行深入矫治；而进入宽管期后，更多依靠常规管理的要求和服刑人员的自觉。(3)行为训练过程实行量化管理，将服刑人员行为表现与被惩教期的训练表现统筹考核。积极发挥榜样的作用，通过奖励优秀个人激励其他人。例如，主管民警利用集中训话时间，介绍养成教育中涌现的先进典型、评选被惩教人员的先进典型，并适当增加他们的放风、洗澡次数等，调动被惩教人员遵规守纪的积极性。这对落后者产生了无形压力，结合相应的个别教育，引发其改变的动力。对训练中消极怠工、故意抵触的服刑人员，给予不同程度的批评、惩戒。在条件允许的单位，针对服刑人员的行为训练，每天训练结束后，民警及时做出点评，对当天综合评分前十名依次提出表扬，并要求全体服刑人员鼓掌表示祝贺和尊敬。之后，安排这十名服刑人员出列，每人发一份《新生报》，回监舍学习一小时。对当天综合评分后十名提出批评，要求这十名服刑人员到学习室反思一小时，写出自己的反思，并制订出第二天的整改计划，表明自己的整改态度。这种奖惩分明的做法在促进良性行为习惯养成方面能发挥立竿见影的作用。

（七）心理辅导与个别谈话

心理危机过后，有问题的服刑人员和与其关系紧密的服刑人员需要接受团体心理辅导，而有问题的服刑人员本身需要进行个别心理辅导。

心理危机过后的个别谈话，要注意区分谈话的方式。个别谈话可以分为了解式谈话、制服式谈话、疏导式谈话。

了解式谈话的目的在于针对那些拒不认错的服刑人员处于心理危机状态和心理危机过后，有心理危机的服刑人员及与其关系紧密的服刑人员可能都需要接受团体心理辅导，这要视情况而定。有心理危机的服刑人员本身往往需要进行个别心理辅导。究竟需要多长时间、需要哪些类型的心理辅导，需要参照本节相关内容制订相应的方案。

以自杀危机为例，对于危机者身边的服刑人员群体的心理辅导，可以使用“心理学尸检”进行辅导。“心理学尸检”是施耐德曼设计的一种心理危机的后干预技术，它的目的是在个体自杀后详细地剖析他/她的心理史。“心理学尸检”为研究者提供了进行自杀预防最有价值的一些数据。基于近40年的研究、治疗以及对被证实有自杀倾向的人进行的预防的工作经验，施耐德曼指出：自杀不是一种怪异的、不可理解的自毁行为，进一步说，想自杀的人使用了一种特殊的逻辑思维方式，他们总是认为死是他们唯一的解决问题的办法。这种思维方式容易被识别。如果危机干预工作者遇到，就能够采取措施阻止自杀。

制服式谈话的时机，应选取在掌握确凿证据的前提下，给予严词揭露，使其不得不低头认错、认罪。制服式谈话的特点是语言犀利、不留情面，步步紧逼。使用制服式谈话要注意以下几点：(1)必须掌握确凿证据再行动；(2)抓住服刑人员心理弱点，击中要害；(3)谈话中的语言及政策把握要准确，运用要灵活。

疏导式谈话的目的在于针对某些服刑人员的错误思想、不良心理、偏差行为进行的纠正、疏导和教育。疏导式谈话的特点是具有反复性。经历了心理危机的服刑人员的错误思想、心理和行为会出现明显的反复，此时需要对他们进行反复的教育和引导。民警在分析这些服刑人员的矫治情况时，一发现苗头性问题，就主动、及时地对其开展个别谈话，把思想工作做在前头，把问题消灭在萌芽状态，避免不良思想恶化成行为。疏导式谈话的注意事项如下：一是主动、及时发现这些服刑人员的思想问题；二是联系实际，因人、因事、因地、因时制宜，切忌操之过急；三是谈话态度要诚恳、有足够的耐心来进行引导谈话。

(八)个别评价

个别评价法是指根据服刑人员普遍存在好脸面、怕被人瞧不起等特点，通过对服刑人员个体改造表现，给予肯定或否定的评价，不断增强其积极表现、抑制其消极表现，最终促其弃恶扬善。

(1)表扬鼓励，是指对投机服刑人员确有悔改表现，或者取得某些成绩时，应及时鼓励，适用于原来落后，现在有所好转的投机类服刑人员。每当其在改造过程中取得进步或有突出表现时，惩教分监区就应对其闪光点给予肯定或表扬，使他们得到鼓励，提升其转化积极性。让他们在明确自身改造问题的同时，也能看到自身的优点，在希望中改造。

(2)劝告警戒，是指对改造表现不好的投机服刑人员个体，惩教分监区民警以直接提出批评的方式，给予警告或劝诫。目的在于否定和纠正其错误言行，表明民警的立场、观点和态度，维护正常的改造秩序。注意事项：一要实事求是分析其所犯错误及其原因，忌全面否定一个人；二要尊重其人格，注意时间、地点、用语；三要在警告劝诫过程中，避免一味地批评说教，要给予其申辩的机会。

(九)个别感化

个别感化法是指监狱民警在对服刑人员进行个别教育过程中，以真情实意去影响、感染服刑人员，促使其思想、行为向好的方面转化的一种方法。

尊重人格是个别感化的前提，要牢记："再坏的服刑人员也是人。"服刑人员可能因为种种原因，表现出品质恶劣、行为出格等特点，但民警不能因此带着偏见去管理和教育他们。服刑人员普遍敏感多疑，很在乎他人特别是民警对自己的态度。民警对其人格的尊重会增强服刑人员的认同感和向心力，激发其改造积极性。

个别感化法旨在为服刑人员解开心结。服刑人员在服刑期间，往往有许多想不开的问题萦绕心中，使其苦恼、难以解脱。民警及时摸清问题、弄清原因、多一些理解，化解其心中之积郁和疙瘩，将心中放不下的事情释怀。

个别感化法主要集中在关心服刑人员的切身利益，帮助其解决实际困难。个别感化的必要性体现在服刑人员在监狱中服刑，由于环境、条件、法律法规的限制，他们经常会面对一些无法解决的困难和问题。特别是投机类的服刑人员，其违纪行为背后往往有一些自己渴求解决的困难和问题。惩教分监区（严管队）及时联系相关部门，实实在在地为其解决实际困难，非常有助于调动服刑人员接受改造的主动性和积极性。

使用个别感化法需要注意，个别感化是在惩罚管制、严格管理的前提下进行的，不是“为感化而感化”，是以感化为手段，为服刑人员指明方向，促使其认真改造。

第三章　服刑人员人际问题解决训练

情绪，大多数情况下是在人与人之间的互动中产生和变化的，尤其在处理多种人际关系时更容易产生各种各样的情绪。每一位服刑人员，在面对身边发生的事件时所产生的认识不尽相同。“歪曲思维”常常导致极端化的情绪产生。矫正服刑人员常见的歪曲思维是相对持久改变心态的重要策略。服刑人员的常见歪曲思维包括“全或无/非黑即白”“以偏概全”“消极偏好的心理过滤”“正性贬值”“妄下论断”“夸大事情的负面效应”“缩小事情原本的实际价值”“误贴标签”“过度揽责”等。情绪管理的 ABC 理论提示我们，彻底转变歪曲的思维，方能增强正性的情绪体验。“让服刑人员心里亮堂起来”是指教会他们如何克服歪曲思维、建立全局观念、珍惜拥有、发现自身资源、塑造积极语言环境，完成多维视角的重建等。为此，编写了本章“服刑人员人际问题解决训练”，旨在帮助他们通过人际沟通、人际关系修复等训练，教会他们学会合作、学会沟通、学会维系良好的人际关系、学会在人际交往中保持适度情绪等。

第一节　一意孤行者的人际关系问题

一意孤行是指不接受别人的劝告，顽固地按照自己的主观想法去做。在服刑人员群体中具有一意孤行性格的人并不少见。他们/她们难以听得进旁人、亲人的劝说，对事情的判断比较主观片面。因为固执，所以很难博采众长、全面而灵活地思考问题和解决问题。在人际关系修复中，矫治一意孤行者的难度较大。民警尝试使用内观疗法，取得了一定的效果。

一、一意孤行带来亲子关系紧张

社会心理学研究表明，亲子关系紧张大多是因为沟通方式不当所导致的。

无论是父母还是孩子，如果任何一方是一意孤行的人，沟通起来往往困难重重，"听对方把话讲完"的倾听、"换位思考"的理解、"换个方式"的表达，这些沟通技巧在一意孤行者那里都是难以企及的期待。因此，言语不和、内心不满、不被理解的感受成为他们人际交往中的常态，由此而带来的发泄不满、攻击冲动就屡见不鲜。人际关系也因此屡遭破坏，在亲子关系中更为常见，因为他们只顾及了自身的感受：不满、抱怨、任意宣泄情绪、破坏性行为频发。

案例 3.1.1　一意孤行的李某某

罪犯李某某，男，1971 年生于北京，汉族，高中文化。该犯与同伙在某歌厅门厅处与张某（男，38 岁）发生口角后，将张某砍伤。张某失血性休克死亡，李某某因此被判处无期徒刑，于 2005 年开始在监狱服刑。

从出生到 6 岁，李某某在乡下由奶奶照看，上学前回到了父母身边。由于长期分离，亲子关系极度紧张，与父亲有动手打架的经历。李某某中学毕业后便外出打工，混迹于社会，始终觉得别人看不起自己，自卑感油然而生，随后结交了一些社会闲散人员。

李某某入监服刑后，情绪一直很低落，性格固执，爱钻牛角尖，做事情坚持自己的主意，听不进劝告。入监服刑后，李某某从不给家中写信，在日常生活中也从不提及家中的事情，更避讳谈论父母。民警通过谈话了解到，李某某与父母有很深的隔阂。李某某认为自己走到今天这步田地，责任全在父母。

李某某法律意识淡薄，有扭曲的价值观和仇视父母的心态。

入监改造后的心理测试结果显示：李某某性格孤僻，冷漠，缺乏同情心，感觉迟钝，亲情淡漠。与他犯人际关系一般，不善于与他人交往。该犯有一定的自知力，有偏执人格倾向，对人和事自认为有自己的判断标准，自己认为正确的就一定是正确的，从不听取别人的建议。

由于李某某被父母长期忽视，尤其其与父母关系紧张，导致该犯一直认为自己的错都是其父母对其冷漠的结果。该犯叛逆心理较强，性格偏执，爱钻牛角尖，事事以自己为中心，在教育过程中，可以感到该犯的强烈对抗心理，包括情绪抵触和行为抵触。

民警针对李某某典型的性格表现，在制订矫治方案时，预期的短期矫治目标是通过内观矫治消除该犯不良心理、言行和遇事外归因的错误倾向，培养正确的亲情观念,改善亲情关系,重塑社会支撑系统,加强改造动力,融入改造环境,使其走上正确的改造道路。长期矫治目标是通过心理矫治,修复该犯人际关系,培养正确的人生观,养成遇事内归因的正确倾向,以期刑满释放后融入社会正常生活。

二、用内观疗法修复亲子关系

"内观"指"观内""了解自己""凝视内心中的自我"之意,借用佛学"观察自我内心"的方法,设置特定的程序进行"集中内省",以达到自我精神修养或者治疗精神障碍的目的。我国著名国学大师南怀瑾先生在对其进行了解和研究后,结合中国传统文化将其命名为"内视观想"(以下简称内观)。

在内观的过程中,内观者在内观导引师的指导下,在独立密闭的空间内对自己过往经历进行系统的回忆和反思,在细致回顾人生的过程中获得对自己的心理、性格、人际等多方面的洞察,经由这种深入的自我观察,进而调整心境,唤起"省"与"悟"的念头,最终以自觉的意识来净化内心。

经过数年的研究与实践,在我国监狱系统中,基于内观疗法的原理和服刑人员的特点,北京监狱率先发展出了内视观想法,经过实践和推广,目前被认为是矫正的关键技术之一。

内视观想的基本流程包括:(1)内观开场;(2)经由主要养育者的内观;(3)养育费的计算;(4)经由兄弟姐妹的内观;(5)经由爱人的内观;(6)经由子女的内观;(7)自我审视24条;(8)经由母亲的二次内观;(9)经由周围人的内观;(10)集体内观和分享;(11)结束分享。每个环节在具体操作步骤和指导语上均有严格的要求和标准的操作步骤。在每一个时间段中,内观者需要对于特定的人和内容进行回顾。回顾一般围绕三个问题展开——"他/她为我做过什么""我为他/她做过什么""我给他/她添了什么麻烦"。根据个人情况的不同,内观者内观的内容也会有所区别。在狱内对罪犯开展内观,需要内观导引师对罪犯的个人信息提前做全面的了解。

每期内观的持续时间为一周,内观期间内观者完全与外界隔离,不能与内观导引师之外的任何人进行言语、眼神和手势的交流,除去洗漱、如厕外,其余时间都要在屏风内静坐回顾,即使吃饭睡觉也在屏风内进行。内观导引师每隔一段时间会对于内观者进行回顾内容的询问并对下一阶段的回顾进行布置。

案例3.1.2 一意孤行者的内观与亲子关系改善

针对案例3.1.1所述的李某某的实际情况,监狱心理咨询师与自愿报名参加内视观想活动的李某某对接,开始了为期七天的内观矫治活动。

(1)内观第一天

在做第一次集体内观时,李某某选择奶奶作为第一位对镜对象,经纠正后,改为妈妈。纠正过程中,他只是点了下头,没有说话。第一次面接后,导引师分享说,李某某情绪浓度很高。内观刚刚开始就有如此高浓度的情绪,需要引导师关注。在查看体验者的信息时发现,李某某从出生到6岁,在乡下由奶奶带大,上学前回到了爸爸妈妈身边。由于在乡下期间与父亲很少见面,与母亲更是未曾谋面,致使他并不接受妈妈。李某某家里还有哥哥姐姐,来到城里后生活习惯与哥哥姐姐有很大差别,母亲也没能很好地接受他。了解到这些信息后,导引师调整心态,开始了第一次交锋。

导引师第一次给李某某的面接是经由妈妈检视小学1~3年级的自己。刚刚打开屏风,便听到了李某某的抽泣声,导引师感受到了他的痛苦。"太痛苦了,太痛苦了!这个内观和我想的不一样,我没有办法回顾她,我放不下!"听到这里,导引师决定马上把他带出屏风,做心理干预。

"出狱后,我要出家!""生活没有意义!"李某某一边哭泣,用纸巾擦着眼泪,一边连珠炮似的说出上面的话语,"他们给我带来了太大的痛苦,是挥之不去的,我恨他们!"全程,导引师作为一个倾听者,感受来自体验者的痛苦、挣扎、释放。待李某某情绪稍微平息后,导引师鼓励道:"来做内观体验的人,大多是带着问题来的,他们没有你反应大,是因为痛苦的程度不同。你是来解决问题的,已经鼓足勇气走出了艰难的第一步。坚持到最后,你的收获一定是最大的!"最后,李某某说:"我好多年没这样哭过了,没想到今天就是忍不住,一直在哭。跟您说完,我舒服多了,我向您保证,一定坚持到最后!"

之后的每一次面接,都是李某某以泪洗面的过程,但导引师选择不去打扰他。虽然每次面接时李某某情绪浓度都很高,但在导引师看来,他在很投入地进行与灵魂的抗争。

(2)内观第二天

到了第二天上午,做到"母亲去世"的环节,导引师援引李某某说过的话与他交流:"你说过,在给母亲上坟时,心里有很多话想和她说,但已经没机会了。

现在,有这样一种与母亲沟通的方式。”导引师询问李某某的意见,“是否能够给母亲写一封信”。李某某虽然面露难色,但仍很努力地点头答应了。接下来,通过监控镜头观察李某某的动态发现:他拿起笔又放下,再拿起再放下……并用纸巾不停地擦着泪水,一张又一张。四个小时后,看他把笔放下了很久,导引师决定做面接。

导引师刚到屏风外,便听到了李某某的抽泣声。此时,李某某说出了导引师最担心一句话:“我不想进行下去了,我要退出!”导引师将李某某带出屏风,进行第二次心理干预。因为李某某依恋关系缺失,社会支持匮乏,待李某某进行了一小时的情绪宣泄后,导引师决定扮演长辈的角色,以严厉的口吻,以“勇气、破茧成蝶、君子言而有信”为主题进行直扣心灵的强硬对话:“退出内观,你将后悔一辈子!”“挺起胸膛,抬起头,看着我!”李某某艰难地抬起头,看了导引师一眼,又低下。在这一秒的眼神中,导引师捕捉到李某某打开心理防备后的自卑。这让导引师充满喜悦,他知道这次交锋,已经成功了。因为李某某再一次放下了心理防御。“再试试”,导引师说。“不论收获多少,我会把七天完成”,在李某某又一次承诺后,结束了第二次干预。

两小时后,导引师再次来到了李某某的屏风外,李某某写给母亲的信已经完成。导引师要求他读出来,让逝去的母亲听到。李某某为难了,沉默了一分钟,抬起头看到导引师一直未动摇的坚定鼓励的眼神,便开始读信。“妈妈”,一声妈妈,眼泪决堤涌出。导引师选择不去干扰他。渐渐地,话语间仇恨埋怨的字句越来越少,思念与悔恨的词语越来越多。读完给妈妈的信件之后,李某某说道:“现在,我舒服多了,这些话藏在心里几十年了,现在说出来,非常舒服,像大病初愈的畅快。”留给他一段时间的休息后,导引师布置李某某“代替妈妈给他自己写回信”。此时,他已经能够站在母亲的角度,给了自己盼望已久的答案。就这样,结束了对母亲的回顾,在布置完父亲的第一段对镜后,第二天的内视观想也结束了。

(3) 内观第三天

李某某对父亲的第一次对镜很顺利,情绪很平静。询问李某某的意见:“今天是否需要到独立内观室单独内观?”“今天不需要了,回顾父亲情绪很平稳”,李某某回答说。李某某说出这样的话语,是一个好的开始。随着轻松的心情,第二次打开了二号屏风,进行第二次面接,打开屏风的那一刻,便听到“咿咿咿”

的声音。导引师刚刚放下的心又一次被提了起来。体验者不停地磕头："谢谢您，谢谢您，昨天没有让我退出，真的谢谢您，到现在我收获太多了，三天我已经想通了很多几十年没有想通的事，谢谢您，您功德无量！"随着不停地磕头、抽泣，李某某一股脑儿道出了这些话。导引师始料未及，有点不知所措。很快，导引师守则中的一句话"内观进行中，不应提感谢"蹦了出来，静静地等待体验者平复心情后，导引师重复这一阶段的问题，"请问，刚才这段时间，你经由谁……"不作任何回应就是最好的回应。

之后的面接，李某某没表现出大的情绪波动，直到父亲去世的时间节点，李某某平复的情绪再一次汹涌起来。"养育我这么多年，我不但什么都没做，还添了这么多麻烦，而现在才知道，他为我做了这么多的事，直到病危的时候，电话中还在请求我的原谅，是我对不起他啊！"导引师知道，李某某的心里同样有很多话想和父亲说，于是把信纸递给了他。

在为父亲读信过程中，李某某的情绪再一次被激起。整个过程，李某某以泪洗面。这正是打开"心结"重获新生的过程吧。"你弥留之际的那句话'儿啊，别记恨我！'我真的承受不了……""你的父亲听到了你的来信，也该欣慰了。父亲肯定也有很多话想和你说，会想给你回信吗？""他已经用一生给我写了一封信……"在他的抽泣中，导引师关上了屏风。

(4)内观第四天

从前期三天的内观来看，李某某心态较平和，状态较好。无法预估李某某在此环节结束、算总账时情绪爆发的浓度。

李某某把计算养育费的环节完成，算得比较详细。最后结果是李某某所收到的与付出的相差100倍。由于怕刺激到他，导引师就没有问"需要还多少年才能还清"这个问题。总体这个环节状态较好，情绪没有大的起伏。

(5)内观第五天

第五天是安排经由亲密关系人的内观。从姐姐开始。由于0～6岁，李某某在乡下老家，与姐姐没有接触，就从小学开始。面接时，李某某直接回答什么都没有想起来。连李某某自己都问为什么自己这么奇怪。后经过追问，李某某想起姐姐带其看电影，想起把姐姐的灯笼烧了，没有想起这段时间自己为姐姐做过什么。自我预先情绪状态时，李某某"感觉状态还可以"。

(6)内观第六天

内观第六天，继续经由亲密关系进行内观。李某某回忆完姐姐要回忆哥哥。李某某跟哥哥20年没有联系。导引师把李某某回忆哥哥分了两段，他认可，但是面接时他说下一段没有可回忆的内容，一想到哥哥，就是哥哥打他的场面，都是哥哥给他添的麻烦。

第六天，李某某的内观继回忆哥哥之后进入自我检视24条阶段。这一环节被称为“内观中的内观”，是对于内观罪犯产生心理冲击最大、最容易造成其内心改变的部分，是内观最重要的核心部分。例如，第1条检视自己是否对他人说谎，第20条检视自己是否作弊、是否帮助他人作弊等。

从李某某进行自我检视24条的结果看，一件事往往涉及很多条内容，存在的问题比较多。导引师引导他接纳自己的过去，理解当下的自我。

(7)内观第七天

内观的最后一天，也是体验者们做分享的时刻。分享会上，他讲述了这七天来的深切感受，把自己多年来对父母的怨恨，通过经由多种亲人的内视观想、自我检视，完全化解了对亲人的怨恨，找到了自身的问题，并决定从改变自我的问题入手。李某某在分享会上深情地说：“过去以为都是别人的错，人际关系紧张都是别人的原因，现在真正明白了是自己的问题。”随后，深深行礼，感谢导引师对他的帮助。

通过导引师/民警对李某某进行多次面接引导，该犯终于找到了自身问题所在。李某某给他母亲第一次写了多年来第一封最长的信，写出了他十多年来的心里话，希望他妈妈的在天之灵能够听见。同时，该犯也已经意识到自己有许多对不起父母的地方，并表示一定将这次被判刑入狱的挫折当作一个新的开始，洗心革面、好好改造、早日回家，做一个对社会对家庭有用的人。[①]

通过内观案例不难发现，亲情是罪犯改造动力的重要来源之一。对服刑人员家庭关系的修复，必须找准切入点，制定科学合理的引导策略。对服刑人员进行情感教育是一个动态的过程，要循序渐进，不能急于求成。否则，很容易使其产生抵触情绪。在内观矫治过程中，罪犯的心态并不是一成不变的，而是随

① 本案例来自北京市监狱管理局清河分局民警撰写的真实案例，文字有改动。感谢实务部门的民警分享和讨论案例。

时间、个体领悟能力等主客观条件的变化出现起伏。因此，要求导引师仔细观察、认真分析内观体验者的一举一动，使内观矫治工作能在其心理脆弱期得到归正。

总之，在内观矫治服刑人员过程中，扮演导引师的民警善于把握契机，对其心理、人格进行准确的转化式教育，就一定会取得成功。

三、性格孤傲者的人际关系改善

性格孤傲、孤芳自赏类的服刑人员，通常在日常改造中表现得目中无人、自高自大，说话也容易旁若无人。这些行为和言语表现，往往在服刑人员群体中出现人际关系紧张的情况，更容易受到其他服刑人员的嫌弃甚至孤立。犯罪心理学研究表明，社会排斥作为一种不愉快事件，容易造成被排斥者攻击性增强。如此一来，性格孤傲者陷入一种恶性循环：孤芳自赏、口无遮拦，导致被疏远、被孤立、被排斥；因为被排斥而孤独感增多，于是增加攻击性，尤其是攻击性言语增多，也因此招致更多的嫌弃、厌恶、疏离和排斥，从而造成更紧张的人际关系，人际冲突也在所难免。对服刑人员群体来说，身边有性格孤傲者的存在，会让很多人感到心里不舒服；对于性格孤傲者自身来说，孤独、被群体有意忽视，内心会感到痛苦和无所适从。作为管理者的民警，要及时发现这类人及其人际关系状况，以便预防因人际关系紧张带来的人际冲突或个人的不幸事件（如自杀）发生。

案例 3.1.3　性格孤傲的音乐人

曹某某因犯职务侵占罪，被判有期徒刑 11 年。被捕入狱前其是一名职业音乐人，一说起音乐和与音乐有关的事情，曹某某便眉飞色舞，口若悬河，甚至口无遮拦。在表达自己的观点时，他并不在意他人的感受。正因如此，他并不讨人喜欢。

入狱近半年来，曹某某的情绪低落，吉他也不再弹，几个音乐爱好者也远远地躲开他了。一天，曹某某因为打水和别人吵了一架；本月前，他已经三次因为违纪被扣了 30 分。这意味着，曹某某可能遇到了特别的烦心事，直接影响到了劳动改造表现。

曹某某在日常改造中待人诚恳，经常把自己买的食品与他人分享；班里的内务卫生，也从不惜力气，无条件帮助班长或他人清理；晚上值夜班，他还时常帮助他人完成任务。这样一个“大方”的人，居然不能够得到别人的认可，还经常与自己帮助过的人争吵。仔细观察曹某某不难发现，他略带孤傲执拗的性格特点，不会聊天，常以“主讲人”的姿态自居，毫不考虑别人的感受，常常自以为是、自鸣得意，可能是其人际关系紧张的原因。

如何帮助这类服刑人员改善人际关系是一个比较专业的问题。民警常常请监狱心理咨询师（以下简称咨询师）一同会诊和制订矫治方案。

咨询师首先从建立良好的“咨访关系”入手，帮助曹某某努力适应监区的服刑生活，促使其融入改造环境中，从而减少违纪事件的发生。在矫治的过程中，咨询师运用尊重、真诚、积极关注技术，特别是共情技术，取得曹某某的信任。咨询师又利用倾听、开放式提问等技术收集相关信息。例如，换位思考，引导谈话，处理好谈话中的沉默。

咨询师提示曹某某：“在监狱服刑，尤其是在监舍这样一个相对狭小的空间和别人相处，一定要做到谨言慎行，说话要特别考虑到别人的感受。因为自己喜欢的东西，别人未必喜欢，说不定还是别人的伤心之处呢。俗话说：矬人面前不说短话。合理运用好谈话的技巧，是一个成功人士在社会上立足的重要方法。作为一名知识分子，具有鲜明个性的同时，掌握与人交往的诀窍，特别是在监狱这个特殊的环境，更要不断地学习沟通技能，控制自己的言行和情绪，反思过往、学习为人处世之道，也算是不虚此行。”

曹某某的智商并不低，完全懂得咨询师这番话的意思，接下来的几天里，他与周边的人争吵少了，其他犯人也愿意为他做一些事情了。

但好景不长。分管曹某某的民警发现，曹某某并没有像咨询师预期的那样真正转变过来，而是由原来的侃侃而谈，突然转变成默默不语，脸上的表情也显出阴郁不快。凭着经验判断，针对曹某某的教育转化工作还远未结束，要走的路或许还很长。

接下来的事情，证实了分管民警的判断。分管曹某某的民警休假1周回到工作岗位，听到的第一个消息，就是曹某某因为和班里的服刑人员吵架受到惩罚，并用满不在乎的态度写了检查。那个检查，都是无关痛痒的套话，根本不是他的真心话。

曹某某缘何如此不可理喻呢？或许另有原因？

咨询师借着马上到接见日的这一契机和曹某某攀谈。令人意外的是，他不但没有共鸣，而是表现出更多无奈与怨气。咨询师感觉不解，就先岔开了话题，与他聊起了别的事情。事后，咨询师查阅了曹某某的档案，试图了解他的成长经历。

曹某某出生在一个知识分子家庭。10个月大时，母亲不幸在1976年唐山大地震中遇难。曹某某自幼被寄养在济南的大伯大妈家，6岁回北京与父亲居住生活。他与父亲的感情淡漠，喜欢一个人摆弄各种乐器，开始热爱音乐，并选择了长大后以职业音乐人为人生方向。曹某某大学毕业后没有选择被分配工作或去企事业单位工作，而是选择了更具挑战性的独立创业。因忙于创业，所以与家人聚少离多，沟通更少。这种状态一直持续到曹某某入狱前。

了解到上述情况后，咨询师认为要想真正触及他的灵魂，需要精准施治。

曹某某的主要问题集中在：自恃崇高，总认为自己没有错误。即使是在监狱，自己需要的乐器，也要家里无条件地送来。一旦愿望落空，负面错误理念便会充斥头脑，导致出现服刑中的种种错误举动。经过分析，咨询师认为，出现这种问题，也是曹某某心理上的错误认知所致。

曹某某一直认为自己在人生道路上犯的错，皆因父亲在其成长过程中缺少关爱、照顾和陪伴所致。曹某某性格固执，对人和事自认为有自己的判断标准，自己认为正确的就一定是正确的，听不进他人的建议。而这种性格特点的人，一旦违法犯罪到监狱服刑，在相对狭小的空间里，其适应能力和对待周边事物的处理能力，往往低于普通服刑人员，一般会造成很多难以想象的障碍和问题。

通过对曹某某的心理和行为分析，咨询师判断：一是服刑人员曹某某虽然具备大学文化，但对法律常识的匮乏和对法律置若罔闻，导致曹某某没有认识到自己的行为已经触犯了法律。二是曹某某父亲从小没有时间照顾他，曹某某自幼被寄养在伯父母家，其大伯大妈对其年幼丧母、父亲远在北京故疼爱有加，从而忽略了对孩子在尊重规则、遵守规矩方面的成长教育。三是曹某某性格倔强，做事独断专行，我行我素，凡事总以自我为中心，不太考虑他人感受。

针对上述分析，咨询师与分管民警为曹某某制订了详细的矫治方案，旨在让曹某某尽快放下心中对父亲疏远的包袱。咨询师除了继续对其施以建立良好“咨访关系”以外，又通过行为转移法教育曹某某意识到生活中难免会发生一些不如意的事，关键在于如何以积极的方式去应对，从消极的心态转向积极的心态，增强心理活力。并通过协商制定作业，让曹某某学会一些心理调节方法，户外劳动，深呼吸锻炼，肌体放松技术等，促使其保持精力充沛。

咨询师还鼓励曹某某继续发掘自己的兴趣爱好，引导他多跟监区内的其他三名音乐爱好者组建监区乐队兴趣小组。指导他阅读励志类的名人传记。让他领悟到有些困难并不是想象的那么可怕，关键要把握现在、脚踏实地。同时，引导他主动交往，学会倾听、诉说、减压，遇到生活问题要主动多听取民警的意见，协商合情合理的办法。也要学会诉说，以赢得他人的理解和支持，及时把压力释放掉。在集体环境里，学会主动交往，设法转移不良情绪，“心静自然少忧烦”。在心情渐渐好转之后，认真规划一下自己的路，目标不宜太大而要具体易行，增强信心，鼓起勇气，一步一个脚印拿奖减刑早回家，那就是对自己家人最好的回报。

在会见时民警特意为曹某某录制了一段他父亲来探监的视频。看到白发苍苍的老父亲，背着给他送来的电子琴，蹒跚着在监狱接待柜台前登记的场面，他涌出了动情的泪花。

看到曹某某深受触动，咨询师抓住时机进一步教育引导，对其进行集中、密集的法治道德教育灌输，最终使曹某某悔悟。

曹某某在后来的思想汇报中写道：“母亲过早离世，失去了至亲之人，入狱后没有家人关爱，无视监规纪律，多次违规违纪，不安心改造，一度成为监狱的反面典型。回顾自己的过去，对民警的真诚教诲，自己总是不能正确理解，对于国家法律和监狱的监规纪律更是缺少敬畏心理。现在，深刻地认识到了自己行为的错误，与父亲之间的隔阂也消除了。同时父亲还不辞辛苦地为自己送来了专业设备支持自己的音乐创作，让自己发自内心地感受到了父亲的关爱与温暖。今后一定要洗心革面、痛改前非，踏实改造，用实际行动来回报监狱、回报父亲的爱。”

监区兴趣小组的音乐声再次响起，“音乐人”曹某某真正焕发了新生。在监狱举办的“秋实杯”服刑人员原创汇演中，发挥重要作用，受到领导的认可，他还主动承担所有监区的写歌谱曲任务。通过一段时间观察、考核，曹某某目前在日常改造中能服从管理，遵规守纪，认真参加监区组织的队列训练，在休息时间抽出时间学习法律知识，并多次劝告、制止他犯违规违纪行为。[①]

---

① 本案例来自北京市监狱管理局清河分局清园监狱民警撰写的真实案例，文字有改动。感谢教育科民警的分享和讨论案例。

在改善服刑人员人际关系方面有以下几点经验分享：

第一，对服刑人员的教育转化，必须准确的找出切入点，然后针对服刑人员的思维及行为特点制定出科学化、合理化的法治教育策略。

第二，对异常服刑人员进行法治教育是一个动态的过程，要循序渐进，不能急功近利，否则很容易使其产生抵触情绪。在教育转化过程中，服刑人员的心态并不是一成不变的，会随时间、环境等客观条件呈现起伏，因此对于这种情况，在工作中要仔细观察、认真分析服刑人员的一举一动，使教育工作能在其心理脆弱期进行，这样效果必定事半功倍。

第三，要有针对性地进行精准施教。要认真分析服刑人员的基本情况，采用恰当的方式和方法，对症下药。

第四，在对服刑人员的教育过程中，要切实做到深入细致，切中要害，不能走马观花、浮光掠影。

第二节　狱内人际冲突与问题解决

一、服刑人员之间的人际冲突

人际冲突是指两个或更多组织成员之间，由于反应或互不相容性而产生的紧张状态。人际冲突发生于个体与个体之间，是群际冲突和组织冲突的基础。

在人际关系中，存在冲突是自然的。每一个深层关系都存在冲突，不管多么亲近、多么了解、多么相容，当彼此的想法、行动、需求或目标不相配时，都有可能发生冲突。

人际关系中的冲突并非都是有害的，相反，冲突也可以是有益的。它让关系变得更加坚固。例如，人们常说的“不打不相识”。建构冲突技术的最好途径，也许就在于互相之间的沟通。

服刑人员个体间的人际冲突的典型类型是打架斗殴。打架斗殴类服刑人员通常具有下列特点：一是交际能力差，性格孤僻、趋于内向，情感冷淡，不爱说话，喜欢独自活动，不合群。二是独立性强，遇事有主见，变通性差。三是情绪不稳定，有时伴有不同类型的情感障碍，情绪调控能力差，脾气暴躁，情绪容易起落，容易丧失理智。四是戒备心强，对人过分猜疑、多疑，对周围环境持敌视和排斥态度。五是崇尚暴力，更愿意用暴力解决争端，内心渴望刺激和冒险，不安于现状，做事武断，争强好胜，胆大敢为，易走极端。

如何培养服刑人员学会建设性处理人际冲突，是民警面临的挑战。在一般人群中，为什么大多数人很少用双赢的冲突解决模式？这主要是因为：首先，缺乏洞察力，有些人太习惯于竞争，他们一直误认为他们要赢就必须打败对手；其次，冲突经常涉及情绪事件，人在情绪中经常像打仗一样剑拔弩张，而忘了可以暂停下来思索其他更好的策略；最后，需要对方的合作，你很难跟一个一直想要把你打败的人进行建设性的协商。接下来，我们讨论一些双赢的冲突解决模式，供民警引导服刑人员解决个体间的人际冲突借鉴参考。

第一，引导处于人际冲突中的服刑人员确认自己遇到的问题和未满足的需要。"在你大吵大嚷之前，很重要的一点，是你必须了解问题所引起的冲突是属于你个人的。你是问题的所有权人，你是那个不满意的人。"因此，再遇到想大吵大闹的情景时，首先了解到这是"我的"问题，"在你要面对冲突对象进行磋商的时候，可以带来很大的不同。""你会以描述的方式来说明你的问题，而不是用情绪性或评价性的方式行动。"这样不仅能更精确地处理问题，而且可以减少防卫反应的机会。定义使你未满足的需求，隐藏在表面内容之后，议题经常与需求息息相关。

第二，引导冲突双方的服刑人员订立约会。破坏性的争吵经常开始于，在起始者当面对抗时，他的伙伴并没有准备好。"在你对问题有了清楚的想法时，试着要求你的伙伴和你一起解决它。对于有宿怨的服刑人员之间的矛盾冲突解决策略，可以重点运用订立约会策略。双方想好自己的问题、需求，之后运用本书相关章节介绍的空椅子疗法中的视角转换机制，化解双方之间的矛盾冲突。"

第三，引导服刑人员学会"描述你的问题和需求"。把自己的问题尽可能地说清楚，传达一个既完整又正确的信息；确定在冲突的对方确实了解你所说的内容。切忌想当然地认为对方已经理解或对方应该理解。确认的常用表达是"对于……问题，我说清楚了吗"？

第四，引导服刑人员认真思考对方的观点。厘清什么是你面前的服刑人员在这个议题上会觉得满意的需求。你面前的服刑人员有跟你一样获得满意的结果的权利，一个快乐的伙伴关系会比较愿意通过合作使你得到你想要的目标。

第五，引导处于冲突中的两个服刑人员商议解决之道。(1)确认和定义冲突：发现每个人自身的问题和需求，并设定问题解决的步骤，以满足双方的这些需求。创造性地发展出可能的解决方案：一起思考讨论出所有可能达到双方目标的方法。(2)评估各种解决方案：每一个服刑人员都必须很诚实地表达对所列出的各个解决方案的意愿，一旦所选定的选择方案已经开始运作，每一个人都必须支持这个方案。(3)双方决定一个最佳的解决方案：选择一个看起来对每个人来说都是最好的方案。确保每个人都了解方案并有意愿去共同努力达成它。(4)引导服刑人员追踪解决方案的后效。在真实的生活中，这些方法不一定会从一个步骤到另一个步骤一路顺畅进行的，民警和服刑人员都要预期到冲突双方的身上会产生某种程度的抗拒并做好心理准备。

第六，引导服刑人员学会提问与释疑。双赢方法太好以至于不真实吗？事实上合作是实际而合理的策略。双赢方式太复杂吗？双赢取向是注重细节的，在每天的生活中你可能很少有机会使用到每一个步骤。双赢磋商太理性吗？确定你的伙伴了解你在做什么，并且明白不论你说了什么都不是为了要求对方立即做出反应。

综上所述，个体服刑人员之间的人际冲突，可以用个体咨询、个别谈话、个别教育的方式，教会他们解决问题的适合方案。

二、服刑人员的群殴、骚乱、暴狱及处置

服刑人员小群体之间的冲突，主要表现为群殴。

案例3.2.1　澳大利亚监狱暴乱

2015年6月30日，澳大利亚墨尔本西区的一所监狱近300名囚犯发动暴乱，暴乱持续到7月1日凌晨3时。维多利亚州管教局发布声明称，当时在夜幕中实施行动，保护好监狱员工、警方人员和囚犯们并非易事。数名囚犯受伤，已接受医护人员治疗。两名监狱员工受轻伤，但并非与囚犯冲突造成。暴乱发生时，近300名囚犯纵火、打碎玻璃并撞倒一堵墙，其中一些囚犯蒙面并携带棍棒。警方荷枪实弹、配备防护盾，攻下该监狱。当时整个维州各监狱均进入一级防范禁闭。由于监狱设施损毁，大批囚犯被转移至其他监狱。约200名员工已安全撤离。维州管教厅长韦德·努南称："此类暴动行为非常危险，有关部门

将彻底调查此次暴动的起因、监狱的安全漏洞和反应机制。此次事件中，无人受重伤。”报道分析，暴乱可能与该监狱开始实施的禁烟令有关。

群殴、骚乱、暴狱的处置要领如下：（1）封控包围，武力震慑。包围歹徒，封锁控制现场，占领制高点，用武装力量形成强大的威慑阵势，同时对狱内重要卡口、可能被袭击的目标实施武装警戒。（2）喊话喝止，规劝教育。现场民警以及后续赶来的领导，在第一时间通过喊话进行规劝教育，喝令罪犯立即停止不法行为，讲明有关法律和政策，孤立首要分子，促进施暴群体的分化瓦解。（3）防暴到位，果断制止。在规劝教育无效的情况下，须根据现场具体情况，采用必要的防暴装备，如催泪喷射剂、催泪弹、抓捕网、武器等，对施暴或骚乱人群予以果断制止或驱逐。（4）强行突入，分而治之。武装警察和监狱防暴队员择机强行突入，对施暴人群实施分割包围、各个击破，抓住首犯、主犯，以便迅速平息事态。（5）防止反弹，救治伤员。事态平息后，应迅速调集警力对事发监区、分监区的服刑人员进行管控、教育，稳定情绪，防止不良情绪在犯群中传播、感染。同时，应及时救治伤员，最大限度减少人员伤亡。（6）深挖根源，公开奖惩。现场事态平息后，要对事发原因进行深度挖掘与分析，找出导火索、事件背后的真正原因、核心人物、目的动机等，对首犯、要犯、主犯进行公开惩罚，以儆效尤。

三、冲动好斗型服刑人员的冷静处理训练

对于冲动好斗型服刑人员，当他们发生冲动行为、打架斗殴事件时，依法依规处置是必须的。然而，在平时的矫治工作中，教会他们遇到人际冲突不生气，学会冷静处理是一个避免冲突的有效方法。一般来说，遇到人际冲突，弱者会任由行为控制情绪，强者则会任由情绪控制行为。怒气的产生源自个人对于外部事物的认识、解释与评价。它也与人的性格有关。最终，个人的情绪控制能力决定了在面对同一件事情时各自不同的反应，强者往往可以坦然面对，弱者却会勃然大怒。因此，遇到冲突和激惹，冷静处理成为一个值得学习的技能。案例 3.2.2 阐述了智者冷处理的方法，供民警学习和训练服刑人员时参考。

案例 3.2.2　冷静处理的范例①

汉纳斯是维也纳的一所学校的教授，在第二次世界大战爆发期间，逃到了

---

① 参见徐宪江编著：《哈佛情绪控制课》，中国法制出版社 2013 年版，第 181－183 页。

瑞典。由于逃离得过于匆忙，汉纳斯身上并没有带多少钱，因而急需一份工作。汉纳斯擅长数个国家的语言，他希望可以到进出口贸易公司中任职。然而，大多数公司并没有聘请他。还有一个人在写给汉纳斯的回信上说："你对我生意的了解是完全错误的。这不仅证明你很笨，而且很愚蠢。我根本不需要什么替我写信的秘书，即使我真的需要，我也不会聘请像你这样的人，因为你甚至连基本的瑞典文都写不好，信里面到处都是错别字！"

可以想象，汉纳斯教授收到这封回信时的恼怒情形。没错，他简直快要被气疯了。那个瑞典人竟然说他不懂瑞典文件！事实上，他在写给汉纳斯的回信上，才是真正的错误百出。

盛怒之下，汉纳斯教授立刻写了一封措辞严厉、语气尖锐的回信，有力回击了对方。写完信后，汉纳斯又停了下来："我不能这么做，我怎么知道他说的没有道理呢？也许我真的犯了许多我并不了解的语法错误。若果真如此，我就需要继续努力地学习。这么一来，他反而帮助了我很多。我应该写信感激他才对。"于是，汉纳斯将自己刚刚写好的信撕毁了。

在重新起草的信中，汉纳斯写道："尊敬的先生，您能不辞辛劳地写信告诉我我所犯下的错误，我真的非常感谢您。我为自己弄错了贵公司的业务而向您道歉。之所以会写求职信给您，是因为他人向我介绍说，您是这一行业中的领军人物。对不起，我并不知道自己的信上有许多错别字，我对此感觉到非常愧疚，也很难过。现在，我正在更努力地学习瑞典文，以改正自己的错误，再次谢谢您帮助我走向进步之路。"

信寄出没多久，汉纳斯便再次收到了对方的回信。信中，对方不仅态度变得极为谦和，而且为汉纳斯提供了一份工作。

民警借助案例3.2.2，启发服刑人员认识到：生气是一种习惯，更是一种选择。因为生气往往是一种本能性的不假思索式的冲动反应。所以，有时人们往往只知道自己在生气，却并不能真正明白，自己到底是在为了什么而生气，或者说，到底是什么引发了气愤，可能一点头绪也没有。

民警还可以引导服刑人员对以下问题进行考虑：

第一，我的生气强度与生气的理由相对称吗？若你仅仅是因为一件微不足道的小事便暴怒的话，那明显是不正常的，而很多人之所以会被各种负面情绪控制，往往是因为他们生气的强度与他们生气的理由不相称。而你需要明白的是，面对轻微的恼火与生气，你总是可以为自己生气找到合适的理由，但是，若你一直处于暴怒情绪之下，那么便没有任何理由是充分、合理的。

第二，思考除了生气，你还有哪些选择？在生气时，有无数的方式可以让你选择：你可以用大喊大叫或者打人等一些具有攻击性的行为来表达自我愤怒；你也可以用简单的转身走开的方式来逃避愤怒；还有一些选择是需要你做出果断、自信的应对措施，如你应该坚定立场，并以坚定、不带任何攻击性的语言告诉对方，你非常生气。

第三，思考自己选择何种方式发泄才是最好的。你最少应该为自己提供三种可供自己选择的应对愤怒的方式。若你总是只给自己一种选择，比如骂人，那么你下一步便会毫无选择的余地，因为每一种选择都至少需要两个选项。而且，没有任何一种选择是适合你在所有场合下宣泄不满情绪的。

第四，思考每一种应对方式造成的后果有什么。每当一个人生气并采取了冲动式反应的时候，他往往是毫无任何时间去考虑所谓后果的。当他在同样的情况下采取了应对性的行为时，他便会有时间去进一步考虑问题。

若你事先为自己准备了三种应对愤怒的方式，那么，在你下次生气的时候，你可以拿出一点时间来询问自己：“若我选择了 1 号应对方式，会有怎样的后果？如果选择了 2 号又会如何？那么 3 号呢？”

总之，民警可以引导服刑人员牢记：“当你生气时，除了采用以上方式进行冷处理外，你还可以采用瞬间转移法来消除自己的愤怒。”

四、引导服刑人员避免无谓冲突

敢于发怒、敢于动手使用暴力解决人际冲突是不是勇敢的表现？中国古代有“渑池会”的历史故事可以帮助服刑人员理解这个问题。

司马迁所作《史记·廉颇蔺相如列传》中记载：秦昭襄王二十八年（公元前 279 年），秦昭襄王想集中力量攻打楚国，为免除后顾之忧，主动与赵国交好，约赵惠文王会于渑池。秦王派使者告诉赵王，约赵王在渑池会谈。赵王害怕但又不敢不去。蔺相如陪同赵王前往渑池。在赵王被迫鼓瑟的情况下，蔺相如为了使赵国取得对等的地位，据理力争，使秦王不得不击缶。后来，秦国的使者向蔺相如要 15 座城池为秦王祝寿，蔺相如寸步不让，说要用秦国国都咸阳为赵王祝寿。这次会谈秦王毫无所得。蔺相如机智地保护了赵王的安全并且不被羞辱，史称“渑池之会”。

蔺相如因为“完璧归赵”与渑池会盟有功而被封为上卿,位在赵国的良将廉颇之上。廉颇很不服气,扬言要当面羞辱蔺相如。蔺相如得知后,尽量回避、容让,不与廉颇发生冲突。蔺相如的门客以为他畏惧廉颇,然而,蔺相如说:“秦国不敢侵略我们赵国,是因为有我和廉将军。我对廉将军容忍、退让,是把国家的危难放在前面,把个人的私仇放在后面啊!”这话被廉颇听到,就有了廉颇“负荆请罪”的故事。

事实上,易怒是人性中的最大弱点,而不是很多人以为的勇气。真正的大胆与勇敢,并非动辄发怒,而是让自己保持强壮与理智的沉默。人类的心理本性具有极强的时间敏感性,在理性与感性作斗争的过程中,随着时间的推移,感性往往会由强变弱,而理性却总是会由弱变强。人类大多数的错误经常会在一时的冲动下做出某些行为,而后追悔莫及。这一局面形成的主要原因是人们在事情刚刚发生的时候,往往会全面夸大事情发生的外在因素,从而忽视内在因素的关键作用,造成思维偏见与决策失误。智者的长处在于在最短的时间内最大限度地纠正思维偏差,减少决策失误。

例 3.2.3　洛克菲勒避免无谓冲突范例

爱德华·贝德福德是洛克菲勒的合作伙伴。有一天,当他走入洛克菲勒的办公室时,意外地发现这位石油帝国的老板正伏在桌子上一本正经地在一张纸上写着什么。

“哦,你来了?贝德福德先生,”洛克菲勒对他说,“我想,你可能已经知道我们的损失了,我对这件事情考虑了很多,但是在造成损失的那个人来讨论这件事情之前,我事先做了一些笔记。”

贝德福德当然知道洛克菲勒所说的发生在非洲的那个事件。这一事件让他们损失了超过几千万美元的利润,而且后期的影响目前还无法估算。当贝德福德走近洛克菲勒的办公桌时,却意外地发现那张纸上并非罗列的事故造成者的缺点和失职之处,相反,洛克菲勒罗列的是他一长串的优点,其中提到他曾经3次帮助公司作出正确的决定,而他为公司赢得的利润远远高过该次损失。

贝德福德对此深有感触:“我永远也无法忘记洛克菲勒在处理这件事情时的态度。在随后的多年里,每当我无法克制自己想要对他人发火时,我就会强迫自己坐下来，拿出纸和笔，将某人的好处一一写出来。每当我完成了这一清单的时候，我的火气也会顿时少很多，同时也能理智地看待问题了。后来，这种做法成为我个人工作中的重要习惯。很多次，它都将我的怒火及时制止了。若我不顾后果地去发火，那么，我需要处理的冲突将会成倍增加，而我也将为此而付出惨痛的代价。"①

如果民警能将上述故事讲给易怒的服刑人员来听、来讨论、分享收获，一定能让服刑人员受益匪浅。

很多时候，我们遇到外界刺激时产生的第一个念头不过是来自大脑"尚未思考"或者"尚未思考清楚"的"冲动"而已。这时，假若我们听从了这一念头，便很有可能"被自己所打败"。倘若我们坚持启动多元思维能力，坚持对问题进行深入思考，最终便是深思熟虑后的结果，在这种情况下，"我们已战胜了自己"，或者说，"我们已将冲动击败"。

其实，要实现这种期望并不难，民警可以遵照下列简单的操作步骤来引导服刑人员学会"三思而后行"：

（1）写下详细想法。当你有做某事的冲动，想与他人发生冲突时，拿起纸与笔，将自己真实的想法详细记录到纸的左半边。在这些文字前面，加上一句话："我的大脑告诉我，我会……"在纸的右半边写上："我想知道，我的理智会告诉我什么？"随后，在纸的右半边的这句话后面，接着把你想到的内容详细写下来，写得越多越好。这一简单方法会让你进入"元认知"②状态。它之所以有用，是因为当你将自己的想法写下来，并在此之前加上"我的大脑告诉我，我会……"这句话时，你便在潜意识中不由自主地对"冲动"和"理智"进行区分了，并意识到冲动的存在和深入思考。现实生活中，太多的人一生在"跟着感觉走"。一旦服刑人员习惯了上述方法，便不需要再在纸上一一罗列，而是"凭借着直觉"，便知道自己应该"再想想"。于是，理智水平得到了提升。

（2）恰当地处理人际问题解决中的冲动模式。在面对人际间的直接冲突

---

① 参见徐宪江编著：《哈佛情绪控制课》，中国法制出版社2013年版，第184-185页。

② 元认知的概念由美国心理学家J. H. 弗拉维尔提出，即对认知的认知。例如，学生在学习中，一方面进行着各种认知活动（感知、记忆、思维等），另一方面又要对自己的各种认知活动进行积极的监控和调节。元认知就是对自己的感知、记忆、思维等认知活动本身的再感知、再记忆、再思维，是个体对自己的认知加工过程的自我觉察、自我反省、自我评价与自我调节。

时,尽量为自己争取时间,缓解冲动,克制爆发鲁莽的行为。需注意以下事项:①在发泄愤怒之前,先为情绪降温,以将愤怒与冲动行为的发作时间推迟;②为自己换个环境,转移注意力,或者将注意力转移到自己的身上,如对自己的心跳进行关注等,以使过分不当的情绪得以转移;③培养沟通能力,以达到同感共情,在相互的换位思维中,将愤怒平息;④在暴怒时,多进行体能消耗,如拳击、游泳、跑步、打球等,将自己内心的不快在运动中化解。

(3)进一步完善人格。人格与行为一样,都是可以改变的,只是人格的改变需要个人拥有坚定的决心与锲而不舍的努力;人格需要进一步优化组合,这需要个人拥有明确的自知之明与奋斗方向;人格的优化组合的确会促进人格完善,而且会让个人情绪控制能力得到极大的提升,但这需要个人通过不断的自我反思、自我调整来达成。

个体处理人际关系冲突的方式大致分为五种:回避、对抗、妥协、迎合与合作。在处理人际冲突的过程中到底要采取哪种方式,主要取决于个体本身为自己设立了什么样的目标。毫无疑问,合作是最佳的冲突处理方法。让服刑人员积极地进行个人情绪引导,尽量以双赢的方式进行冲突处理,会使双方都感觉到自己是受益者,反过来,也更能有效提升个人的情绪控制能力。

第三节　服刑人员合作精神培养

服刑人员所表现出的一切行为和态度都显示出他们在努力获得优越感、解决问题、克服困难。将他们与普通人群区别开来的并不是“努力”这一事实,而是努力的方向:服刑人员因为没有明白社会生活的需求、不关心他人的利益而选择了错误的方向。个体心理学的先驱阿德勒认为,罪犯努力实现的目标总是要在个人优越感上高人一等。他们不乐于与人合作。社会需要所有成员为共同利益做出贡献,大家需要彼此的帮助和合作的能力。罪犯的合作能力有所不同,所以,阿德勒提出通过训练,培养服刑人员的合作精神,教会他们对他人感兴趣并与他人合作尤为重要。

一、合作精神培养的目的

通过团体辅导训练,帮助人际关系紧张的服刑人员识别并缓解紧张焦虑情绪,改善人际关系的认知偏差,学会换位思考和人际交往的技巧,提高人际交往的能力和与人合作的能力,重塑人际关系。值得注意的是,合作的精神必须通过训练掌握。

二、团队合作训练项目

团队合作的基础是团队成员之间学会相互尊重、在团队中扮演好自己的角色、发现团队中其他成员的优点并真诚地赞美。下面重点介绍三个项目:尊重差异训练项目、通过角色扮演学习换位思考项目和学习真诚赞美的优点轰炸项目。

1. 尊重团队成员差异训练:撕纸

撕纸活动让参与者明白了人与人之间都是独立的、不同的个体,各自的观念不同,让大家学会理解他人、宽容他人,同时也学会理解自己、与自己和解。

(1)操作流程:服刑人员小组12人大家围成大圈而坐,由带领者(民警或咨询师)给每个人发一张白纸,然后依次下达口令:"请大家闭上眼睛""请按照我的指令对白纸进行对折和撕角""请睁开眼睛""请对比看彼此有什么不同"。

(2)小结:生活中每个人的人际关系都是错综复杂的,每个人都有自己看问题的立场、角度、深浅度等,人和人相处难免有不同的意见。发生意见分歧时,用激烈的态度和言语处理分歧,不但影响人们的心情,而且对问题的解决没有实质性的帮助。每个人都有自己的想法,我们不能把自己的想法、观点、认识强加于人,而是应该用温和的态度尝试减少人与人之间的误会,多一分理解和体谅,人际关系就多了一份和谐和友善。如果我们能互相站在对方的角度想一想,就能更全面地看待事物,从而减少人与人之间的矛盾和冲突,关系也就变得更融洽和谐,人们的生活也就更加快乐。①

2. 换位思考训练:角色扮演

(1)活动目的:通过角色互换,体验彼此的感受,掌握人际问题解决技巧。

(2)活动准备:在参加本次团体辅导的服刑人员中征集在服刑生活中与他人发生过冲突的人员;带领者也要事先准备这类实例,当服刑人员不能提供实例时,由带领者提供给大家用于角色扮演,以防止冷场。

---

① 参见邵晓顺等:《服刑人员团体辅导操作实务》,群众出版社2017年版,第36-40页。

(3)操作流程:

第一,由两位服刑人员对人际冲突情景进行第一次角色扮演,扮演的剧本可以是平时观察到或真实经历过的事件。这里注意两点:带领者最好提前做好剧本的审查,而且,角色扮演的服刑人员对双方基本情况要充分了解,避免有真正矛盾而又尚未解决的服刑人员参与这种扮演,以防不测。

第二,由两名服刑人员互换角色,使用相同剧本进行第二次扮演。

第三,全体参与者进行讨论,围绕五个问题,前四个问题由扮演者讲,第五个问题由全体观看者发言:当你们发生冲突时,心情如何?有何身体方面的反应(如嗓门、身体动作等)?当你分别扮演了一个情境中的两个角色后,有怎样的体会?情境中的冲突有没有可能避免?今后为了避免冲突,你会怎么做?看完刚才的表演和发言,你受到了什么启发?有什么感受?有什么收获?

第四,第三次角色扮演,围绕相同的可能带来冲突的情境,扮演正确的处理矛盾的角色。

第五,小组讨论可以围绕下列三个主题:扮演者你现在的心情如何?使用正确的处理方法,有何体会?正确的方法与错误的方法之间,主要区别在哪里?怎么才能学会正确的处理方法?

(4)小结:当人们完全从自己的角度看问题时,可能感觉别人不为我们着想;当发生冲突后,往往认为是对方的错而很少自我反省。把错误归咎于对方,往往会引起不满、愤怒和敌意并伴随指责甚至谩骂等行为,从而导致人际关系紧张、恶化。如果我们试着从对方的角度想一想,就会发现对方当时的做法也有这样做的理由。如果当时自己能这样看问题,冲突就可以避免。如果能理解对方当时所处的情境,那么你能主动替别人着想、站在对方的角度思考,也能换得别人的真诚对待和关怀,从而更好地获得良好的人际关系,对劳动生成中的合作、职业技能学习中的合作打下良好基础。

3. 真诚赞美训练:优点轰炸

(1)活动目的:通过真诚赞美训练,提升服刑人员处理人际关系的技巧:多一点赞赏,少一点指责,少一点抱怨,少一点批评。

(2)操作流程:第一步,服刑人员 12 人一组围坐一圈,其中一人坐圆圈中央;带领者用报纸制作一顶高帽子,戴在中间服刑人员的头上。第二步,其他服刑人员向坐在中央的服刑人员轮流说出他的优点。注意:必须说优点。第三步，说别人的优点时，要求态度一定要诚恳，不能毫无根据地吹捧。第四步，每个服刑人员到中央戴一次高帽，被小组其他服刑人员“轰炸”一次。随后组织讨论：当你受到别人赞美时有什么感受？怎样的赞美让你感到高兴？当你在赞美别人时有什么感受？会觉得不自然吗？为什么？怎样用心去发现别人的长处？

(3)小结：在服刑人员人际交往过程中，你希望别人怎么对待你，请首先学会用你期待的方式去对待别人。因为每个人都喜欢被赞美，但赞美要真诚而实在，让接受赞美的人感觉到你的真诚！

因为只有真诚的赞美才能换来真诚而持久的合作，这种合作有时只是少数人之间的小范围合作，如班组间的生产合作；有时是很大范围的合作，如共建美好监区、回归社会后的共建美好家庭、共建美好社区，这时需要的是很多人的合作。当一个人拥有了真诚赞美他人的能力时，再遇到与众人合作的各种情境时，通常都能得心应手。

第四节　非暴力沟通

一、非暴力沟通的优点

非暴力沟通是美国马歇尔·卢森堡博士发现的一种沟通方式，依照这种沟通方式来谈话和聆听，能使人们情意相通，和谐相处。实践表明，非暴力沟通有助于人际关系改善，人际矛盾化解，人际冲突减少。在服刑人员之间开展非暴力沟通模式训练，有利于服刑人员之间保持正常的人际关系，避免因言语不和带来的相互激惹、打架斗殴事件的发生，有利于维护监管秩序。

二、服刑人员非暴力沟通的要素

在服刑人员之间的交往中，要想避免不必要的冲突，掌握非暴力沟通的要素、练就非暴力沟通的技能就很有必要。

(一)察言观色而不妄加评判

非暴力沟通的第一个要素是观察。印度哲学家克里希那穆提曾经说过：“不带评论的观察是人类智力的最高形式。”在大多数情况下，要求人们观察他人及其行为，而不分析、不评判、不指责，是很难做到的。许多人际矛盾、人际冲突的产生与说话没看清场合、没看清对方的状态、没观察明白对方的态度，就直接表达了自己的观点，对对方的观点妄加揣测、评论、评判甚至指责，后果是可想而知的。

（二）区分观察和评论

如果将观察和评论不加区分，别人会倾向于听到批评，并进行反驳（公开的或在内心顶撞回来）。

案例 3.4.1 评论与观察的不同表达

你很少配合我。（评论）

我最近组织了三次活动，每次你都说不愿参加。（观察）

他经常过来。（评论）

他每周最少过来三次。（观察）

我父亲是个好人。（评论）

在过去的25年里，父亲将他工资收入的十分之一捐给了慈善机构。（观察）

服刑人员甲向民警报告说：乙犯老欺负我。（评论）

服刑人员甲向民警报告说：乙犯这一周至少骂了我三次。（观察）

非暴力沟通，不主张绝对化的语言，而是提倡在特定的时间和情境中进行观察，并清楚地描述出观察的结果。非暴力沟通是一种动态的语言。

（三）准确表达感受而非表达想法

非暴力沟通的第二个要素是表达感受。许多人认为感受是无关紧要的，重要的是各种权威主张的“正确思想”。于是，人们被鼓励服从权威而非倾听自己的感受。然而，在人际交往中，恰当地表达感受，不仅可以促进亲情，而且可以改善工作。想要准确地表达感受，需要把表达感受和表达想法的词语分开。

当人们的需要得到满足时，描述得到满足的词汇包括：兴奋、喜悦、欣喜、感激、感动、心旷神怡、喜出望外、平静、自在、踏实、温暖，等等。

用于表达我们的需要没有被满足时的感受的词语包括：害怕、担心、焦虑、着急、紧张、心神不宁、心烦意乱、震惊、失望、恼怒、不满、沉重、麻木、无精打采、尴尬、惭愧、内疚、嫉妒、遗憾等。

用于表达想法的词汇包括：被抛弃、被羞辱、被虐待、被打扰、被拒绝、不受重视、被束缚、被欺负、无人理睬、被排斥、得不到支持、无人赏识、被利用、被贬低，等等。

在服刑人员群体中不擅长表达感受、误把感受当作想法的人占有一定比例，在沟通中言语暴力出现的频率就比较高，从而造成比较多的言语冲突直至发展成行为冲突。

（四）感受那些根源于人们自身的需要

非暴力沟通的第三个要素是感受那些根源于人们自身的需要。他人的言行也许和每个人自身的感受有关，但并不是个体感受的起因。例如，当人们听到不中听的话时，往往可以有四种选择：责备自己、指责他人、体会自己的感受和需要、体会他人的感受和需要。

人们自己对他人的批评、指责、分析、评判，反映了当事人的需要和价值观。如果一个人用批评的方式来提出主张，那么得到的反应往往是对方的申辩或反击。如果一个人直接提出他/她的需要，对方就更有可能做出积极的回应。

教会服刑人员这个原理，在人际交往尤其是亲密关系的交往中，向对方直接表达自己内心的需要，并请对方帮忙，往往会取得良好的效果，还能够避免因为批评带来的申辩和反击。

（五）提出请求，表达感谢

非暴力沟通的第四个要素是学会向沟通对象提出请求，并及时表达谢意。以什么样的方式提出请求，更容易得到积极回应呢？在对亲朋好友表达请求时，正确的表达方式是“为了改善生活，我们希望他们做什么”。这时注意避免使用抽象的语言，描述得越具体，效果越好。在公共场合发言时，人们将自己想要的回应讲得越清楚，就越有可能得到理想的回应。尤其在集体讨论中发言时，发言人需要清楚地表明自己的期待。如果个人清楚地表达自己无意强人所难，这时表达的观点，往往会被认为是请求而非命令，便更可能获得积极回应。

在服刑人员群体中，可以通过团体训练方式，对非暴力沟通的四要素开展训练，旨在提升服刑人员言语沟通的良性互动。下述训练方式供民警面向服刑人员开展非暴力沟通训练时参考。

（1）察言观色训练。通过某些精选的视频短片，请参加训练的服刑人员观察影片中某些角色的脸色，感受他们所经历的痛苦，描述和分享观察到的影片中角色的表情，比较大家的描述和观察能力。

(2)准确表达感受而非表达想法的训练。通过前文列举的两类不同词汇,在训练中请大家感受不同词汇带来的体验,并要求参训人员记住典型的词汇。

(3)“感受那些根源于人们自身的需要”训练。要求参训的服刑人员回顾自己过去的人际交往中,对他人的批评、指责、分析、评判,对应的自身真正需要是什么。可以请参训人员举例分析。

(4)“提出请求,表达感谢”训练。按照前述原理,提出明确的请求而不是通过批评方式提出主张,这类训练可以通过角色扮演方式,体验“被人提出请求”和“被人批评(表达批评人的主张和需要)”之间的不同,分享这种感受,并对自己提出启示。

通过上述训练,重点在于参训者牢记非暴力沟通的四要素,体验非暴力沟通的益处。

三、非暴力沟通的倾听技巧

带领服刑人员学习非暴力沟通技能,核心技能之一是“全神贯注倾听”。全神贯注倾听,旨在了解他人的观察、感受、需要和请求,并给予反馈。当他人遭遇不幸时,人们的惯性操作是急于向当事人提建议、安慰,或表达自己的态度和感受。为了倾听他人,参训人员需要先放下自己的想法和判断,全神贯注地体会对方。在非暴力沟通中,倾听他人,意味着放下自己已有的想法和判断,一心一意地体会他人的感受和需要,并在倾听过程中及时给他人反馈、保持关注。倾听他人有助于对他人的理解和接纳。有时,倾听者需要主动表达对倾诉者诉说内容的理解,来帮助对方了解倾听者在何种程度上理解了他们的意思。

有些情况下,倾听者本身也很痛苦,此时,当倾听者痛苦得无法倾听他人倾诉、自己也需要别人关心时,有以下三种策略可以采用:(1)不妨告诉他人自己正处于痛苦中,无法顾及他们的感受和需要,此时别人也很可能会伸出援手。(2)大声地提出请求。需要注意的是,如果对方正处于激烈的情绪中,他/她也可能无法留意倾听者的感受和需要。这时,倾听者还可以有另外一种策略,即(3)换一个环境。有时倾听者需要时间和空间来调整状态自身的,例如到室外走一走,等平静下来了,再回来。

带领服刑人员领悟倾听他人对自身的好处。服刑人员群体的比较突出的共性是关注自身利益,如果倾听只对别人有好处,不一定能引起他们的兴趣;如果倾听他人能治愈自身的问题，那么很可能引起他们极大的参与训练的热情。倾听的最大好处是"使身心痊愈"。美国著名的人本主义学派心理咨询师卡尔·罗杰斯曾说过："如果有人倾听你，不对你评头论足，不替你担惊受怕，也不想改变你，这多美好啊……一旦有人倾听，看起来无法解决的问题就有了解决办法，千头万绪的思路也会变得清晰起来。"①因此，鼓励服刑人员相互练习全神贯注倾听他人，双方就会收益良多。倾听有助于人们勇于面对自己的弱点，还可以帮助我们预防潜在的暴力。如果对方沉默，参训者还可以洞察沉默所反映的感受和需要。

四、用非暴力的方式表达愤怒

非暴力沟通训练不是让人忍气吞声、忍辱负重，相反，也会教给服刑人员如何用非暴力沟通充分表达愤怒。充分表达愤怒的第一步是学会不再将引起愤怒的原因归咎于他人。如果认为"她/他让我很生气"，那么，最直接的反应很可能是指责他人。当遇到令人气愤、惹人发火的事情发生时，非暴力沟通表达愤怒的步骤有四个：

第一，停下来，除了呼吸，什么都别做。此时，避免采取行动去指责或惩罚对方。

第二，想一想，是什么想法使我们生气了。这些想法代表了我们尚未满足的需要的可悲表达。

第三，去了解自己想要满足的需要。

第四，表达感受和尚未满足的需要。

在第三步和第四步之间，我们需要倾听他人的陈述。在得到倾听和理解之后，对方就可以静下心来体会我们的感受和需要。

五、训练服刑人员学会表达感激

恰当及时地表达感激是营造、维系良好人际关系的重要基础。我们中国人传统上不喜欢直接表达感激，尤其在亲人之间。带领服刑人员体验"感激他人"和"被人感激"的状态，并学会恰当应答。之后，反复进行角色扮演和角色互换训练。非暴力沟通表达感激的方式包括以下三部分：对方做了什么事情使我们的生活得到了改善；我们有哪些需要得到了满足；我们的心情怎么样？

---

① 转引自[美]马歇尔·卢森堡：《非暴力沟通》，阮胤华译，华夏出版社2016年版，第106页。

这三个部分的先后次序并不重要，有时微笑着说“谢谢”都可以表达这三部分的含义。但如果要确保对方能明白我们的意思，用语言具体描述这三部分就显得很重要。

六、带领服刑人员进行非暴力沟通的模式

在民警带领服刑人员进行非暴力沟通训练时，每个环节可以借助下列模式开展训练。

（一）诚实地表达自己，而不批评、指责

其步骤包括以下四步：

观察（我所观察/看/听/回忆/想）到的有助于/无助于我的福祉的具体行为，句式“当我看/听/回忆/想到我看到的/听到的……”

感受（对于这些行为，我有什么样的感受、情感而不是思想），句式“我感到……”

需要（什么样的需要和价值而不是偏好或某种具体行为导致我那样的感受），句式“因为我需要/看重……”

请求（清楚地请求而不是命令那些能丰富我生命的具体行为），句式“你是否愿意……”

（二）关切地倾听他人，而不解读为批评或指责

其步骤包括以下四步：

观察（你所观察/看/听/回忆/想）到的有助于/无助于你的福祉的具体行为，句式“当你看/听/回忆/想到我看到的/听到的……”

感受（对于这些行为，我有什么样的感受、情感而不是思想），句式“你感到……吗？”

需要（什么样的需要和价值而不是偏好或某种具体行为导致你那样的感受），句式“因为你需要/看重……”

请求（清楚地请求而不是命令那些能丰富我生命的具体行为），句式“所以，你想……”

上述训练模式，可以组织服刑人员开展专题、系统的团体辅导训练，也可以对存在某一方面突出缺陷的服刑人员进行个体单独训练。既可以通过考试问答的形式，也可以采取服刑人员分组角色扮演的形式，考查非暴力沟通技巧的训练结果。

第五节 服刑人员人际关系的觉察与测量

服刑人员人际关系的觉察与测量,是监狱管理中的一个非常重要的问题。人际关系是影响服刑人员情绪的重要因素。良好的人际关系是维护和改善服刑人员情绪的重要保障,是服刑人员度过情绪危机的重要支持力量。服刑人员人际关系的觉察,既可以是训练服刑人员对自己所处人际关系的觉察,也可以是训练服刑人员对他人人际关系的觉察,更为重要的是民警要对自己所管辖的服刑人员人际关系有准确的觉察,必要时通过测量的方式准确掌握情况。

一、人际关系及其发展阶段

人际关系是在人与人之间彼此交往过程中建立和发展起来的心理关系,人际关系的好坏标志着人与人之间这种心理关系的亲密性、融洽性和协调性的程度。哈佛大学教授梅约认为,人际关系包括认知、情感和行为三种成分。维系良好的人际关系有利于生活幸福、心理健康和身体健康。

服刑人员群体中存在人际关系紧张、人际关系中亲密关系受到损坏的比例不小。帮助服刑人员熟悉人际关系建立和发展的阶段,有助于修复被损坏的人际关系。奥尔特曼认为,良好的人际关系的建立和发展需要经历四个阶段。(1)定向阶段。注意到交往对象的存在,选择共同的话题和初步沟通等心理活动。(2)情感探索阶段。随着双方共同感兴趣领域的发现,双方沟通也越来越广泛,自我暴露的深度与广度也逐渐增加。人们的话题仍避免触及别人私密性的领域,自我暴露也不涉及自己基本的方面。(3)感情交流阶段。人际关系发展到这个阶段,双方关系的性质开始出现实质性变化,此时的人际关系的安全感已经确立,谈话也开始广泛涉及自我的许多方面,开始有较深的情感卷入。(4)稳定交往阶段。交往双方心理上的相容性会进一步增加,内心自我暴露程度也更加广泛深刻,可以允许对方进入自己高度私密性的个人领域,分享自己的生活空间和财产。

二、服刑人员家庭人际关系觉察

人际关系觉察,凭借的是服刑人员自身的敏感性和对问题判断的客观性。对已经遭到损害的人际关系进行修复,是服刑人员面临的一个紧迫而又棘手的问题。在监狱的日常管理工作中,民警经常想方设法帮助服刑人员修复他们与家庭成员之间的多重关系。但服刑人员本身由于缺乏人际关系觉察和修复的相关知识、技能和技巧,使关系修复问题显得困难重重。依据相关的人际关系理论原理,下列几项原则值得服刑人员学习和掌握,以便准确觉察、反思和修复人际关系。

1. 相互原则

人际关系的基础是交往双方彼此间的相互重视与支持。任何个体都不会无缘无故地接纳他人。喜欢是有前提的,相互性就是前提,我们喜欢那些也喜欢我们的人。人际交往中的接近与疏远、喜欢与不喜欢是相互的。

2. 交换原则

人际交往是一个社会交换过程。交换的原则是:个体期待人际交往对自己是有价值的,即在交往过程中的得大于失,至少等于失。人际交往是双方根据自己的价值观进行选择的结果。

3. 自我价值保护原则

自我价值是个体对自身价值的意识与评价;自我价值保护是一种自我支持倾向的心理活动,其目的是防止自我价值受到否定和贬低。由于自我价值是通过他人评价而确立的,个体对他人评价极其敏感。对肯定自我价值的他人,个体对其认同和接纳,并反投以肯定与支持;而对否定自我价值的他人则予以疏离;此时可能激活个体的自我价值保护动机。

4. 平等原则

在人际交往中,不论是财物、时间、情感等,总要有一定的付出或投入,交往双方的需要和对这种需要的满足程度必须是平等的,平等是建立人际关系的前提。人际交往作为人们之间的心理沟通,是主动的、相互的、有来有往的。人都有受人尊敬的需要,都希望得到别人的平等对待,人的这种需要,就是平等的需要。

5. 相容原则

相容是指人际交往中的心理相容,即指人与人之间的融洽关系,与人相处时的容纳、包含、宽容及忍让。要做到心理相容,应注意增加交往频率;寻找共同点;谦虚和宽容。为人处世要心胸开阔,宽以待人。要体谅他人,遇事多为别人着想,即使别人犯了错误,或冒犯了自己,也不要斤斤计较,以免因小失大,伤害相互之间的感情。有时做出一些让步是值得的。

6. 信用原则

信用是指一个人诚实、不欺骗、遵守诺言，从而取得他人的信任。人离不开交往，交往离不开信用。要做到说话算数，不轻许诺言。与人交往时要热情友好，以诚相待，不卑不亢，端庄而不过于矜持，谦逊而不矫揉造作，要充分显示自己的自信心。一个有自信心的人，才可能取得别人的信赖。处事果断、富有主见、精神饱满、充满自信的人就容易激发别人的交往动机。博取别人的信任，产生使人乐于与你交往的魅力。

7. 理解原则

理解主要是指体察了解别人的需要，明了他人言行的动机和意义，并帮助和促成他人合理需要的满足，对他人生活和言行的有价值部分给予鼓励、支持和认可。

上述这些人际交往的基本原则，是处理人际关系不可分割的几个方面。引导服刑人员开展人际关系觉察与修复的团体训练时，可以通过自我反思，检查自己在人际关系尤其是亲密关系中，是否违反了上述原则、违反的程度、可能有哪些修复的策略等，最终帮助服刑人员学会运用这些原则，处理好人际关系。

三、服刑人员人际关系测量

准确测量服刑人员的人际关系状况，无论对修复服刑人员家庭人际关系，还是对狱内选拔班组长、判断服刑人员的狱内影响力都有重要参考价值。

（一）人际关系的社会测量法

美国社会学家与心理学家莫里诺于 20 世纪 30 年代中期首创了社会测量法。该方法根据群体每个成员彼此间所做出的好恶选择，对群体内部的心理结构和成员间的心理距离加以分析，以了解人们相互间的好感或反感等情绪关系，以及在群体中最受欢迎和最不受欢迎的人与孤独者。[①] 社会测量法用于测量团体（特别是小团体）内成员之间人际关系和人际相互作用的模式。社会测量法的基本假设是团体内部存在不同程度的相互作用，使各个成员在不同程度的积极与消极人际情感的基础上形成了一种非正式组织，这种相互偏爱和疏远

---

① 李宁宁：《人际关系的两种测量方法——社会测量法与参照测量法的对比分析》，载《社会学研究》1987 年第 2 期。

的关系会对团体的士气和效率产生显著的影响。

（二）人际关系参照测量法

参照测量法是指通过参照方式测量人际交往动机的方法，由苏联心理学家彼得罗夫斯基创立，是一种测量群体最能发挥作用和最有影响力的方法。它从个性品质、行为方式和意见、目标方式方面解释出对被测量个体均有意义的权威人物，即把一个人所属的群体内部潜藏的参照体系揭示出来，具有更为丰富的群体分化特征和群体中人际关系的价值标准。彼得罗夫斯基认为，人际关系中最重要的是了解个人选择的动机，如果直接进行询问，难以获得真实可靠的答案。他认为群体中最被人们喜欢的人，并不一定就是群体中最能发挥作用的人，于是提出参照测量法，来了解群体中有一定影响的权威人物及其在群体结构中发挥的作用。①

（三）人际关系贝尔斯测量法

贝尔斯测量法是由美国社会心理学家贝尔斯，基于对群体互动长期的观察和研究，提出的一种分析团体内人际关系的方法。该方法是在对研究对象有了一定认识的基础上，对团体人际互动的行为表现进行实验和观察性的研究。贝尔斯把相互作用的过程设想为：（1）时间上的分布。（2）个人之间的分布。（3）与某种永远是问题根源的情境的接触。他根据“相互作用理论”提出社会行为分类理论，把相互作用的类型划分为至小到可以作为实验观察的单位，认为考察人们相互作用的全过程，就能测量出群体内人际关系的性质。他将人的相互作用的变量划分为四类12项变量：第一类是肯定情感，包括支持情感、表示满意和和睦三项变量；第二类是否定情感，包括反对和贬低、表示不满和不和睦三项变量；第三类是提出问题，包括询问资料、征求建议和请求指示三项变量；第四类是解决问题，包括提供资料、表示意见和给予指导三项变量。②

上述测量方法的具体应用，可以根据服刑人员和民警管理的需要，由民警选择合适的方法，制作成测量表格或文件袋，通过技术处理，获得最后的人际关系图。为修复服刑人员家庭关系以及狱内人际关系修复提供科学依据。

---

① 李宁宁：《人际关系的两种测量方法——社会测量法与参照测量法的对比分析》，载《社会学研究》1987年第2期。

② 参见俞国良编著：《社会心理学》，北京师范大学出版社2010年版。

第六节　服刑人员狱内人际关系修复

服刑人员狱内人际关系主要指服刑人员之间的人际关系和警犯关系两大类。无论是服刑人员之间的人际关系还是警犯关系，一旦出现关系紧张或出现人际关系冲突，都会对服刑人员的情绪带来重大影响。因此，从修复服刑人员狱内人际关系入手，管理服刑人员的情绪具有重要意义。本节首先关注服刑人员狱内人际关系损坏情况，之后介绍正念减压疗法、正念认知疗法、辩证行为疗法在针对服刑人员狱内人际关系修复中的应用。

一、狱内人际关系损坏

（一）警犯冲突与双方的归因偏好

在监狱内，管理者与被管理者之间出现矛盾、冲突、对抗的情况是无法避免的。在警犯之间发生矛盾、对抗甚至出现冲突事件，其归因是民警和服刑人员思想之间存在显著差异。服刑人员认为冲突的诱发原因主要集中在民警漠视服刑人员的尊严、执法中存在不公平现象；民警则认为，服刑人员身份意识淡薄，对违规行为认识态度恶劣才是引发冲突的关键。

有调查研究结果认为，集中在民警方面的冲突诱发原因大致有五个方面：(1)教育方法不当，严厉训斥服刑人员；(2)对个别服刑人员存有成见，执法过程中显失公正；(3)惩处服刑人员的违规违纪行为时，简单地采取体罚或变相体罚；(4)将个人工作、生活中的烦恼迁怒到服刑人员身上；(5)因顾及颜面，未能及时承认和修改不当判断或失误的决定。[①]

（二）服刑人员的过激反应

有些品行恶劣的服刑人员，抱着“法律对民警有很多约束，民警不敢对犯人怎么样”的心态，向民警发出挑衅。少数民警在遭到服刑人员的挑衅、侮辱甚至谩骂时，不能冷静处理，对服刑人员的挑衅行为做出一些过度惩罚的反应。此时，服刑人员就抓住民警的过错小题大做，号称遭受了民警的体罚、愚弄、羞辱等侵害，做出各种过激反应。服刑人员与民警之间的关系陷入高度紧张状态。

---

① 郑杰：《狱内冲突澄明与管控》，厦门大学出版社 2017 年版，第 67 页。

服刑人员由于自身调控、处理危机的手段不同，个人的人格特质不同，从外界所获取的援助和支持不同，监狱民警实施暴力震慑施暴服刑人员后，可能引发的服刑人员反应也不尽相同。郑杰在关于狱内冲突问题的调查研究中将服刑人员在警犯冲突后服刑人员的情绪表现归纳为四种主要类型：(1)“回闪”。不安、惶恐、夜不能眠或做噩梦，再次浮现与民警的冲突场景，尽管梦中出现的并不一定是真实发生的事情。(2)害怕与退缩。害怕面对别人，回避再次谈论和回顾已经发生的冲突事件。(3)沮丧。谋求一个人躲在一旁或裹上隔绝外衣的方式来“保护”自己。(4)惶恐。服刑人员生理反应发生明显的变化，整个身体特别是精神保持紧张状态，失眠，难以集中注意力或分配注意力。①

如果在警犯矛盾冲突中，民警处理不当，或采取刚性的制止服刑人员的暴力行为后没有做好后续的以理服人工作，就可能出现潜在危机。一位服刑人员说，“就因为他是干部，他就可以对我为所欲为。我是顶撞了他，可也不至于当着那么多人的面让我难堪啊”。沉默了一会儿，他又愤愤地说：“在里面他说了算；在外面，我会还给他的。”可见，民警在管理、教育改造罪犯过程中，方式方法很关键，公开的批评、教育之后，必须做到让当事的服刑人员做到心服口服，不让矛盾在其心中沉淀、郁结。如果出监之前不能很好地化解矛盾，服刑人员刑满释放后，就存在报复民警的潜在风险。

轻蔑的一瞥、不经意的冲撞，这对常人而言微不足道，而在有些服刑人员看来这已经明显侵犯了其尊严，或挑战了其底线。易冲动的服刑人员对“鸡毛蒜皮”琐事的态度、赋予这些琐事的意义显然与常人截然不同。

案例3.6.1 鸡毛蒜皮的琐事诱发暴力

(1)两个服刑人员为了一块香皂的赌注争吵起来，随后拳脚相向。

(2)服刑人员在活动室坐在一起集中看电视。服刑人员张某让另外一个服刑人员李某稍微挪一下位置，李某没有理会张某；张某一拳打断了李某的鼻梁骨。

(3)“你瞪我干嘛？!”

“我吃饱撑的，我瞪你了？”

---

① 郑杰：《狱内冲突澄明与管控》，厦门大学出版社2017年版，第67页。

“你就是在瞪我！说，为什么瞪我？”

几分钟后，两个人扭作一团。

服刑人员为什么会“小题大做”，为鸡毛蒜皮的小事不惜借助武力？这其实是服刑人员在被拘禁的处境下，所承受的社会压力放大所导致的。

在被监禁条件下，服刑人员拥有的可支配的社会资源远远少于监狱外一般的社会成员。在监狱外，一些微小的、可以忽略不计的资源（如在禁止吸烟的监狱，能获取香烟就是一种资源），在狱内被无限放大，成为人人羡慕的东西。由于生活空间小，人口密度相对较高，生存竞争残酷，导致服刑人员相互钩心斗角，往往为了一丁点的矛盾和小纠纷就可能大打出手。

因为违法犯罪被拘押，服刑人员自觉遭受了人生的挫折和惩罚。例如，按照自由刑的要求，他们的一切行为都在民警的监管之中。在监狱中，服刑人员格外在乎在那些同样被剥夺了自由的罪犯群体中保持尊严。对于服刑人员而言，“同改”[①]一个小小的侮辱，不管是有意还是无意的，都意味着对其尊严的挑战。因此，服刑人员对其他服刑人员的挑衅或漠视表现得“小题大做”“歇斯底里”，也就不足为怪了。服刑人员对可能遭受的屈辱十分敏感，他们耿耿于怀的并不在于事情本身的大小，而是鼓荡在胸口的“一口恶气”。也正是这“一口恶气”，常常让当事者“怒从心头起，恶向胆边生”。

拘禁处境带来的不安全感，降低了服刑人员对事物的认知判断能力，直接导致他们对情境的应激反应的准确性、适当性降低，更容易对一般事件做出悲观的、不利于自己的联想和推测，导致对微弱刺激的过强反应。

上述几种情况，无论对于警犯关系还是服刑人员之间的人际关系，都是促进服刑人员狱内关系恶化的诱因。为了促进这些狱内关系向健康的方向发展，民警在管理过程中，可以通过正念减压疗法、正念认知疗法、辩证行为疗法等帮助服刑人员进行人际关系修复，从而改善情绪，保护服刑人员的身心健康，促进监管秩序的稳定。

二、正念减压疗法的应用

正念，最初源于佛教禅修，是从坐禅、冥想、参悟等发展而来，即有目的、有

---

① 同改，是服刑人员对服刑人员的称谓，意思是“一同改造的人”。

意识地关注、觉察当下的一切,而对当下的一切又都不作任何判断、任何分析、任何反应,只是单纯地觉察它、注意它。后来,正念被发展成为一种系统的心理疗法,即正念疗法。正念训练的核心目标是直面情绪,专注现在,享受生命。

正念减压疗法产生于1979年,美国麻省理工学院分子生物学博士、马萨诸塞州医学院的荣誉医学博士卡巴金为麻省大学医学院开设减压诊所,并设计了"正念减压疗法",协助病人以正念禅修处理压力、疼痛和疾病,其本身是用来缓解压力的一套严格、标准的团体训练课程。正念减压训练课程的核心步骤是正念冥想练习。1995年,麻省大学邀请卡巴金博士设立"正念医疗健康中心"。他开始进行关于身心互动疗愈效能的研究与相关临床应用,希望能借此有效缓解慢性疼痛与压力引起的种种失调症状。至此,正念减压疗法越来越被人们所熟知,并被广泛地应用。

正念减压疗法,采取团体训练课程的形式对参训人员开展训练。每个进入减压诊所的患者都需要参加一个为期8周的团体训练班,每周一次,每次2.5~3小时。

正念练习的内容是禅定等正念训练,具体方法为:

步骤一:要求被试者为自己选择一个可以注意的对象。这个对象既可以是一个声音,或者单词,或者一个短语,也可以是自己的呼吸、身体感觉、运动感觉。

步骤二:在选择完注意的对象之后,提示参与训练的服刑人员舒服地坐着,闭上眼睛,做简单的腹部呼吸放松练习(不超过一分钟)。

步骤三:要求参与训练的服刑人员调整呼吸,将注意力集中于所选择的注意对象。提醒参考训练的服刑人员:在训练的过程中,如果头脑中出现了其他的一些想法、感受或者感情从而使自己的注意力出现转移,也不要紧,只需要随时回到原来的注意力上就可以。无论头脑中出现什么想法,都不用担心,只需要将注意力简单地返回到呼吸上来就可以,不用害怕,不用后悔,也不用任何评判。像这样的训练,进行10~15分钟之后,静静地休息1~2分钟,然后再从事其他正常的工作活动。

在我国监狱系统中,针对服刑人员的正念减压训练得到了广泛使用。正念减压训练在服刑人员中的应用效果调查研究,结果表明,正念减压训练不仅能够有效帮助服刑人员恢复平静心境、调节不良情绪、改善睡眠效果、缓解疼痛等，还能够通过长期的训练达到对人格障碍、冲动性、攻击性、低自控能力、犯罪思维模式等具有矫正效果。[①]

三、正念认知疗法的应用

泰斯德等人整合了认知疗法与正念减压疗法而发展成为正念认知疗法。泰斯德通过研究发现，生活压力、烦躁不安的情绪、官能障碍的思维模式与长期易复发的抑郁有很高的相关性。因此，他提出消除抑郁复发的方法：其一，要使人们认识到消极思维的出现预示着抑郁复发的可能；其二，通过某种方式使人们从易复发的消极思维流中解脱出来。

如前所述，在监狱服刑的这一群体，他们接受的是自由刑刑罚处罚，生活压力、烦躁不安情绪是常见问题，有人格障碍的患者不乏其人，情绪抑郁或患有抑郁症的服刑人员也时有发生。所有这些服刑人员由于自身的上述问题，常常导致狱内外的人际关系紧张甚至遭到严重破坏。

正念认知疗法整合了“认知疗法”与“正念减压疗法”的技法用来解决抑郁症的问题。正念训练使参与训练者学会“面对”而不是“逃避”现实的或潜在的困难。参与训练的服刑人员被要求培养一种开放的、接受的态度来应对当前出现的想法与情绪，可以通过打坐、静修或者冥想来完成，其核心技术是：(1)集中注意力；(2)觉察自己的身体与情绪状态；(3)接纳现实、顺其自然；(4)不作评判。这种正念练习促使参与训练的服刑人员产生一种“能意识到的”觉醒模式，而不是一种习惯化、自动化了的浑然模式。因此，正念训练可以在早期就觉察到能导致抑郁复发的消极思维模式，从而消除抑郁情绪或抑郁症的复发。除此之外，还可以采取认知疗法的技术，加强关于抑郁症的思想与症状的心理教育，能够促使患者更早觉察到这些体验，因而及时采取干预措施而防止抑郁情绪或抑郁症复发。总之，正念认知疗法提供了一种不同的方式，主张带着痛苦与紧张的情绪而生活。

四、辩证行为疗法的应用

辩证行为疗法是由莱茵汉创立的用来治疗边缘性人格障碍的治疗方法。之所以将基于禅宗思想的正念作为辩证行为疗法的一个重要部分，其原因在于

---

① 陈卓生：《监狱服刑人员正念减压训练：成效与展望——以广东番禺监狱的实践为例》，载《中国监狱学刊》2017年第2期。

发现了传统认知与行为方法在治疗边缘性人格障碍上的缺陷。按照精神病学的相关定义,边缘性人格障碍基本特征是一种人际关系、自我形象和情感的不稳定以及显著冲动的普遍模式,起始不晚于成年早期,存在于各种背景下。如果单从症状学的角度分析,在押的服刑人员中符合边缘性人格障碍标准人员不在少数,但随着刑满释放和生活境遇的改变,这些症状有的可以自动缓解。因此,在为服刑人员诊断时,要考虑到情境因素的影响。

莱茵汉认识到,运用传统方法治疗边缘性人格障碍,最大缺陷在于非常强调"改变",而这在边缘性人格障碍患者身上几乎是无效且不可能的。所以,他尝试改变传统的认知与行为方法,通过强调确认以及接受而不是改变来治疗边缘性人格障碍患者。在针对具有边缘性人格障碍的服刑人员的治疗中,确认症状、接受症状、改善能改善的、接纳不能改变的,按照莱茵汉提出这些辩证行为疗法的理念,疗效才更明显。

莱茵汉认为,边缘性人格障碍患者的主要特征是不能容忍生活压力,不会自我接受。因此,对这类患者治疗的核心便集中在使他们能够容忍生活压力,以及学会自我接受。辩证行为疗法被设计用来治疗那些有极端行为异常的个体,其基本主张是:通过带领和引导这类患者学习"中道"思想,消除极端思想和行为,并达到一种内心平衡状态。这就要强调佛教哲学的根本接受性原则,以及任何事情都是因缘和合而成的思想。鼓励这类患者认识到每一种行为都是可以按照逻辑推论出来结果的。辩证行为疗法所采用的具体技术同样是来源于佛教禅修的正念方法。这个疗法的疗程需要一年,每周 2 ~ 2.5 小时的课程,课程由八个患者和两个帮助者组成团体训练小组。

在上述团体训练过程中,通过"理解正念"以及"练习正念",在团体进行训练的过程中来培养患者的觉察性与接受性,使他们学会如何识别自己心灵的不同状态。另外,除了这种正规的课堂训练之外,也要求患者进行适量的家庭训练。在家庭训练中的体验与感受,可以带回团体训练的课程中,与团队的其他成员进行交流与分享。

因此,与正念认知疗法有正式的冥想练习不一样,辩证行为疗法常常依赖于非正式的冥想练习,如日常活动中的正念。这种不同,是因为边缘性人格障碍患者不可能进行长时间的静坐。

综上所述,正念减压疗法、正念认知疗法、辩证行为疗法在针对具有不同人际关系损坏及损坏的病理性原因的服刑人员治疗中，具有不同的适应证。民警及监狱心理咨询师通过会诊，选择适合的方法，对有需要修复人际关系、治疗边缘性人格障碍的服刑人员的关系修复及心理康复有重要意义。

第七节　服刑人员生活赋能训练方案

在监狱长期服刑的人员即将刑满出狱前，一个突出的问题就是出狱后的生活适应问题，如地铁、公交、超市等各种场所新的支付方式的变化，使他们不免产生焦虑情绪，新的就业需要和他们拥有的技能之间的不一致带来忧虑情绪等。因此，在监狱开展服刑人员生活赋能训练显得格外有意义，这将对缓解他们的心理压力、提高出狱后的社会适应能力有重要价值。

一、生活赋能训练原理

服刑人员在监狱改造生活中所经历和面临的困难和问题是多方面的，其中生活技能方面的障碍，直接影响到他们的生活质量，需要引起监狱的关注并对其进行必要的赋能训练。赋能，顾名思义，即赋予能力或能量，它最早出现在积极心理学中，旨在通过言行、态度、环境的改变给予他人正能量，以最大限度地发挥个人才智和潜能。赋能是双向的，它包括自我赋能和赋能予他人。

自我赋能是个体的自我驱动、自我激励、自我升华；而赋能予他人就是组织通过去中心化驱动组织扁平化，组织自上而下赋予人才开放创新的思想，锐意进取的动能，自主决策的权力，主动工作的态度，勇敢积极的行动以及心情愉悦的氛围，以充分发挥人才的个人才智和潜能。本节的生活赋能训练主要指服刑人员的自我赋能训练。

服刑人员的生活技能赋能包括：习惯化、去习惯化；新习惯养成。针对的问题：监狱养成的新习惯；出狱人出监需要养成哪些新的习惯，适应哪些新的生存环境，包括如何用银行卡、如何乘坐地铁、高铁等交通工具。

二、服刑人员生活赋能训练流程

（一）生活技能的元认知

生活技能的元认知是指对服刑人员生活技能本身的认识和反思。例如，生活技能对服刑人员意味着什么？哪些基本生活技能具有更普遍的意义？如何运用和掌握这些技能?

生活技能元认知训练旨在帮助服刑人员学会主动识别和改善现有不良习惯和技能,树立新的适应性的技能,能积极运用各种良好的策略或技能。

(二)赋能训练流程

1. 列举或挑选个人的成功事项

由参加训练活动的服刑人员列举1~2项他做过,并且感到比较满意的事情,详细回忆当时做这件事情的全部过程。所列举的内容可以涵盖服刑生活中的各个方面,如参加的文体活动、某一次劳动竞赛、与他犯或民警的成功交流、完成的某项技术革新、在文化学习或技术学习中取得的好成绩、坚持自学考试并获得单科/全科通过、所投稿件被刊登、在现身说法教育中获得好评等。列举旨在提升服刑人员的成就感和自信心。

2. 讨论成功历程和感悟

赋能训练的第二个步骤是启发服刑人员回想并详细描述自己的某次成功事件的全部过程,心理矫治人员/分管的民警帮助其总结所采用的生活技能。总结的具体方法是:首先,用简洁的语句对技能进行列举;其次,对所列举语句进行选择、补充;最后,对所列举的技能进行排序。简洁语句/词汇包括(但不限于):观察、倾听、沟通与交流、摸索与尝试、阅读、思考、写作、从错误中学习与领悟、不懈努力、创造/革新、与身边的人交谈讨论/研讨、关注与投入、在团体中学习、发现问题并解决问题等。讨论成功历程与感悟旨在帮助服刑人员归纳和总结自己的成功经验,为后续生活技能学习提供基础。

3. 列举个人困惑或困境

要求服刑人员列举1~2项令他感觉日常生活中比较困难、没有能实现的事情。例如,与某些服刑人员相处困难、在某个劳动岗位感觉力不从心、家庭矛盾无法面对或无法解决、没能得到直接管理自己的民警的理解、在某一次工作/生活/文化活动中没有成功等。列举个人困惑或困境旨在帮助服刑人员明确问题,为后续的讨论、分解、消除困境提供明确的目标。

4. 与服刑人员讨论和分解困境

与服刑人员一起讨论,上述列举的问题,当时没有做好的原因。可供选择的词语包括(但不限于):语言表达/意思表达不清楚、语言习惯不简洁、劳动技能学习不到位、懒惰、逃避现实、准备不充分、对抗、压抑等。这部分的讨论,旨在帮助服刑人员在平静的心境中探究服刑生活与社交生活中的困境及可能的解决方法。

5. 比较与小结

通过引导服刑人员列举成功和困境（失败）所运用的技能与策略比较，旨在启发服刑人员理解和领悟所运用的生活技能的合理与不合理之处、促进成功与阻碍成功之处，分离出哪些生活技能是需要警觉并尝试改变的。这一环节旨在帮助服刑人员进一步厘清解决问题的有效技能、强化有效技能在未来生活中的持续运用与发展。①

（三）赋能沟通模型

赋能沟通模型分为四个步骤：第一步，陈述事实。陈述事实时，心情保持平静，不要掺入情绪。有时候回忆起一个让自己不痛快的事情来，就容易激动，容易愤怒或伤心，这就是掺入了情绪。这就是把情绪和事实混在一起了，这在工作中，沟通效果就会打折扣，还没有到表达情绪的时候，就先心平气和地讲述事实。例如，一个瓮装麦子，另一个瓮装玉米。如果讲述事实时掺入情绪，就相当于把麦子和玉米粒掺到同一个瓮里，不好区分出来，效果当然不好。陈述事实时，除了不掺入个人情绪外，也不要加个人评判。讲事实，是沟通的开始。很多人经常问："怎么应对职场里面的'小人'？"那么，陈述事实就是应对小人的一个方法。分辨事实、陈述事实，仅仅这一个环节，就把"小人"给分离出来了，小人的一个特点就是经常捏造事实、混淆视听。

第二步，讲出自己的感受。把自己对所陈述的事实的感觉、体验、感受讲出来。"这个事儿让我比较生气！"这就是在表达感受，也就是表达情绪。我们有时候不会或羞于表达情绪，或者认为表达情绪不好，便把情绪给压制下去了。哭，或者抹眼泪，是用动作表达感受。讲感受，就是用一个词或用一句话说出来，例如"这个事儿让我不开心"。表达感受的词语包括：难过、悲伤、开心、孤独、慌乱、快乐、纠结、担忧、哀伤、悲痛、委屈、惊讶等。在陈述事实以后，要讲出基于事实的感受。

第三步，体会自己和对方的感受和需求。当把一个事实陈述清楚后，也把

① 参见吴宗宪主编：《中国服刑人员心理矫治技术》，北京师范大学出版社2010年版，第342－343页。

自己的感受表达出来了。此时，要在内心仔细体会下这种感受，重新审视是什么让自己拥有这样的感受。认真体会，体会到自己的感受的同时，要倾听对方的感受和需求。倾听就是读懂别人的感受，去感同身受。值得注意的是，倾听时既不要提出建议，也不要作比较，例如，"你这个事儿根本不算个事儿。"也不要辩解，"事情不是这样的。"更不要纠正，"你说的哪不是这种情况。"需要做的就是去感同身受，去体会对方的情绪，体会对方正在表达的感受。同时，表达出对对方的感受与理解。可以说："我非常能理解你现在的心情。""我能感受到你的痛苦。"然后请对方或引导对方把感受说出来。

第四步，清楚说出自己的需求。沟通的目的是满足自己的需求。你只有把自己的需求清楚地说出来，才有可能得到满足。一个人跟你发脾气，闹情绪，就是在向你求助，是对方自己的需求没有得到满足，只是不知道怎样清楚地说出自己的需求。一个人把你骂一顿，也是他自己的需求没有得到满足，对方是在宣泄情绪，也是在向你发出求助的信号，只是他/她没有把自己的需求说出来。领导批评你，是在表达他的不满，是需求没有得到满足，如果领导给你提出明确要求，这是在表达他的需求。在与人沟通时，说出自己的需求。说得越清楚、越具体，越容易被理解和得到满足。

（四）服刑人员生活事件应对策略

应对策略是指人们在遇到和处理应激刺激时所运用的方式方法的总称。应激刺激是指可以引起强烈负性情绪和不良躯体反应的各类内、外刺激。[①] 服刑人员在服刑期间可能会遇到各种生活事件，其主客观的严重程度也形色各异。常见的应激事件包括：配偶提出离婚、至亲病故或重疾、狱内情感纠葛、预期的减刑或奖励分数清零、热切期待的嘉奖受挫等。

应对策略主要包括：退避、幻想、自责、求助、合理化、问题解决等。有研究指出，退避、幻想、自责三种应对策略属于不成熟策略，求助、问题解决两种应对策略属于成熟策略，而合理化应对策略体现出了个体的矛盾心态和两面性的人格特点。[②]

① 王金道、刘勇、郭念锋：《临床疾病心理学》，北京师范大学出版社 1994 年版，第 55 页。

② 汪向东、王希林、马弘：《心理卫生评定量表手册》（增订版），中国心理卫生杂志社 1999 年版，第 111 页。

生活事件应对策略训练程序包括五个关键步骤[①]：

第一步，描述事件，识别应对策略。引导服刑人员回顾近期经历过的生活事件，尤其是其自感失败而又希望妥善应对的事件。要求其对事件的全部过程做出具体描述或倾诉，帮助其发现当时运用了哪些应对策略。

第二步，分析可用的应对策略。帮助服刑人员分析当时使用的某些应对策略的原因，当时是基于什么样的考虑，使用那些应对策略表明了服刑人员具有哪些无意识动机或冲突，其结果是否实现了最初的愿望，与最初的动机是否一致，抑或产生了相反的结果。

第三步，领悟习惯性应对策略。帮助服刑人员理解，在过去的事件和应对策略中，除了有意识运用的部分策略之外，人们在更多的时候是采用无意识中的自我防御机制。这些防御机制往往被人们习惯性地运用而浑然不知。民警或监狱心理咨询师帮助服刑人员区分正确的应对策略与心理防御机制[②]之间、与现实问题之间的差距，领悟习惯性应对策略的优势和劣势，为服刑人员的正确选择提供帮助。

第四步，置换消极的应对策略。帮助服刑人员尝试用积极的应对策略，替代消极的应对策略。积极的应对策略包括：面对现实、主动寻求帮助、寻求问题解决、理性思考、幽默处理、自我动力升华[③]等。消极的应对策略包括：替代幻想、逃避、消极怠惰、合理化[④]、自怨自艾、压抑、寻机报复等。引导服刑人员学会置换消极应对策略，为巧妙规避人际冲突、避免深度卷入负性生活事件具有积

---

① 参见吴宗宪主编：《中国服刑人员心理矫治技术》，北京师范大学出版社2010年版，第344页。

② 心理防御机制，是指个体面临挫折或冲突的紧张情境时，在其内部心理活动中具有的自觉或不自觉地解脱烦恼，减轻内心不安，以恢复心理平衡与稳定的一种适应性倾向。心理防御机制的积极意义在于能够使主体在遭受困难与挫折后减轻或免除精神压力，恢复心理平衡，甚至激发主体的主观能动性，激励主体以顽强的毅力克服困难，战胜挫折；消极意义在于使主体可能因压力的缓解而自足，或出现退缩甚至恐惧而导致心理疾病。

③ 引自心理学家阿德勒的著作《自卑与超越》。阿德勒表达了这样的观点：几乎所有人都存在自卑感，只是表现方式和程度不同而已。对此，阿德勒说，我们要做的不是去除这种情绪，而是要超越自卑。两者的区别在于：去除自卑是彻底不接受自己的自卑，而超越自卑是接受自己生而为人，必然会有自卑这个现实，超越自卑，实现自我的升华，成为更好的自己。

④ 合理化又称文饰，是指个体无意识地用貌似合理的解释来为难以接受的情感、行为、动机辩护，以使其可以接受，以求得心理平衡。尽管那些用于解释的理由往往并非主要的或真正的原因，也并不正确、不客观、不合逻辑，但个体本人却以这些理由来说服、安慰自己，目的在于避免精神上的苦恼，减少失望情绪。

极意义。

第五步,积极应对策略的实践与迁移。[①] 这一步骤旨在帮助服刑人员从某一件或某一类生活事件的处理中,学会积极地应对策略,并将这种技能迁移到其他类别的生活事件应对中。例如,在服刑人员面对配偶提出离婚这一生活事件中,要实践的应对策略是接纳现实,如果真正爱对方就该放手,从生活挫折中升华自我,走出抑郁、愤怒、寻机报复的恶劣心境。

① 在心理学中,迁移指的是一种学习对另一种学习的影响。技能迁移是一种技能的学习对另一种技能的学习和应用产生影响的过程或现象,即已经形成的动作技能对掌握另一种技能的影响。迁移分为同化性迁移、顺应性迁移与重组性迁移三种。重组性迁移是指重新组合原有经验系统中的某些构成要素或成分,调整各成分之间的关系或建立新的联系,从而应用于新的情境。这种经验的整合过程即重组性迁移。

第四章　服刑人员积极情绪培养

为了巩固服刑人员的情绪管理水平，不仅要教会他们应对消极情绪，还要培养他们感恩、宽恕自己与他人、培养责任担当意识与能力、与自己和解等积极情绪。为此，笔者设立了第四章“服刑人员积极情绪培养”，旨在帮助服刑人员纠正不合理信念，培养积极情绪、促进个体心理成长。在本章中，我们重点讨论服刑人员的积极情绪培养问题。感恩、宽恕、与自我和解、责任担当、乐观、积极应对压力、挫折复原力（心理韧性）是本章要讨论的七种积极情绪的培养/训练方法。

第一节　感恩训练

如果一个人对过往的美好时光不能心存感激和欣赏，却常常对过去的不幸夸大其词、念念不忘，那么，她/她的内心将无法到平静与满足。通俗地说就是“常常揭开伤口不利于愈合”。有两种方法可以逃离这种误区——感恩和宽恕（宽恕见本章第二节）。[①] 感恩能增加美好记忆的强度，而宽恕则将痛苦记忆的保险丝拆掉，使它不能再引爆，这样会使人更幸福。

一、感恩训练原理

笔者认为，感恩是个体“积极心理”的重要影响因素，也是提升个体积极情绪的有效手段之一。[②]积极心理学家塞利格曼认为，要体验到完整的感恩情绪，

---

① ［美］马丁·塞利格曼：《真实的幸福》，洪兰译，万卷出版有限责任公司2010年版，第77页。

② Sheldon, M., King, L., *Why Positive Psychology Is Necessary*, American Psychologist, 2001(03): 216－217.

个体必须做出相应的感恩行为。[①] 因此,对个体实施"感恩"训练,其技术手段和方法需从强化个体的感恩行为出发。

在社会人群中,常见的感恩行为包括:(1)"拜访恩人",通过感恩者对感恩对象诚恳真切的言行举止,来强化个体的正性积极情绪。(2)"帮助反馈",对帮助过自己的人,做出抑或"赞美"、抑或"互助"的行为,通过人际间的正向交流,有助于提升积极情绪。(3)"写感恩笔记",采用写日记或周记的形式,对生活中值得感恩的事件实施记录,可以深化个体"感恩"感的体验,树立正确的价值观。除了以上几种方法,还有"感恩心手舞""感恩故事"等,均是提升个体积极感恩情绪的形象而有效的技术手段。一些著名的感恩实验结果表明,有感恩动机的个体,更愿意在未来协助他人。[②] 在服刑人员群体中,训练他们的感恩情绪,同样可以从培养他们的感恩行为入手,通过感恩行为完成后的小组讨论与感受分享、反思日记写作与感受分享,提升感恩的积极体验,最终形成持久的感恩心态和感恩行为习惯。

服刑人员常见的感恩行为包括:(1)给家中的亲人写信,表达对亲人的感恩心情,对妻子孩子的"不离不弃"表达感激,对兄弟姐妹替自己在父母床前尽孝表达由衷感谢。(2)"帮助反馈",即对过去给自己提供过帮助的人,用语言清晰表达出对助人者的感谢及感谢原因,并表达对这种助人行为的真诚赞美,表达自己出狱后也会像助人者一样,努力提升生存技能,也去做更多的助人行为。(3)记录"感恩笔记"。记录狱内民警给予自己的启发、教育、帮助等,记录服刑人员中给予自己积极影响的人员,记录感恩的真切感受和感恩的理由。

对服刑人员开展"感恩"训练,不但能增强他们的社会道德感,加深他们的积极情绪体验,而且能降低他们"害人行为"的发生可能性。不过,对服刑人员"感恩"训练的实施,要结合他们的年龄、阅历特点来设计。同时,"感恩"的训练不应只停留在感恩表层行为上,还需结合行为背后的动机、感恩的真实体验开展讨论、经验分享,以便形成感恩习惯。

---

① Duckworth, A. L., Steen, T. A., Spellman, M. E., *Positive psychology in clinical practice*, Annual Review of Clinical Psychology, 2005, 1 (1): 629.

② 王卓亮:《弹性与大学生弹性人格的培养》,载《中国健康心理学杂志》2010 年第 6 期。

二、感恩训练流程

(一)破冰之旅:“风雨阳光变奏曲”

组建感恩训练团队之初,团队成员之间因为陌生、拘谨,很难快速进入训练状态。破冰之旅是“风雨阳光变奏曲”,旨在打破参训成员间的陌生感,通过约定、练习下列动作,活跃气氛,启动参训队员的训练热情。

训练之初,先组织参训的服刑人员做一个游戏,游戏的名称叫“风雨阳光变奏曲”。“请大家依次跟我边说边做,并记住刚才所做动作的名称。”指导者边说边带领团队(依次做下列动作):

“风起”——双手急急搓

“小雨”——两个手指互相敲击

“中雨”——四个手指互相敲击

“大雨”——双手鼓掌

“暴雨”——跺脚

“狂风暴雨”——跺脚+鼓掌

“风和日丽”——双手轻轻搓

指导者可以根据实际情况,掌握口令节奏及口令顺序,从易到难做动作,也可以通过变化顺序制造难度,带领参训的服刑人员活跃气氛,释放情绪。

(二)热身活动:谁与我一样

本活动旨在通过游戏,让参与训练的服刑人员彼此找到一些共同点,尽快建立熟悉感。

操作要领:参与活动的所有服刑人员站立围成一圈。指导者指定其中一个成员说:“我爱好旅游,我想知道,在我们这个团体里,谁和我一样……”然后跨一步进入圆圈中,其他成员中有同样爱好的,同样向圆圈中心跨一步,说“我也是”。接着,所有在圆圈中心的成员都退回原位。然后按照顺时针或逆时针的顺序,每位小组成员轮流做一遍。

(三)听音乐冥想,画感恩图

这一阶段活动旨在通过放松、冥想、思考、回忆、绘画、讨论,让团体成员把自己内心对感恩的理解表达出来。

操作要领:让参加活动的服刑人员围坐成一圈,开始放音乐《感恩一切》,要求所有成员闭上眼睛,随着音乐开始冥想,直至音乐结束。然后,要求每位成员把自己对“感恩的理解”用图画的形式进行表达，并以顺时针或逆时针的顺序依次向大家展示自己所绘画的内容，分享画面的含义和内心感受。

（四）说说我的感恩

本次活动的目的是让服刑人员回忆自己人生经历中最想感恩的人，并与大家分享。

操作步骤：(1)向参加活动的每位服刑人员发一张表格，如表4.1.1所示，让大家把自己觉得最想感恩的三个人写下来，并写明感恩的理由，以及最想对他（她）说的一句话。(2)在活动小组进行依次分享。

每个人在成长历程中，都会得到许多人的关爱和帮助。如果让你选择三位你最想感谢的人，你会选择谁？为什么？你想对他（她）说什么感谢的话？请在下列表格中写下来。

表4.1.1 我想对你说

最想感恩的人	感恩他（她）的原因	想对他（她）说的话

（五）感恩面对面

本次活动旨在让服刑人员将埋藏在内心的感恩面对面表达出来。

操作步骤：(1)可以利用亲情探视的机会，对参加训练的服刑人员“带一位在他生命中很重要，但他从来没有好好感谢过的人来，并且每个人都要上台说说为什么他要感谢这个人，而这个人事先并不知道他们活动的目的”（注意提前做好与家属的沟通，确保活动的顺利进行）。(2)由参训的服刑人员选一个对他生命有重要影响而又从来没有机会好好向他道谢的人，写一段感恩的话，一定要写够几页纸。研究发现，写这些感谢内容需要花很多时间来思考和措辞。(3)写好之后，请服刑人员借助探视机会，向前来探视的亲人面对面表达感谢，而不是写封信或打个电话。当面对你要感恩的人时，大声地将你的文章念出来，眼睛要看着对方，念的时候要有表情，要给对方足够的反应时间。两人一起回忆让你觉得这个人对你如此重要的那件事（限于探视时间的时长限制，组织训练的民警需要提前向有关领导报备上述活动）。

（六）感恩习惯训练：写感恩日记

假如服刑人员在感恩测验上的分数很低，或者对生活不满意的话，请写感恩日记。

操作步骤：在未来两周里，每天晚上上床睡觉之前，留出五分钟的时间，回想过去24小时发生的事，把它写下来。然后另起一行，写下你生命中值得感恩的五件事，例如，我还活着、朋友的慷慨、上天赐给我的决心、慈爱的父母、健康的身体、滚石乐队（或其他你喜欢的艺术）等。不要忘了，第一天先要做"生活满意度"测验和"总体幸福"测验，把分数记下来。14天之后，再做一次这两个测验，比较第1天和第14天的成绩。如果这个方法对你有效，请将它列为你每晚的必修功课之一。

（七）感恩有道

本阶段训练活动旨在帮助人们寻找感恩的方法，学会如何感恩当下。

操作步骤：准备几张大型纸张分发给团队中的小组各一张，以团队为单位，让服刑人员一起寻找"感恩的方法"，并写在指导者发给团队或小组的纸上，结束后与大家分享。

三、感恩训练效果评价

（一）感恩测验①

假如你的分数在35以下，你的感恩指标就落在了后四分之一；如果分数为36~38，就落在样本群的后二分之一；分数为39~41，则落在前四分之一以内；如果你得到42分，你就进入前八分之一的行列了。通常而言，女性的分数略比男性高一点，年长者的分数略比年轻人高一点。高分意味着有更多的感恩情绪、感恩认知和感恩行为；低分则意味着有较少的感恩情绪、感恩认知和感恩行为。

（二）测题

指导语：请用下面的数字表达出你对每个句子的赞同程度。

1 = 非常不同意；2 = 不同意；3 = 有一点不同意；4 = 中立；5 = 有一点同意；6 = 同意；7 = 非常同意。

① 这个测验是麦卡洛（Michael McCullough）和埃蒙斯（Robert Emmons）这两位专门研究感恩和宽恕的大师所设计的。塞利格曼以1224个成人样本的平均值为参照，来看一下你的成绩。

____1. 我生命中有许多值得感谢的事情。

____2. 如果要我列出值得感谢的每件事,这张单子会很长。

____3. 我看不到这世界有什么值得感谢的事情。

____4. 我对很多人都很感激。

____5. 我年纪越大,越感到生命中有许多人、事、物对我有帮助,他们都成为我生命历程的一部分。

____6. 要经过很长一段时间,我才会对某人或某事产生感激之情。

记分方式:

1. 请将1、2、4、5题的分数加起来。

2. 颠倒第3题和第6题的分数,也就是如果你填写7,就把它改成1,如果你填6就改成2,以此类推。

3. 把改后的第3题和第6题的分数加到第1步的总和中,这就是你的感恩测验分数。你的分数应为6~42。

(三)生活满意度测验

你可以赞同也可以不赞同下面的五个句子,并用1~7的分值来表示你对每一个句子的赞同程度。7=非常同意;6=同意;5=有点同意;4=既不同意也不是不同意;3=有一点不同意;2=不同意;1=非常不同意。

____1. 大致来说,我的生活很符合我的理想。

____2. 我对我的生活现状真是满意极了。

____3. 我对我的生活完全满意。

____4. 我已得到了生活中我想要的重要东西。

____5. 假如我可以重活一次,我也不会对我的生活做任何改变。

合计总分:

30~35,极满意,比平均水平高出很多。

25~29,很满意,在平均水平之上。

20~24,有点满意,处于美国成人水平的平均值。

15~19,有点不满意,低于平均值。

10~14,不满意,低于平均值。

5~9,非常不满意,比平均值低很多。

(四)总体幸福测验

在下面的句子中,圈选出最适合你的分数。

1. 总的来说,我认为自己:

1　2　3　4　5　6　7

不是一个很幸福的人　　　　是一个很幸福的人

2. 跟我的同伴比起来,我认为我是:

1　2　3　4　5　6　7

比较不幸福　　　　比较幸福

3. 有些人一直都感到很幸福,不论发生什么事,他们都能享受生活,并从每一件事中获取最大收益。你认为这句话适合你吗?

1　2　3　4　5　6　7

一点都不适合　　　　非常适合

4. 有些人总是没有幸福感,虽然并没有到抑郁症的地步,但就是幸福感不强。你认为这句话适合你吗?

1　2　3　4　5　6　7

非常适合　　　　一点都不适合

计分方式是把分数加起来除以4,美国人的平均值为4.8,三分之二的人介于3.8~5.8。

第二节　宽恕训练

宽恕是积极心理学领域内一个重要的积极心理品质,宽恕能帮助受害者消除愤怒、减轻痛苦、修复心理创伤。临床心理学的研究结果表明,宽恕干预能明显减少来访者的愤怒、抑郁、焦虑等消极的情绪体验。

一、宽恕的概念与分类

(一)宽恕的概念

宽恕意指改变对加害者的态度,从怨怼转变为原谅的心理历程。在现代社会中,宽恕是指为了求得集体和谐,得饶人处且饶人的情操。

宽恕涉及两个人，其中一个人在心理、情感、身体或道德方面受到另一个人的深度而持久的伤害；宽恕是使受害者从愤怒、憎恨和恐惧中解脱出来，并不再渴望报复侵犯者的一个内部过程。

恩赖特等认为：宽恕包含受害者的认知、情绪和行为反应三方面，是指受害者在受到不公正的伤害后，其对侵犯者的负面的认知、情绪和行为反应的消失，并出现正面的认知、情绪和行为反应的过程。

麦卡洛等人给出的定义以共情、利他和迁就理论为基础，认为宽恕是促使受害者对侵犯者产生共情的一系列动机变化过程。该过程降低了受害者报复和疏远侵犯者的动机，增强了受害者善待侵犯者的动机，并促使受害者与侵犯者和解。同时，他们还指出宽恕并非动机，而是一个亲社会动机的变化过程。

（二）宽恕的分类

莫格特首次对宽恕做了实证研究，她把宽恕分为三类：角色期待宽恕、利己的宽恕和内部的宽恕。

角色期待宽恕：表面上有宽恕的行为表现，但受害者并没有真正宽恕冒犯者，仍感觉到恐惧、焦虑，对冒犯者心怀憎恨。

利己的宽恕：有明显的宽恕行为表现，但这种行为伴有敌意，宽恕被视为体现受害者道德优越感的手段。换句话说，之所以宽恕冒犯者，是为了向人们展示自己宽宏大量的气度。

内部的宽恕：是一种真正的宽恕，受害者将对冒犯者的憎恨转变为仁慈和爱心。这种宽恕是主动的、积极的、发自内心的。

二、宽恕训练步骤

（一）“宽恕他人之过”训练

在服刑人员群体中开展宽恕他人的训练，可以按照以下步骤展开：

第一步，让服刑人员客观回忆伤痛。对于激情犯罪人、因防御型攻击而犯罪的人来说，犯罪行为的起因往往有对方的一定程度的过错，或者说，这些人经历过一些被侵犯、受伤害的过程。此时，指导他们尽量以客观的方式去回忆伤痛，不要自怨自艾。深吸一口气，慢慢地把事情在脑海中再想一次。

第二步，换位寻求解释。换位寻求解释也是一个移情过程。可以编一个故事，设想加害者如何解释其做出的行为。下面几点可以帮你想出理由：

(1)当一个人感到自己的生命受到威胁时,他可能会伤害无辜的人。(2)攻击别人的人通常是一个胆怯的、忧虑的、曾受过伤害的人。(3)情境可能造成他加害于人,而不是出于他的本性。(4)在伤害别人时,人们通常不经思考,直接动手。

第三步,帮助服刑人员超越报复动机,尝试做出利他行为。要求服刑人员先回想一下自己以前攻击别人之后,而对方原谅了自己,“这是别人给过你的礼物”“你当时对这个礼物非常感激”。所谓“施比受更有福”。民警引导服刑人员复述:“我们不是出于自私而宽恕别人,我们宽恕加害者是为了他好。”“告诉自己,你可以超越痛苦和报复,假如你甘愿宽恕别人。”

第四步,鼓励服刑人员“公开承诺宽恕”,在大庭广众之下宽恕对方。民警可以借鉴沃辛顿辅导当事者的做法:鼓励参训的服刑人员签下“宽恕证书”,“写信给加害者,在日记中、诗中、歌曲中写下宽恕,或是告诉一个可信赖的朋友”,这些事是最终实现宽恕的必要步骤。

第五步,引导服刑人员“长期保持宽恕之心”,因为人们对不幸事件的记忆不会轻易消失,一定会再次回到当事人的脑海,宽恕并不是把记忆清洗掉,而是把记忆所挂的标签更换。有记忆并不代表不宽恕,只是不要在记忆中加入复仇的成分。教会服刑人员在“不幸事件重新回到脑海时”学会提醒自己:“你已原谅了对方。”然后重读你写的宽恕之信。

以上步骤可以作为宽恕的原理,解决宽恕中存在的困惑,为后续训练提供理论支持。

(二)“权衡轻重,宽以待人”训练

“小不忍则乱大谋。”在暴力犯人群中,尤其是犯故意伤害罪的人群中,易怒、易冲动、好斗、好攻击的比例很高。争强斗狠、睚眦必报、不分轻重、不分青红皂白是这类服刑人员比较普遍的特征。在这类人群中开展权衡轻重、宽以待人的训练尤为重要。这一训练活动旨在帮助服刑人员学会宽以待人,提高人际交往能力。其中认知调节与重构内容包括:宽容是中华民族的传统美德,也是当代人必备的道德品质;人际交往中,摩擦甚至冲突是不可避免的,当摩擦、分歧、冲突出现时,需要人们有宽怀的心去对待;在人际互动中,学会与身边的人和睦相处、宽以待人,从而提高人际交往水平。权衡轻重、宽以待人训练该团体训练活动,共分为以下八个步骤。

步骤1:身边故事再现

将引起自己愤怒、不满、敌意的事件,描述清楚。

步骤2:故事反思

你觉得××和××的做法怎样?想一想,结果会怎样?

步骤3:综观所处的世界

在日常的服刑生活中,你遇到过类似的事情吗?你是怎么处理的?结果怎样?

步骤4:历史故事《负荆请罪》分享

视频/服刑人员讲述。

步骤5:“将相和”的启发分享

《负荆请罪》带给人们怎样的启发?在日常的服刑生活中应该怎样与人相处?

步骤6:团体辅导领导者总结

生活中,矛盾和误解时有发生,过分追求自己的情绪宣泄,只能使矛盾激化和加剧,使积怨越来越深。学会宽以待人、耐心听对方把原因说清,才能赢得更多的尊重和友谊。

步骤7:宽恕习艺训练

分组讨论,当遇到下列情景时,如何学会用宽容的心对待他犯?

情景一:分饭时,甲犯不小心把饭菜溅到了你刚刚洗过的衣服上……

情景二:乙犯经常在背后说你的坏话……

情景三:你将丙犯当朋友,丙犯却把你说的话跟分管的民警作了汇报……

步骤8:赠人玫瑰

团体训练领导者给每位参与的服刑人员一张空白的书签,请大家查找相关的格言警句写在上面,并将书签用彩笔装饰得很完美。送给自己的亲人、对手、分管民警、朋友。

(三)服刑人员宽容之心训练

训练服刑人员的宽容之心,可以借助如下狱内生活中的情形,培养服刑人员的宽容之心。

“当他犯无意弄脏了你的衣服时,该如何表达宽容?”

"当班长/小组长把你的错误向民警报告时,该如何表达自己的心情/态度/宽容?"

"当你的亲人在气头上指责你的错误时,该如何表达宽容?"

"当你遇到他犯故意诋毁和伤害时,如何在恰当表达不满后再表达宽容?"

"当民警怀疑你有违禁物品对你进行搜身检查时,如何表达配合/理解/宽容/感激?"

团体训练领导者的引导非常重要。团体成员就上述问题一一发表观点后,带领者总结时可以借助下列语言:

法国诗人雨果说过,"世界上最宽阔的是海洋,比海洋更宽阔的是天空,比天空更宽阔的是人的胸怀"。一个人在社会生活中,选择宽容,并正确把握宽容的边界,才能与周围人建立融洽的人际关系,创造美好的人生。

三、服刑人员宽恕水平提升策略

(一)宽恕他人

著名教育家苏霍姆林斯基说过:"有时宽容引起的道德震动,比惩罚更强烈。"首先,认识到"人无完人"的事实,学会容忍别人的缺点和错误。其次,引导服刑人员"换位思考",设身处地多为对方设想,服刑生活中的许多矛盾都容易化解了。再次,重视解决问题的意识,而不是使问题激化。鼓励服刑人员发现解决问题的多种方法,鼓励大家留意自己有创意的解决问题的方式,固定时间进行分享和讨论。最后,鼓励服刑人员与人为善,在交往中学会沟通,用沟通解决矛盾。

(二)饶恕自己

饶恕指免于责备或惩罚,饶恕自己又称自我宽恕。在人们的人生经历中,是否有某些时刻,每次忆起时内心都隐隐作痛?无法原谅自己那时那刻的"愚蠢"?那种同感,只有自己知道,仿佛沉浸在怨恨和内疚里,不断消耗着自己。自我宽恕是一个释放内心愤怒、内疚、怨恨等情绪的主动选择过程,一个主动放手的过程。这个过程从"原谅自己"开始,原谅我们的错误、不舒服的感觉和个人习惯。服刑人员群体中,有一部分人员有过度自责倾向,不能原谅自己所犯的罪错、给自己家庭和被害人家庭带来的伤害,内疚感和罪责感深重。这种情绪状态既不利于服刑人员走向新生,也不利于监管安全。引导罪责感深重的罪犯学会宽恕他人、饶恕自己,用全新的积极心态迎接新生就更显得必要而紧迫。

服刑人员自我宽恕的训练过程,可以遵循下列步骤:

第一步,将最难原谅自己的事情逐条写下来,再按照从“小”到“大”(你的主观判断,从你认为最轻微的事到最严重的事)排列一下,形成一个清单。你将在下面的练习中用到该清单。弥补那些你伤害过的人,获得自我宽恕。

第二步,以放松的姿态,坐在一个安静舒适的地方。在第一步的清单中,挑出那些严重困扰你的人或事情,仔细审视你们的关系。

第三步,认真地看完清单上的每一项,在脑海中形成你想要宽恕的图像——你自己、另一个人或者过去的场景,然后说,“我把你从我的悲伤、反对和谴责之中解放出来”,此时意识要非常集中。并重复以下句子:在我力所能及的范围内,我原谅自己故意或无意造成的任何麻烦或伤害。

第四步,仔细阅读清单上的每一条,在每一条后,重复这个短语:在我力所能及的范围内,我原谅自己……(省略号的内容是清单列出的条目)。即使我还不能原谅自己,我也宽恕自己的不能原谅。只要需要,我会继续为自己献上“宽恕”的无价之宝。想象你的生活中不再有任何困扰你的悲伤和委屈,你的内心得到了彻底宽恕后的安详。依照清单顺序,重复这个过程。

第五步,专注于宽恕他人。把你觉得最难原谅别人的事情列出来。同样按照从轻到重排列顺序。耐心一点,宽恕会随着时间的推移逐渐治愈你的心灵。

第六步,认真阅读清单上的每一项,在每一项后重复以下短语:在我力所能及的范围内,我原谅……(例如:我的朋友××骂我是××),即使我不能完全原谅她,我也宽恕自己的不能原谅。只要需要,我会努力为××送上“宽恕”的无价之宝。宽恕了自己和别人的过去之后,要对身边的人和事物有更多的觉知力和宽容心。

按照清单顺序,重复这个过程。

上述六步,是一种自我宽恕的正念练习。如果能每天做一下这个自我宽恕的练习会大有裨益,无论是我们的身体和心理健康、人际关系还是工作状态都会更好。

美国威斯康星大学教育心理学教授鲍勃-恩莱特(Bob Enright)博士在《宽恕是一种选择》一书中指出,真正的宽恕会让你得到情绪的释放和精神上的持久快乐,宽恕最终是一种自由,而不是压制。宽恕并不是别人做什么都是好的,你仍然可以很清楚地认识,他们的行为是有害的、不恰当的,并尽自己的力量让社会减少那些行为,但这并不意味着要用别人的错误来惩罚自己,让自己一直沉浸在愤怒和怨恨之中。恰恰相反,“你宽恕别人越多,收获的就越多,它会有助于你改变对自己和对他人的看法,改善人际关系。学会宽恕有助于缓解焦虑和抑郁,有研究表明,萌生‘宽恕的念头’能降低患高血压和心脏病的风险。宽恕了别人,其实也就是治愈了自己”。

第三节 与自我和解

服刑人员群体中,有一定比例的人员认为自己犯下的罪过给家庭带来了负担,给祖辈带来了耻辱,给孩子带来了生活和交往方面的压力。为此,他们对自身充满了责怪甚至深深的怨恨,并一度有轻生的念头。如何引导服刑人员与自我和解,脚踏实地走向新生,用自己的悔过自新来缓解亲人面临的压力,显得格外重要。

一、与自我和解训练目的

在服刑人员群体中,有一类人员由于种种原因无法原谅自己,他们不仅有深深的罪责感,而且常常陷入一种特殊的思维状态:他们认为只有死才能洗脱/消除自己的罪恶,才能解脱自己的精神。有这种心态的人数虽然不多,但对主管的民警而言,却时刻需要关注和警惕,要防止他们发生自杀行为。

训练这类服刑人员与自我和解的目的,旨在帮助他们了解生命的意义,使生命发光发热;了解生命的脆弱与坚强;了解生命的长河是曲折的,而前途是光明的。

二、与自我和解训练活动

与自我和解训练,本部分提供了五种活动,供民警组织服刑人员开展团体训练时选择使用。

(一)风雨阳光变奏曲

风雨阳光变奏曲,在本书前面部分有所论述,这里可以采取相同的做法,也可以使用本节介绍的新的变式,这一活动可以作为正式训练的准备活动(破冰之旅),以便尽快唤起参与人员的热情。

训练步骤如下：

(1)让服刑人员利用身体的任何部位碰撞发出两种以上的声音(声音会五花八门)。

(2)让所有服刑人员用最擅长的方式(口除外)发出声音(此时,组员已经形成几个主流的声音,如鼓掌)。

(3)带领小组成员渐渐形成五种声音发出的方式:

双手搓、两个手指互相敲击、四个手指互相敲击、双手鼓掌、跺脚。

(4)请小组成员回答:如何才能将我们发出的声音变成有节奏的声音?是不是可以利用一种自然界的现象来使我们发出的声音变得美妙动听?

想象一下,我们发出的声音和下雨会不会有许多相似的地方:

“风起”——双手急急搓

“小雨”——两个手指互相敲击

“中雨”——四个手指互相敲击

“大雨”——双手鼓掌

“暴雨”——跺脚

“狂风暴雨”——跺脚+鼓掌

“风和日丽”——双手轻轻搓

(5)带领者说:“让我们用声音来描绘一曲《风雨阳光变奏曲》。现在开始风起……下小雨……小雨变成中雨……中雨变成大雨……大雨变成狂风暴雨……狂风暴雨变成大雨……大雨变成中雨……又渐渐变成小雨……变成雨过天晴后的风和日丽。”

带领者说的时候,请参训的服刑人员用声音把描述中的各种下雨情景用前面规定的动作与声音表达出来。

活动结束后,带领者启发小组成员思考:这个活动让我们想起了现实生活中的什么?有的服刑人员可能会把活动和人生的起伏联系起来,这也正是我们组织此类活动的目的。带领者继续引导:生活中不会处处是阳光,也会遇到小雨、中雨、大雨甚至是狂风暴雨,但无论如何,我们一定要相信:阳光总在风雨后。

(二)生命玻璃杯

组织服刑人员参加生命玻璃杯活动,旨在带领他们领悟生命的易碎特点,生命需要每个人对自己的生命精心呵护、珍爱,同样对他人的生命也懂得珍爱,总体而言,培养他们对生命的敬畏感和珍爱之心。

训练步骤如下:

(1)带领者带领大家诵读指导语:

生命犹如玻璃杯,精心呵护不易碎;
生命犹如玻璃杯,能盛蜜水和泪水;
生命犹如玻璃杯,透明如水有言以对。
那静悄悄的玻璃杯,可盛满我们的心扉,
启迪我们把生活面对。

(2)请每位服刑人员画一个玻璃杯,在玻璃杯里写上自己的烦恼,算作一滴泪水,但不署名。(此间播放背景音乐《秋日私语》)

(3)把所有人员画的玻璃杯收上来,然后进行"玻璃杯"大洗牌,再发下去。每位服刑人员得到一张其他组员画的玻璃杯。拿到他人画的玻璃杯后,认真阅读他人所写的烦恼,思考后帮助解答玻璃杯中令人烦恼的问题。

(4)以小组为单位,分享并解决玻璃杯中所列举的烦恼问题。此时,组织活动的民警需要注意,对大家常遇到的问题要有足够的心理准备、应对策略准备,并防止服刑人员把活动内容和方向带跑偏。应特别鼓励服刑人员解决问题时使用积极词汇、积极情绪、积极策略,核心价值观要体现出感恩、宽恕、责任担当、乐观、合作、积极面对挫折等。

(5)每个小组选派一名组员上台,介绍本组得到的玻璃杯中的烦恼及解决方法。

(6)针对普遍的烦恼,带领者引导全体服刑人员共同探讨解决的方案。

(7)带领者总结:每个人在人生的不同阶段,都可能会遇到各种各样的烦恼和挫折。如果把所遇到的烦恼和挫折当作人生的坎坷、包袱,人生就充满了灰色;如果把挫折当作成长经历中的财富,就赢得了多姿多彩的人生。此外,人生如果错了方向,停止就是进步。如果我们静下心来去思考自己或他人在服刑生活中面临的问题,还常常能想出不止一种的问题解决方法。

(三)生命符号的旋律

带领服刑人员参加这一活动的目的,是培养他们领悟父母对孩子的期待、领悟任何一个生命个体在人类延续中的意义和价值。

带领者可参照下列训练步骤或选择与此相似的变式进行训练:

(1)带领者宣布:“今天,我们用彩笔绘制自己的名字,随意用任何符号来表现自己名字的寓意。”

(2)彩绘“我生命符号的旋律”:请参加活动的每位服刑人员画出或写出自己名字的由来及其寓意。(背景音乐:《蜗牛》)

(3)请服刑人员思考:谁给你起的名字,起这个名字的人对你有什么期待?在你的成长过程中,对自己的名字赋予过什么意义?

(4)小组分享。参选成员分小组,围绕上述三个问题进行讨论与分享。

(5)全体小组成员分享:每个小组的全体成员一起站在讲台上,展示自己的“作品”,并分别介绍自己的“作品”。

(6)带领者总结。带领者需要围绕下列要点进行总结:每个家庭中,家长对刚刚出生的孩子,都寄予了厚望。大家从家长给自己起名字的寓意便可窥见一斑,有的期待自己的孩子成龙成凤、成名成家,有的担心孩子不好养而故意起一些好养成活的带动物名的名字;无论当时家长赋予了名字什么含义,人生经历一定会赋予名字所代表的人一个不一样的含义,代表着人们独一无二的一生。经过本次活动的讨论,建议大家用新的思维和解释,赋予自己的名字和人生新的含义。

(四)一杯水的故事

带领服刑人员体验“一杯水的故事”,旨在通过故事,引导服刑人员领悟“适度放下生活中的人和事”的必要性,启发他们放下心中的包袱,积极体验服刑生活中每一次积极行为的结果。

1. 提问、体验与分享

带领者:拿起一个装有水的杯子,问参加训练的服刑人员:“大家猜猜看,这个杯子有多重?”

(服刑人员猜测性的回答):“50 克”“100 克”“125 克”,服刑人员纷纷回答。

带领者:“我也不知道有多重,但可以肯定人拿着它一点也不觉得累。”

带领者继续说:“现在,我的问题是,如果我这样拿着几分钟,结果会怎样?”

服刑人员回答:“不会有什么。”

带领者再次发问:“那好。如果像这样拿着,持续一个小时,那又会怎样?”

一位服刑人员回答:“胳膊可能会有点酸。”

带领者:“说得对。如果我这样拿着一整天呢?”

另外一名服刑人员大胆地说道:“那胳膊肯定会变得麻木,说不定肌肉会颤抖,说不定要到医院跑一趟。”

带领者:“很好。在我拿杯子期间,不论时间长短,杯子的重量会发生变化吗?”

服刑人员:“不会。”

带领者:“那么拿杯子的胳膊为什么会酸痛呢?肌肉为什么会颤抖呢?”

带领者顿了顿又问道:“我不想让胳膊发酸、肌肉颤抖,那该怎么做?”

一名服刑人员回答:“很简单呀,您应该把杯子放下。”

带领者:“正是!”

带领者继续(启发)说:“其实,生活中的痛苦有时就像我手中的杯子。我们痛苦几分钟没有关系,但如果长时间地想着它,不肯把它放下,它就可能侵蚀你的心力。日积月累,你的精神可能濒于崩溃。那时你就什么事也干不了了。”

带领者问:“有些服刑人员,他们整天闷闷不乐,摆着一张被生活欺负过的脸。他们怎么做才能改变这种状况?”

听众回答:“放下那些长期不肯放下的小事情……”

带领者:“是啊,仔细想想,令他们纠结、痛苦、不愉快的,并非什么难以挽回的大事,反而是些鸡毛蒜皮的小事。”

(服刑人员回顾与讨论……)

带领者:“有一句话说得好,人生除了生死,再无大事。然而,大多数人,懂这个道理,但未必能做到。而人们之所以容易被困在一人一事一局中,其实还是因为缺少一点‘及时放下’的人生智慧。”

带领者:“其实,作为成年人,每个人的生活中,都有许多不如意:大到自己的健康,孩子的工作,家庭的稳定,父母的身体健康,等等。小到因为一蔬一饭、柴米油盐的不如意等。最终击垮一个人的,也许不是无法承担的坏结果,而是你始终放不下自己的糟糕情绪。乐观的人,并不是未经世事,而是即便身处泥沼地,万般不如意,也能摆正心态,能扛的就扛,能忍的则忍,改变不了的就放弃,有余地的就努力。如何练就这样的处世态度?它需要:读万卷书,行万里路，阅人无数，不断地在挫败中修行、修心，最后修炼出一个更加平和、开阔、完整的自己。”

2. 跨过眼前的坎

带领者引用伏尔泰的话：“使人疲惫的不是远方的高山，而是鞋子里的一粒沙。”“我们有没有这种被眼前的小小困难阻挡了追求远大前程、忘记了初心的时候？”

(1)请参加训练的服刑人员举例说明。可以以下面的例子作为启发：①因为掉了几块钱，就唠叨纠结半天；②打碎东西，就要影响一上午的心情；③甚至吃饭时不小心让牙齿咬到舌头，也会说自己倒霉的人。

(2)带领者小结：刚才这些例子中，当事人在乎的不是那几块钱，也不是那件东西，而是他们太过情绪化，所以才会不停地跟自己较劲。其实，人的一生，会遇到许多不称心的事。但正是这些大大小小的经历，让我们学会更好地沉淀、丰富和完善自己。

(3)带领者分享故事。一位老和尚外出游历，把精心养了多年的一盆兰花托给小和尚照管。小和尚很认真地照管着兰花。无奈，天有不测风云，一天突然电闪雷鸣，小和尚没来得及把花搬回室内结果被狂风吹得七零八落。小和尚伤心极了，生怕老和尚回来怪罪自己。过了一段时间，老和尚回来了，小和尚战战兢兢地跟老和尚说：“师傅，跟您说个特别坏的消息，兰花被大风吹死了，花盆也摔烂了。”说完，小和尚开始等着老和尚发脾气、发落自己。只见老和尚微微一笑，说道：“养花可不是为了生气啊，花被大风破坏了，生气岂不是跟大风过不去？”

建议带领者与服刑人员一起复诵这句富有启发意义的话：“养花不是为了生气！”

带领者倡导大家一起读：“过去的事，已成定局；未来的事，我们无法预测，唯有活在当下，珍惜当下。”

带领者启发大家：“你会发现，没有什么人，是淡忘不了的；也没有什么事，是过不去的。错了就错了，过了就过了，把握现在，即是永恒。”

带领者还可以引导大家诵读：“学会释怀，既是不念过去，也是不畏将来。学会释怀，既是原谅别人，也是和自己和解。学会释怀，既是承担和接受，也是重新开始，再次起步。”

带领者引导："有时我们不去计较一些事情，并不是因为不在乎它们，而是我们知道，前方路还很长，在沼泽地停留太久，会越陷越深，还不如及时抽身。"

"毕竟人活着，是因为想要见到更值得珍惜的人，做到更值得追求的事，领略到更美的风景，而不是想要困在荆棘地，跟自己纠缠一辈子。"

（五）我的"五样"

带领服刑人员列举"我的'五样'"，组织该活动的目的在于体验生命中最重要的东西。

1. 具体操作流程：

（1）将参加活动的服刑人员分组，6～8人一组。

（2）带领者为每位成员发一张A4纸。要求活动参与者在纸的顶端写下自己的名字，然后快速在下面写自己认为自己的生命中最重要的五样东西，这五样东西既可以是食物、水、钱等，也可以是人和动物；既可以是精神的追求，也可以是爱好和习惯；既可以是抽象的事物，也可以是具体的物品。总之，列举的是自己认为是生命中最重要的东西即可。

（3）带领者告诉参与者，生命中发生了意外，最宝贵的五样东西保不住了。让活动的参与者逐一删除，最后只能剩下一样。

（4）小组讨论：参与团体训练的服刑人员逐一报告自己的删除过程，并说明每一个删除的原因。每位参与者分享自己选择和放弃的心理感受，以及为什么要这么做。

（5）对特定情况的处置：在团体活动中，可能会出现参与者就是不愿意舍弃的情况，带领者或其他参与者可以启发他，并认真思考原因。

2. 带领者总结

人们容易忽略自己所拥有的，追求自己所没有的。"我的'五样'"活动让我们明白，我们现在所拥有的，一旦失去才是令人痛惜的。

第四节　责　任　感

一、责任感的概念

责任感是指人在道德活动中，对自己完成道德任务的情况持积极主动、认真负责的态度而产生的情绪体验。影响个体责任感充分发挥积极作用的因素有:(1)对道德要求的理解程度;(2)对道德情感的正确感知;(3)是否具有完成特定道德情境任务的各种能力;(4)能否预见到自己行为的后果;(5)对自己的行为后果是否敢于承担责任。责任感缺乏会严重阻碍个人道德的健康发展。

二、家庭责任担当训练

1.训练活动目标

使服刑人员认识到责任担当的含义,在活动中敢于承认错误、能正确看待别人的错误、意识到对自己、对家庭、对社会所肩负的责任。

2.材料准备

胸卡、彩色笔、视频、投影仪、椅子两把、贴纸两个、大纸、记号笔、诗歌《家是什么》打印稿。

3.操作步骤

第一,观看卜桦的FLASH作品《猫》。故事梗概:猫妈妈和孩子相依为命,尽享天伦之乐。但是,横祸突降,猫妈妈被歹徒暗算,原先懦弱的孩子为了挽回母亲的生命,毅然决然地冲入地狱,以命相搏,最终感动了上苍,母子重新团聚了。这个故事用凄怆哀婉的剧情,把亲情的感人至深的内涵描述得淋漓尽致。

第二,空椅子对话。将事先准备好的两把空椅子相对而放,一把椅背上贴着"父母"字条,另一把的椅背上贴着"孩子"的字条。首先请参加活动的服刑人员坐到"父母"椅子上,扮演自己的父母,面对"孩子"椅子上的自己,说说父母的心里话。然后请有孩子的服刑人员坐在"孩子"椅子上,扮演自己的孩子,面对"父母"椅子上的自己,说说孩子的心声。

第三,分组讨论。自从犯罪被判刑入监服刑后,自己还有哪些家庭责任想要履行?每个小组发一张大纸,一支记号笔。把这些家庭责任一一罗列出来,大家说,一个人记录。然后,每组派一个代表上场来分享并解释。

第四,诗朗诵《家是什么?》(配乐)

家

家是温暖的壳,
家是能铺开心事的地方,
家是没有桃花的桃源,

家是一言难尽的一个字，
家是受伤时的“创口贴”，
家是父母投资、儿女欠债的地方，
家是握在手里盈盈一脉的馨香，
家是用爱砌出来的城堡，
家是以爱为圆心、以家人手牵手为半径走过的一个圆，
家是整个世界在下雪、走进其中却是春天的地方。

三、社会责任担当训练

本活动旨在让服刑人员认识到自己所肩负的社会责任，克服责任扩散的推脱思想，勇于承担负的社会责任。

操作步骤如下：

第一步，《落水》心理情景剧内容介绍。一位在河边钓鱼的老人不慎落水。附近的人看到后立刻大声呼救，很快引来众人围观，我也在其中。我想，这么多人在场，即使我不去救，也会有别人去救。看到很多人拿着手机在拍照，我也掏出了手机，对准河里时隐时现的落水者的人影拍了起来。一分钟过去了，众多围观者竟然没有一个人下去救这位落水老人，大家都在岸上纷纷议论。这时，家住我家隔壁的王大爷刚刚路过这里，见到有人落水，二话没说，只见他连衣服都没顾上脱，就跳入水中，将落水者救起。直到这时，我才看清了落水者的容貌，他竟然是我爷爷……我傻呆呆地一句话也说不出来了……

第二步，《落水》心理情景剧即兴表演。请参加活动的服刑人员阅读该情景剧的剧本后进行即兴表演，分别请服刑人员扮演落水老人、王大爷、我和围观群众。

第三步，讨论。针对四个问题进行讨论：一是看完《落水》，对王大爷的见义勇为行为，你有什么感想？二是分析为什么会有人袖手旁观？在遇到有人需要施救时，袖手旁观有什么坏处？三是作为服刑人员，回归社会后如何重新赢得别人的认可和尊重？四是在狱内遇到需要见义勇为的情境时，自己该如何做？

第四步，带领者总结：“赠人玫瑰，手有余香。”不求回报的助人行为是一种善良行为，会得到社会的认可和众人发自内心的敬重。作为社会中的成员，勇于承担社会责任，遇到他人需要帮助时，及时出手相助，这不仅是一种美德，更

是一种社会责任担当。“如果每人都多献出一点爱,社会将有更多地向善的行为,世界将变得更加美好。”因此,不论是在狱内还是将来回归社会后,担当起自己的社会责任,将赢得更多的社会尊重和更多的社会支持,从而促进社会成员间更多的良性互动。

第五节 乐　　观

乐观既是一种人生态度,也是一种对事件发生原因的认知归因与情绪体验。培养服刑人员乐观的人生态度以及他们对过去生活事件的乐观的情绪,有助于他们顺利度过服刑生活,积极适应未来回归社会后的新生活。

针对服刑人员开展乐观训练,首先,要引导他们经历接纳现实、真诚认罪、悔过自新的阶段;其次,讲解乐观的人生态度之于每个人的意义;最后,运用积极心理学家提供的解释风格的三个维度,带领服刑人员进行体验、练习,最终形成乐观的情绪。

1. 训练目标

将服刑人员中过度悲观的人,通过训练,使这些人向乐观的习惯转变。

2. 训练步骤

第一步,带领服刑人员学会区分乐观与悲观。悲观的人通常表现为:认为坏事都是因为自己的错,这件事会毁掉他的一切,并且会持续很久。而乐观的人在遇到同样的坏事时,通常认为现在的失败是暂时性的,每个失败都有它的原因,不一定是自己的错,可能是环境、运气或其他原因所致。乐观的人不会被失败击倒。在面对恶劣环境时,他们会把它看成一种挑战,并努力地去克服它。[①] 改变悲观的方法有两种:第一种是转移注意;第二种是反驳它。从长远看,反驳更有效。[②] 转移注意旨在将悲观的思维转移走。可以先从中断悲观的习惯性思维开始。躲避令人不安的想法(转移注意),是一种很好的急救方法,但从长远看,根本方法是去反驳它,与它争辩。有效的反驳建立在四大基石之

---

① [美]马丁·塞利格曼:《活出最乐观的自己》,洪兰译,万卷出版有限责任公司2010年版,第5页。

② [美]马丁·塞利格曼:《活出最乐观的自己》,洪兰译,万卷出版有限责任公司2010年版,第212页。

上:第一是搜集证据,第二是作出选择,第三是化解灾难,第四是发展反攻策略。[1] 通过这四种重要途径,可以使反驳更令人信服。

第二步,带领服刑人员认识并摆脱无助感。引导服刑人员转变认知:如果人生走到成年期,还不能摆脱无助感、不能形成自我控制感,那么,需要做的事情是学习新的策略提升自己的控制感,而不是退缩到只能体验无助感的心境。对于无助感、绝望感强的服刑人员,这一步需要做重点关注。

第三步,带领服刑人员改变恶劣心境。乐观者在生活中跟悲观者一样,同样也会遇到挫折、不如意的事情,只是乐观者处理方式与后者不同。乐观者在遭受打击后能很快复原,所以他们能在事业上、学业上、运动场上表现得更好。乐观者的身体更健康,也更长寿。悲观者则不然,即使事情都如其所愿,但他/她依然会为不可预知的灾难而忧心。现在要悲观的服刑人员学习的是如何去改变这种情绪。有两个关键步骤:(1)认识这个不好的事件、想法和后果之间的关系;(2)看这个事件—信念—情绪结果模式如何每天的生活中运作。这从记录每天的情绪开始,旨在发现是哪些习惯性的想法需要改变。

第四步,运用反驳策略,教会服刑人员告别悲观情绪,拥抱积极乐观。悲观的服刑人员,常常持有一些悲观的想法,这些想法使他们感到无助甚至抑郁,而且难以自己走出这种情绪。民警可以在个别谈话教育、个体心理辅导中,训练他们掌握下列四种反驳悲观想法的策略。一是列举证据:举例证明这些悲观想法是不正确的。二是列举其他可能性:寻找导致某件事情发生的其他原因。通常一件事情的发生不会只有一个原因,而是由多个原因引起的。三是消除暗示:当消极/悲观想法“确实是对”的时候,需要使用“非灾难法”。非灾难法就是当事人问自己:“我的消极想法会有多坏的影响?”要想回答清楚自己提出的这个问题,就需要重复“证据”求证的过程。这是用客观事实来消除自我暗示的有效策略。四是质询这种想法的“用处”:当你做一件事情时,不要问自己“这个想法对吗?”而是问“现在想这个对我有用吗”,如果答案是否定的,请选择转移注意,不再去想它。

综上所述,悲观者可以通过学习来变得乐观。换句话说,乐观是一种可以学习而掌握的技巧,掌握得好,可以改善他们的生活品质。

---

① [美]马丁·塞利格曼、[美]莉萨·杰科克斯、[美]简·吉勒姆:《教出乐观的孩子》,洪莉译,北京联合出版公司2017年版,第4页。

第六节 培养服刑人员积极调节心理压力的技能

服刑人员面临的心理压力,比正常社会人群面临的压力更多一些。这些心理压力,有来自服刑人员家庭的经济压力和精神压力;有来自狱内新的生活适应方面的压力;有来自对刑满释放后生存技能和社会适应的压力;还有来自狱内人际关系的压力,等等。服刑人员的心理压力是多因素相互作用的。如果任凭服刑人员采用消极应对方式、负性自动性思维解决问题,那么将非常不利于维护服刑人员的身心健康,也不利于教育改造工作的顺利进行,更不利于监管秩序的维护。对于神经质人格特征、文化程度低、家庭经济差、身患疾病的服刑人员,要有的放矢、科学管理。[①] 如何帮助他们缓解这些压力,使他们安心服刑改造是监狱民警面临的问题之一。

一、服刑人员面临的心理压力及症状

从学理上看,从生理—社会—心理学取向的角度,可以把压力理解为一种复杂的身心历程,它包含压力源、认知评估和焦虑反应三部分。

常见的导致服刑人员心理压力的生活事件包括但不限于下列事件:劳动改造的工作环境适应问题、劳动技能不足问题;家庭人际关系问题;社会人际关系问题;经济拮据;久病不愈或亚健康问题等。服刑人员面临的突出的心理压力问题主要集中在狱内人际冲突与人际关系问题、家庭支持与亲子关系问题、婚姻危机、出狱后的谋生就业问题等。

服刑人员心理压力持续增大时,既可能产生生理疾病,也可能产生心理疾病。心理压力导致的生理疾病按照其严重程度可分为两类:功能性疾病与器质性疾病。功能性疾病如睡眠障碍、进食障碍、性功能障碍等;器质性疾病包括冠心病、胃溃疡,甚至肿瘤等。还可能会出现抑郁、焦虑、紧张、担心、失眠等精神方面的病变,进而影响正常的生产劳动、职业技能学习、人际关系等。

二、服刑人员适用的心理压力调节技术

关于心理压力调节技术,研究人员、临床心理学工作者等发展出了很多方

---

① 任夫乔、顾成宇、冯锐等:《服刑人员心理压力影响因素的研究》,载《中国行为医学科学》2006 年版。

法。常用的心理压力管理/调节技术包括认知重构技术、行为矫正技术、日记写作技术、肌肉放松技术、呼吸放松训练技术、健身训练技术、音乐调适技术等（如图4.6.1所示）。从全国监狱系统的应用情况看，行为矫正技术、肌肉放松技术、呼吸放松训练技术、音乐调适技术应用较多，主要通过团体心理辅导、个体心理辅导与治疗对服刑人员的心理压力进行管理。从压力管理的普适性和效果持续性来看，引导服刑人员进行认知重构技术训练和写日记技术训练，相较于其他技术，监狱消耗的成本更低，对服刑人员来说使用起来更方便。

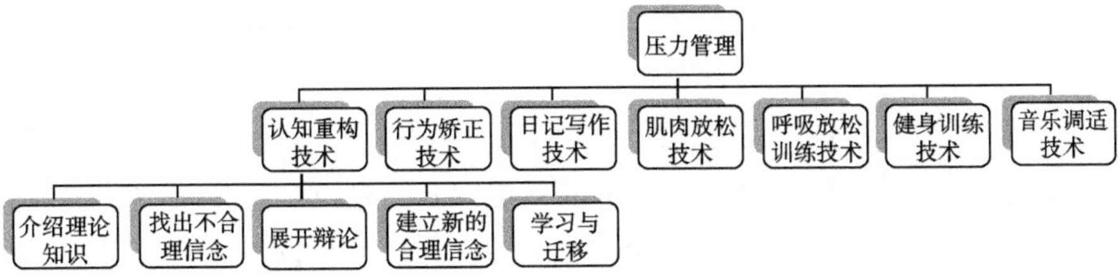

图4.6.1 压力管理技术

（一）服刑人员认知重构训练

认知重构是认知治疗的核心治疗成分，由A.T.贝克和他的同事们首先介绍到心理治疗领域。近年来关于认知重构的治疗效果得到了证实：认知重建是治疗心理障碍，尤其是治疗焦虑和抑郁的有效策略。服刑人员因心理压力带来的精神障碍通常包括：焦虑、抑郁、失眠、人际关系紧张等，通过认知重构训练，有望得到持续的疗效。

帮助服刑人员进行认知重构的流程①：

1. 引导服刑人员重新认识压力

压力是压力源和压力反应共同构成的一种认知和行为体验。人的内心冲突及与之相伴随的情绪体验是心理学意义上的压力，是由外部事件引发的一种内心体验。人们排斥压力是由于缺乏对压力的客观认识。我们可以引导服刑人员重新定义压力：压力会让我们更深层次地参与生活，让工作更专注，让你具备更多的内在力量。有了这样的认识，人们便不再排斥压力，而是要学会与压力和谐相处。通过直接或间接介绍认知心理学理论，使服刑人员了解自己感受

① 杨凤池主编：《私人心理顾问操作技能》，北京大学出版社2016年版，第39－41页。

到压力的原因在于对压力事件或自身能力及资源的不合理评价。

2. 帮助服刑人员找出不合理信念

帮助服刑人员找出不合理信念的方式有很多种，一般可以问服刑人员："当你一想到压力事件，你心里在想些什么呢？"通过这样的探问，可以找到隐藏在他们心中的深层信念，即那些不合理信念。找出不合理信念是开展有效干预的必要步骤。

3. 引导服刑人员与自己的不合理信念进行辩论。

常用于与不合理信念辩论的方式包括"质疑式""价值式""极端式""更新式""夸张式"五种：

（1）质疑式。质疑式是指直截了当问服刑人员"这种不合理信念是否有足够的事实依据"，例如："你有什么证据证明自己这一观点？"

（2）价值式。价值式是指询问服刑人员"目前的情绪和行为是否确有价值"，例如："一旦事情发展不是你所期望的那样，你就可以整天愁眉苦脸，放弃继续努力的机会吗？"

（3）极端式。极端式是指询问服刑人员"这件事最坏的结果是什么"，例如："最坏的结果是什么？真的有那么可怕吗？会可怕到什么程度呢？"

（4）更新式。更新式是指提醒服刑人员"从另外的角度想一想，事情发展不是你预期的那样，是否也有好处呢"。

（5）夸张式。夸张式辩论是指故意夸大服刑人员的观念，使其看到它明显的不合理之处。例如："是不是要告诉所有人你减刑裁决未能取得预期的结果，提醒大家不去努力了呢？"

4. 引导服刑人员建立新的合理信念

心理咨询师或民警帮助当事的服刑人员及时发展新的合理信念，用新的信念替代原先的不合理信念。例如，"压力并不可怕，压力能让我更专注""压力人人都有""压力能让我干起活来更有效率""压力本身不是情绪不好的原因，没有学会放松、压力事件结束后没有及时恢复才是自己的问题"，这些新的认知重构能帮助压力过大的服刑人员快速复原，走出压力带来的情绪困扰。

5. 引导服刑人员把学到的认知重构技术进行练习与迁移

发展新的合理信念后，可以要求受心理压力困扰的服刑人员多次重复诵读该信念，以获得巩固的效果，并让其在生活中推而广之，在其他类似事件里使用新的积极信念，从而减轻压力。

使用认知重构技术的操作注意事项：

(1)以改变认知为重心。在咨询过程中会遇到服刑人员需要处理的情感和行为等问题，但心理咨询师或民警要将主要精力用于针对他们的错误信念做认知改变工作，将其他对情绪和行为的干预方法纳入认知重构的框架体系中。

(2)注意把握辩论和质询的分寸。认知重构主要采用与不合理信念进行辩论的方法改变服刑人员的认知。而辩论和质询具有尖锐、逼人的特点，可能会引起服刑人员心理上的抗拒。因此，心理咨询师或民警一定要注意把握好分寸，只能对事不对人地进行质询，不能将自己的价值观强加在服刑人员身上，更不能给服刑人员造成受到控制和被攻击的感觉。

(3)保持足够的耐心。心理咨询师或民警应有耐心，给他们充裕的时间进行自我思考、自我辩论。允许甚至帮助当事的服刑人员清理、整合他们的思维方式和观念，并把握时机，目标在于促进服刑人员的认知转变。

(4)防止新的认知偏差出现。在帮助服刑人员放弃原有的不合理信念、重建新的合理信念时，应防止服刑人员从一个极端走到另一个极端，即防止形成新的不合理信念。例如，过去认为压力大是一件令人害怕的事情，经过治疗后认为“压力越大越有效率”“压力越大越好”等新的认知偏差，同样是不合理信念。防止服刑人员新的认知偏差形成的方法，是在咨询和治疗过程中，逐步教给服刑人员学会辩证地看待问题，学会客观分析事物所包含的矛盾和矛盾的不同方面。

(5)请服刑人员复述新的合理信念时，应注意某些言语因素。来求助的服刑人员最初可能不习惯进行新的合理观念的言语操练，因而在重复进行言语对话时，往往不太自信，声音显得漂浮。对此，心理咨询师或民警一方面要从动机入手，坚定其信念；另一方面，也要训练服刑人员的非言语表达，如声音要实在、有力，身体要站直，语速不要过快等，以配合其言语复述。

(6)注意认知重构技术的适用服刑人员。一般认为，认知重构技术对智力水平较高的人、受教育程度较高的人尤为有效。对那些不能做理性分析者、不愿接受该方法或对该方法有偏见的服刑人员、年龄太大或太小的人、与现实脱节而沉溺于幻想的服刑人员，认知重构技术则不太合适，改变他们的认知、用质疑与辩论的策略都可能带来巨大的阻抗或对峙，严重影响咨访关系。

(二)服刑人员日记写作技术训练

日记写作的过程,既是舒缓压力、调整情绪的过程,也是重新认识自我、调整认知结构的过程,是一种有效的心理减压方法。鼓励服刑人员使用日记写作技术来舒缓压力、调节情绪,在时间上具有便利性,在形式上具有多样性。

1. 写作方式

不限,以服刑人员自己习惯的方式为主。

2. 写作时间

由服刑人员选择自己比较空闲、愿意坐下来反思的时间。固定写日记的频率,如每周三篇。在开始的时候,最好把时间定为最少用 15 分钟写一篇日记,一周写三篇,之后可根据感受变化增加写日记的篇数。

3. 写作内容

将日记本平均每页分成数个按时间分段的栏目,如“上午”“下午”“晚上”“睡觉前”等。内容包括感到压力的事件、积极经历和当时的情绪感受、认知分析和自我修正及鼓励,尤其当一种压力症状出现时应详细记录其出现之前的一刹那的感受和认知,如表 4.6.1 日记表所示。

表 4.6.1 日记表

时间	事件	感受	认知	处理	联想
上午 下午 晚上	劳动竞赛报名	兴奋,担心不能给班组拿到奖励,感到有压力。	犹豫,拿不到奖班组成员可能会有所埋怨。	大胆报上。只有拼一拼才知道自己干活的实力。	以前体育比赛也犹豫过,后来拼搏的结果是获奖了。

4. 使用写日记技术的注意事项

(1)保持日记的私密性:日记只给监狱心理咨询师或主管民警看。

(2)集中注意力:提醒服刑人员在开始写作之前,闭上眼睛,做几次深呼吸,试着放松,集中注意力,把正在吸引意识注意的那些不重要的想法驱散。

(3)自由地写:提示服刑人员确定那些最能引起强烈沮丧、悲痛和不安的顾虑和问题。在确定了问题之后,描述在面对这些压力刺激时所产生的情绪、脑海里浮现出什么。写下自动出现在脑中的全部内容,不要做任何筛选和审查。这一点服刑人员做起来会有困难,因为特定的身份,不作任何筛选和审查是难以做到的。因此,只适用于精神病患服刑人员。

(4)使用各种形式:鼓励服刑人员既可以使用表格形式,也可以根据自己已经习惯的格式自行调整。同时,日记也可以是富于变化的,如配画、诗、音乐等,各种形式都可以尝试。

(5)给日记条目分类:鼓励服刑人员对前期完成的日记,用任何一种方式将它们分类,以便将来回顾。

总之,鼓励服刑人员运用日记写作技术来舒缓心理压力,保障日记的私密性是一个有挑战的问题。心理咨询师可以与当事服刑人员协商放置在心理治疗档案中或请民警保存在服刑人员的作业档案中。

三、服刑人员心理压力调节效果评价

评价服刑人员积极调节压力的效果,可以使用量表法,如通过表 4.6.2 的生活改变与压力感量表。在使用某一项或几项压力调节技术之前、之后分别做量表,之后比较压力调节前后量表得分的变化情况。如果压力感分数明显降低,说明调节效果比较好。

表 4.6.2　生活改变与压力感量表

生活改变事件	压力感	生活改变事件	压力感
1. 配偶亡故	100	14. 家庭添进人口	39
2. 离婚	73	15. 事业重新整顿	39
3. 夫妻分居	65	16. 财务状况改变	38
4. 牢狱之灾	63	17. 亲友亡故	37
5. 家族亲人亡故	63	18. 改变行业	36
6. 个人患病或受伤	53	19. 夫妻争吵加剧	35
7. 新婚	50	20. 借债超过万元	31
8. 失业	45	21. 负债未还,抵押被没收	30
9. 分居夫妻恢复同居	45	22. 改变工作职位	29
10. 退休	45	23. 子女成年离家	29
11. 家庭中有人生病	44	24. 涉讼	29
12. 怀孕	40	25. 个人有杰出成就	28
13. 性关系适应困难	39	26. 妻子新成就或离职	26

续表

生活改变事件	压力感	生活改变事件	压力感
27. 初入学或刚毕业	26	35. 改变宗教方式	18
28. 改变生活条件	25	36. 改变社会活动	17
29. 个人改变习惯	24	37. 借债少于万元	16
30. 与上司不和睦	23	38. 改变睡眠习惯	15
31. 改变上班时间或环境	20	39. 家庭成员团聚	15
32. 搬家	20	40. 度假	13
33. 转学	20	41. 过重要节日(如春节)	12
34. 改变休闲方式	19	42. 些微涉讼事件	11

记分方法:按照表中列举的生活事件对应的压力感分数进行计算。如果服刑人员经历或正在面临的相关事件越多、排序越靠前,那么累积的压力感分数就越高,说明生活事件给当事人带来的心理压力也就越大。

第七节 服刑人员挫折复原力培养

人类最强的能力,是在遭遇生活的重创后迅速复原的能力。“挫折复原力不能保证你在所有领域都取得成功,不能承诺你充足的财富,也不能保证你的人际关系可以有效发展,或者让你在努力拼搏两年后得到升职机会。但挫折复原力可以带来的是人的平和心态——你知道自己已经尽力了,你可以坚守着自己的价值观生活。”①

一、挫折复原力的内涵

挫折复原力又称心理韧性、心理复原力、抗逆力等,是布洛克最早提出的概念。挫折复原力在心理学中被定义为当个体处于压力情景下仍能很好适应压力的过程,是个体调节压力、应对逆境的能力。②

① [美]道格·亨施:《心理韧性的力量》,李进林译,北京联合出版公司2017年版,第186页。

② Takesada, *M. Risk and Protective Factors in the Development of Psychopathology*, Brain & Development, 1990, 16(2):170.

在心理健康研究领域，研究者发现，不同个体之间，即使面临同样的压力事件，有些个体能适应良好，并予以妥善解决压力事件带来的问题；相反，另外一些则无法适应，表现出心理适应障碍，甚至发展成抑郁症、焦虑症、强迫症等病症。研究者们认为应激压力事件和个体心理健康之间的关系不是直接的，而是存在某种中间调节变量的存在，其中个体对恶劣情境的情绪是重要的调节变量。

二、服刑人员挫折复原力评估

考察、评估服刑人员的挫折复原力，旨在发现服刑人员遇到挫折后的复原能力及其个体差异，预测其发生积极行为或消极行为的可能性，为个性化矫治方案的制订、风险行为防范提供科学依据。

挫折复原力的评估方法大致分为五种[①]：(1)简捷质性判别法。主要是通过了解个体在发展的历史上或是否正在经历压力事件，再评估其是否发展良好。(2)简明量化判定法。此种方法主要是对个体在压力状态下的发展情况进行量的可视化评估，可以避免一定的主观性，但评估结果不够全面。(3)年龄发展任务法，是通过将人的发展划分为婴儿期、儿童期、青年期等不同的阶段，并且在每个阶段确定不同的评估指标。[②] 此种方法缺点在于每个阶段评估指标的确定可能会存在疏漏，可操作性弱，目前应用此种方法的研究较少。(4)汇聚操作评估法。该方法主要是对个体进行多角度、多信息源、多领域的灵活评估，对其经历的压力环境进行评级，再评估其挫折复原力情况。如果研究对象有所隐瞒，则可能造成结果的不准确。(5)心理量表评定法。该方法主要是通过测量对挫折复原力的各种指标进行赋值，以最终分数的高低来进行判断挫折复原力的发展情况。此种方法缺点在于是通过静态的指标去测量动态的心理变化情况，会产生偏差，但是随着测量工具的不断修改、完善，此种方法被广泛应用。表4.7.1比较了几种测试量表，供研究时选用。

---

① 席居哲、左志宏：《心理韧性者甄别诸法》，载《心理科学进展》2009年第6期。

② Masten, A. S., Coatsworth, J. D., *The development of competence in favorable and unfavorable environments. Lessons from research on successful children*, American Psychologist, 1998, 53(2):205－220.

表 4.7.1 挫折复原力测量工具一览表

研究者及时间	主要测量重点	测量工具
Bartone、Ursano 等人(1989年)	从控制、执行、挑战三个维度测量	特质性自我心理复原力量表
Wagnild、Young(1993 年)	个人能力、对生活的自我的接受	心理复原力量表
Connor、Davidson(2003 年)	对压力的成功应对	心理复原力量表
肖楠、张建新(2007 年)	力量、乐观、坚韧	心理复原力量表中文版
Friborg 等人(2003 年)	个人能力、社交能力、家庭和谐、社会支持	成人心理复原力量表
阳毅(2005 年)	自我效能、自我接纳、稳定性、问题解决	大学生心理复原力量表
胡月琴、甘怡群(2008 年)	家庭支持、情绪控制、积极认知	青少年心理复原力量表
徐家华(2010 年)	朋友支持、社会支持、目标感、执行力	大学生心理复原力问卷

其中(1)、(2)、(4)、(5)四种方法都适用于服刑人员挫折复原力评估。民警或监狱心理咨询师在适用这些方法时,可以根据服刑人员人群的文化程度,用他们最熟悉的语言、语种,编制测试问卷,或将标准化的心理测试量表翻译成他们听得懂、能理解的语言进行测量。

服刑人员挫折复原力评估结果的稳定性检测,是对评估工具的可信性的一个考量。可以通过重复测量的一致性程度检验重测信度,可以选择民警的定性评估结果与量表测试结果进行比较,检测评估量表的效度。确信评估工具的信度和效度后,可以用这一工具对服刑人员群体进行普遍测量,将服刑人员的挫折复原力进行分群及个别诊断,分群的目的在于对低挫折复原力人群进行团体辅导训练,克服情绪低落、情绪障碍等问题。个别诊断的目的在于发现其挫折复原力中的典型方面,为预见其特定行为、对其实施心理画像提供科学依据。

举例:下列问卷可以测量一个人的挫折抗逆能力。请对以下题目进行认真思考,它可以帮助你了解自己承受挫折的能力到底有多强。

(1)遇到了令人担心的事情时,你会:

A. 无法进行正常的工作与生活

B. 对正常的工作生活没有影响

C. 在 A 与 B 两者之间

(2)遇到了自己讨厌的对手之后,你会:

A. 因为过于感情用事而无法应付对方

B. 可以有效地将自己对他的反感控制,应付自如

C. 在 A 与 B 两者之间

(3)在失败的时候,你会:

A. 马上萌生起不想再干的想法

B. 从不放弃,努力寻找新的成功机会

C. 在 A 与 B 两者之间

(4)在工作进展缓慢时,你会:

A. 因为过于焦急而无法静下心来思考

B. 可以冷静地想办法应对

C. 在 A 与 B 两者之间

(5)当对工作感觉到疲倦时,你会:

A. 脑子变得迟钝

B. 耐住性子继续工作

C. 在 A 与 B 两者之间

(6)当工作条件变得恶劣时,你会:

A. 没有办法干好眼下的工作

B. 尽量克服困难,为自己创造新的条件

C. 在 A 与 B 两者之间

(7)在对生活绝望的时候,你会:

A. 对工作失去信心

B. 想办法力挽狂澜

C. 在 A 与 B 两者之间

(8)遇到困难的时候,你会:

A. 失去信心

B. 不断开动脑筋去解决困难

C. 在 A 与 B 两者之间

(9)一旦接到了很难完成的任务,你会:

A. 立即顶回去

B. 千方百计将它干好

C. 在 A 与 B 两者之间

(10) 当困难突然来临时,你会:

A. 极为厌恶

B. 欣然接受,并努力地克服

C. 在 A 与 B 两者之间

评分标准:

选择 A 为 0 分,选择 B 得 2 分,选择 C 得 1 分。

测试结果:

如果你的得分在 17 分以上,代表你有着极强的承受能力;

如果你的得分在 10 ~ 16 分,代表你对某些特定的困难无法承受,在这些方面的挫折承受力较弱;

如果你的得分在 9 分以下,代表你的抗挫能力较弱。

三、服刑人员挫折复原力提升策略

笔者提出三点服刑人员挫折复原力提升策略,供民警和监狱心理咨询师训练服刑人员借鉴。

1. 提升服刑人员自我效能感

自我效能感指个体对自己是否有能力完成某一行为所进行的推测与判断。依据监狱实行的《服刑人员行为规范》,帮助服刑人员重新审视边界清晰的规范要求,提升行为的自我控制能力。

2. 提升服刑人员乐观态度/乐观解释风格

乐观,主要指个体从积极、光明和充满希望的角度看待事物。加强提升服刑人员的乐观态度,培养他们乐观的解释风格。乐观的人,对于“挫折”情境或恶劣情境会做出不一样的情绪。

3. 提升服刑人员的社会归属感

归属感是指个体与所属群体间的一种内在联系,是某一个体对特殊群体及其从属关系的划定、认同和维系,归属感则是这种划定、认同和维系的心理表现。提升服刑人员在正式群体中的归属感是提升他们的挫折复原力的重要环节。例如，通过增加服刑人员的亲社会行为，有助于加强其社会纽带关系，增加亲属对他们的接纳程度，他们的归属感也相应增加。又如，监狱中的各级组织，监区或分监区创立一个相互关爱和支持的氛围，可以增加服刑人员在监区或分监区或班组的归属感。此外，为服刑人员提供参与有意义活动的机会，有助于提升他们在参与的团体中的归属感。

总之，通过提升服刑人员的自我效能感、乐观态度、社会归属感等，有助于提升他们的挫折复原力，走出逆境，走向新生。

第八节　巧妙引导需求，提升改造动机

巧妙引导、激发服刑人员恰当的目标需求，提升服刑人员的改造动机，作为服刑人员积极情绪培养的组成部分之一，对促进服刑人员走向新生大有助益。

一、巧妙引导行为动机转换

监狱民警在面对服刑人员的各种不满、挑衅、愤怒、敌意的情绪与行为时，一个巧妙的办法是学会引导服刑人员的心理需求，从当前的低层次需求转向高层次需求，从“短视”状态转向“远视”状态，转移关注点，从而转变服刑人员的情绪和行为动机，化解可能一触即发的矛盾。案例 4.8.1 展示了不同民警解决解服刑人员因分饭带来的矛盾冲突的过程：

案例 4.8.1　服刑人员因分饭引发冲突

某分监区发饭时，由于分监区的人数变化等多种原因，最后发到甲服刑人员时，菜分完了。甲犯的关注点就在当下——别人都有菜，唯独自己没有分到。由于种种客观原因，民警无法立刻弥补，而甲犯无法接受只有自己干吃馒头的现实，无论民警怎么解释，甲犯都坚持自己必须要有菜。甲犯坚持认为，如果“认栽”，就会遭到其他犯人的耻笑和欺负，会授人以柄。因此，甲犯必须要民警当下解决问题，解决问题的方法就是马上就吃到菜。

[解决方案 1]民警可以对甲犯说，“今天吃饭的人多了两个，菜已经分完了，你是最后一个。你克服一下吧”，或者“你一个大老爷们，就一顿饭少吃这口

菜算得了什么？晚上给你补”，或者“菜没了，谁也不是故意不给你的，干吃馒头算了”，或者“我让你们班长把他碗里的菜拨给你点，行吗？”（这个方案，民警的关注点也在当下——解决吃菜问题，就“菜”论“菜”）

[解决方案2]民警对甲犯说：“不好意思，没有菜了，你支持一下我的工作，克服一下，行吗？晚上补给你。”（这个方案，是通过言语交流，巧妙转换了服刑人员“不再坚持必须当下要菜”的动机，从为了维护自己的利益/面子，转换成了支持民警工作）

[解决方案3]民警对甲犯所在班的全体服刑人员说：“哎哟，菜没有了，一班先别吃呢，都过来。今天分菜出了点问题，咱们班甲某没有菜了。你们看咱们班能不能一起解决一下这个困难？”（民警把甲犯的关注点从个人“没有分到菜”的思维关注引导到与同班组的其他服刑人员的互动情景中）

[解决方案4]民警对甲犯说：“今天得让你受点委屈了，晚上给你把中午这顿补上。以后力争不再出这样的事情。你观察观察，过一段时间你告诉我：看我说话是不是算数，好吗？”（这一方案，首先认同甲犯受委屈的心理感受，同时带领甲犯把思维视角从此时此刻延伸到晚上、以后甚至出狱后，并且，把甲犯从被动接受当下现实问题的被管理者，转化成主动的观察者、评价者的角色，升华了甲犯“接受没有分到菜”这个事实的动机，顺利转化了甲犯的思维关注点）

其中恰当的做法是：民警引导服刑人员学会从“关注当下”到“着眼长远”的转换，从“只看到当下的一顿饭的需要/为了挣回面子的需要”到“支持一下民警工作”的较高级的社会需要的转化，从“单纯发泄自己心中的不满”到“避免分饭的服刑人员尴尬”的社会需要的转化，为服刑人员通过“妥善处理一件矛盾冲突”赢得更多的服刑人员和民警的赞誉和社会支持。这种巧妙引导服刑人员行为动机的做法，不仅有助于改善服刑人员个体的情绪，而且有助于营造服刑人员良好的群体改造氛围。

二、促进服刑人员建立积极的需求目标

由于种种主客观原因，服刑人员普遍思维狭窄，在狱内遇到问题时，常常固着在狭小的视野中，有时在他犯的消极影响下，还容易出现管窥效应[①]，在牛角

---

① 管窥效应，就是人的视线让他对局部的事情看得越来越清晰，以至于这种过分清晰的视野成为其全部的视野，而视野之外的所有东西都被屏蔽了。

尖中转不出来。

面对百般纠结、绝望、无助甚至采用极端方式表达情绪的服刑人员，引导他们走出困境的方法是关注点转移，引导他们关注自己想要的目标，而不是关注不想要的目标，以及怎样才能实现自己的目标愿望上来，引导他们收集实现目标需要的资源，从而引导服刑人员更多地思考如何解决问题。常用于诱导服刑人员目标需求的表达方式包括但不限于：

你期望的目标是什么？

怎样才能实现这些目标？

现在有哪些因素对实现这些目标是有帮助的？

考虑哪些事情对你没意义？

哪些因素有可能起相反作用？

怎样才能用好有助益的资源？

怎么尽可能地减少有阻碍作用因素？

三、引导服刑人员拓展思维空间

服刑人员常见的思维局限是"只见树木不见森林"，他们应对遇到的问题时，常常是片面地收集、加工有限的信息，过度集中在自己关注的某个方面，往往忽略了更大的背景或其他可用信息。引导服刑人员拓展思维空间，就是引导他们在更为广阔的思维空间里重新评估、思考、判断问题的意义、核心和解决问题的方案。

案例 4.8.2 引导思维狭窄的人放大思维空间

为服刑人员播放关于鞋子和脚的短片，用于服刑人员观看并讨论的素材。讨论的主题围绕当一个人因为自己没有鞋子穿而羞愧难当时，看到一个没有脚的人戴着假肢穿着漂亮的鞋子拄着双拐走过。想想看，这个没有鞋子的人会有哪些感想？

带领者总结：我们建议这个没有鞋子的人不要只低头看着自己光着的双脚，而要抬头看看没有脚的残疾人是怎样举步维艰地挪动身体的。当没有鞋子的人看完这个影片后内心世界悄然发生了变化：从认定自己是最不幸的人变成暗自庆幸自己还有脚。

这种训练旨在帮助思维局限性大的服刑人员破除思维局限，放大思维空间，看到生活中更多的阳光、意义和自身价值。

四、引导服刑人员赋予生活新的意义

当人们面对身边的人、事、物时，往往会在自己的内心赋予这样或那样的解释，这些解释给外界的人事物赋予一定的意义，而引发人心理感受的正是这些内心赋予的意义。例如，同样的服刑改造生活，一些服刑人员把它视为自己的赎罪和洗心革面的过程，赋予改造生活“获得新生的机会”的意义；而另一些服刑人员则把它解释为自己倒霉、蒙冤受屈，赋予改造生活的意义是“痛苦不堪的生活”。

民警如果善于引导服刑人员进行探索、发现事物的积极意义，就能调动服刑人员积极地改造，帮助他们获得促进人格成长的力量。

案例4.8.3 利用中秋节发月饼，赋予改造生活新的意义，可以借助特殊日子的象征物——月饼，进行集体教育

[方案1]“中秋节了，监狱关心大家的生活，给每个人发一块月饼。这块月饼里，寄托的是监狱对你们的关怀和期望，寄托着所有关心着你们的亲人们的期待。吃月饼记着慢慢咬，每咬一口都嚼够、嚼烂，把月饼里的情分都收到心里去，消化进身体里。”

[方案2]“我要在发月饼之前给大家念一封家书……这封家书是一名服刑人员家中年幼的妹妹在中秋节写给他的……哥，今天是中秋节，咱们一家人在院里吃月饼，月亮很大、很亮，我和嫂子坐在小桌前，小桌上有水果、有月饼、有饭菜，可谁都没吃、没说话，大家就静静地坐着，嫂子轻轻地说了一句：‘要是咱家能团圆该多好啊！’哥，咱家的院子真大，但我们都觉得好空。哥，你说，咱家的院子怎么才能不那么空呢？”民警随后说，信念完了，你们觉得院子里缺了什么？缺了一棵顶梁的大树啊！你的小妹妹、媳妇、年迈的双亲需要你这棵树啊！大家说，要怎么样才能回去扛起自己的责任……（引发讨论）

服刑人员的日常生活中难免会遇到很多不情愿的事件，敌意性归因、过度推论现象很常见，特别是当他们遇到了无法回避的现实问题，如面对评奖无望、减刑未获批准、配偶提出离婚、至亲离世等问题时，不论他们多不情愿都不得不面对，这些现实的生活事件就有可能成为监狱管理中的风险和隐患，引导服刑人员将这些生活事件赋予积极意义就显得格外重要。下列表达方式值得借鉴：

“如果说当下你经历的这些，是老天出于某种考虑，要为你做这样的安排呢？并且为你专门准备了礼物，你觉得老天出于什么样的考虑要为你做这样的安排呢？老天真正想给予你的会是什么呢？”

“假如你现在遇到的事情是你取得‘人生真经’要经历的磨难，你会怎么面对？”

“现在的情况让你觉得很糟糕，假如这恰好是一个重要的学习机会，关于自己成长，你学到了什么？”

“怎么把自己遇到的困难变成机遇？”

“怎么面对老天给你的挑战？”

“目前遇到的问题中，你最不想要的是什么？对你来说，这件事情中有意义的部分是什么？没有意义的部分又是什么？”

“假如说现在你遇到了一个对手，怎么做才能战胜他呢？”

“如果解决这个问题的过程都是为了让你把问题说得更清楚一些，你觉得自己看清楚了什么？”

通过上述启发式提问，引导服刑人员把现实问题放置到更大的成长与发展的背景中去看待，就会赋予这些生活事件新的意义，帮助他们摆脱心灵困境，真正走向成功。

五、系统提升服刑人员改造动机

系统提升服刑人员的改造动机，是制订系统的矫正方案的核心。可以归纳为以下步骤：

(1)通过换位思考、空椅疗法等，促使服刑人员进行深刻的认罪、悔罪活动。

(2)引导服刑人员将赎罪作为积极改造、洗心革面的主要动机，从而有效地避免服刑人员的功利性改造动机的形成。

(3)通过引导服刑人员燃起生活的希望，培养他们更为积极的情绪、良好的情绪调节能力。

(4)针对服刑人员所处的不同服刑阶段，帮助他们树立具体的就近可实现的目标。通过预定目标实现，强化服刑人员的良性改造动机。

综上所述，民警通过引导服刑人员的改造动机，对服刑生活中遇到的矛盾冲突，通过巧妙的动机转化引导，促进服刑人员树立正确的改造目标、拓展思维空间,放大人生格局,赋予服刑生活新的意义,系统引导改造动机,为早日刑满释放、走向新生创造条件。

第九节 服刑人员的高级情感培养

情绪和情感都是人对客观事物所持的态度体验,只是情绪更倾向于个体基本需求欲望上的态度体验,而情感则更倾向于社会需求欲望上的态度体验。无论从罪犯改造的社会效益还是罪犯改造个体的积极意义来说,服刑人员的高级情感培养都是必要的,而且从监狱实践来看,不少监狱还取得了非常明显的培养效果。

一、培养服刑人员的高级情感

服刑人员日常的改造生活,是通过正确的行为习惯培养,帮助他们矫正好逸恶劳、懒散等恶习。利用特殊日子如节假日、国家重大的庆祝或庆典日,引导服刑人员体验国家强大、国家发展带来的心灵震撼,增强爱国热情,提升认知的境界;利用节假日的伙食改善、庆祝演出等活动,引导服刑人员增强感恩意识、报答亲人意识等积极情感;通过学习全国道德模范,增强服刑人员的道德感;通过观看优美的艺术表演、艺术制作、艺术欣赏等活动,增强服刑人员创造美和欣赏美的美感;通过给服刑人员观看国家的科技进步的科教片、科普片,增强服刑人员的理智感。

许多监狱利用重大节日举行教育专题活动,培养服刑人员群体的爱国主义等高级情感,通过主题知识教育、群体情绪感染等提升教育效果。还利用重要节日,为服刑人员改善伙食从而增强他们的理智感和爱国热情。

案例 4.9.1 用申奥成功的特殊日子,提升服刑人员爱国热情

民警声音洪亮地进行集体教育:"我想问问大家今天是什么日子?大家都知道今天奥运会开幕。咱们中国第一次举办的奥运会要开幕了,你们觉得这对中国人意味着什么?意味着中国的强大!全国上下准备了七八年,从申奥不成功到终于成功,所以今天等于是咱们随着国家扬眉吐气地'过大年'。监狱、国家不计前嫌让你们和全国人民一起扬眉吐气,是为什么?每个人都好好想想,每个人都写一份感想明天交上来。”

近年来,我国有许多大型研究项目取得了举世瞩目的成就,如在深潜(“奋斗者”号载人深潜成功)、航空航天(例如,我国发射的火星探测器成功登陆火星)、高铁建设等多方面取得的重大成就,民警可以选取这些主题作为对服刑人员爱国主义教育的主题,培养服刑人员的民族自豪感和爱国主义情感。

二、培养服刑人员美感

美感,是由于客观事物的外部形态特征使人产生出的一种快乐感觉。美感,反映的是人的“自我”对客观事物的价值判断和价值需求。很多监狱、强制隔离戒毒所等单位,充分发挥艺术教育的作用,发掘出很多适合服刑人员/强制隔离戒毒人员应用的艺术形式,陶冶他们的情操,提升他们情感中的社会价值。

云南女子监狱 T 台走秀表演成功,极大地鼓舞了参与服装设计、制作、舞台设计、舞台走秀的服刑人员的改造热情,通过这些活动,提升了服刑人员对美的欣赏,增强了美感。

桂林监狱专门开辟了职业教育和习画场所,为有愿望、有理想、改造表现良好的服刑人员提供职业技能训练项目“学画桂林山水画”。服刑人员通过学习,不仅掌握了绘画技巧,还通过欣赏他人的作品、自己的习作,提升了美感。

总之,我国的各级监狱管理者在培养服刑人员的美感方面做了大量的尝试,取得了良好的教育效果。

三、培养服刑人员理智感

培养服刑人员的理智感,培养他们对职业技能、未来谋生技能的求知欲与好奇心,对提升教育改造质量有重要意义。

培养服刑人员的理智感可以遵循下列步骤:

首先,通过知识竞赛,提升服刑人员的求知欲。理智感是服刑人员从事学习活动和探索活动的动力。

其次,通过读书活动与读书报告,提升服刑人员求知的热情。当一个人认识到知识的价值和意义,感到获得知识的乐趣,进一步读书、求职的热情会得到提升。

最后,通过读书分享会,提升服刑人员的幸福感,感受全神贯注的忘我状态。当服刑人员在追求真理过程中感受到幸福感时,他就会不计名利得失,以一种忘我的奉献精神投入学习和工作中。

总之,通过读书、学习竞赛等活动,能有效提升服刑人员的求知欲、激发服刑人员发明创造的好奇心和成就欲,进一步强化他们的理智感。案例4.9.2是厦门监狱提升服刑人员理智感的范例。

案例4.9.2　预防情绪中暑,提升服刑人员理智感

当夏季高温季节来临,监狱仍保持常态化疫情防控,为稳定罪犯因高温产生的焦躁情绪,预防"情绪中暑",维护监管安全,厦门监狱三监区九分监区(以下简称分监区)民警利用夜间教育和其他休息时间组织罪犯开展多种多样的文体教育活动。[①]

(1)阅读静心神

结合"中华魂之爱我中华"主题教育,分监区活动室设立了阅读角,在民警的鼓励下,越来越多的罪犯端坐品读,互相交流心得体会。民警还在正课教育时间组织开展爱国主义演讲比赛,引导罪犯"多读书,读好书",在充实精神文化世界的同时,用文化知识矫治恶习,驱散心中阴霾,提升理智感。

(2)音乐释压力

炎炎夏日夜里,在民警的组织下,服刑人员音乐兴趣小组成员有的表演吉他弹奏,有的进行配乐演唱。在服刑人员的业余活动室里,优美的旋律和动人的歌声,活跃了服刑生活的气氛,调剂了单调的改造生活,让服刑人员的改造环境更健康和谐。

(3)观影强悔意

民警精心挑选了一系列爱国主义教育影片供服刑人员观看、讨论、分享心得体会等。观影前,民警结合当前时事热点,简要讲解影片背景,让罪犯在观看影片时更有代入感和获得感,更加了解现在好生活的来之不易,强化认罪、悔罪意识,坚定服刑人员积极改造的决心。

(4)棋、书养耐心

利用每周教育日下午的文体活动时间,民警组织服刑人员开展棋艺和书法兴趣小组活动。棋盘上,双方对垒,小胜者哈哈一笑,落败者苦笑相陪;宣纸上

① 资料来源:微信公众号"阳光闽狱"。

多人挥毫，写得好的引来喝彩，写得差的也获鼓励，高温给服刑人员带来的烦热，在笑声中消散。

活动开展以来，服刑人员纷纷以极大的热情参与上述活动，有效地给夏季的“烦躁易怒情绪”“消暑降温”。上述活动不仅有效改善了服刑人员的情绪，更在很大程度上提升了服刑人员的高级情感，尤其是通过琴棋书画活动，提升了他们的求知欲、好奇心等理智感。

第十节　情绪管理者的心理素质要求

在民警管理服刑人员的工作中，引起和管理他们的情绪，是无法回避的问题。这些问题包括：突破某些服刑人员的心理防线、识别某些服刑人员的歪曲思维、着手某些服刑人员的问题源头、引导某些偏执服刑人员的心理需求、重建执拗服刑人员的思维视角、调整服刑人员的负面情绪等[①]个体层面的情绪及相关问题，以及服刑人员群体层面的环境氛围塑造、群体的情绪控制与引导等问题。这就需要监狱民警具备较高的素质要求。

一、良好的情绪驾驭能力

在对服刑人员的改造过程中，民警和罪犯的言语互动非常容易激起强烈的情绪反应，这种强烈的情绪反应，双方都能深刻感受到。民警要想有效控制局面、有效进行思想引导，需要具有保持内心平静、稳定、不被服刑人员激惹的强大定力。

在处理警犯关系中，民警需要保持适量的情感投入。如果民警太过理性，服刑人员会觉得冷漠而疏远民警。此时，民警很难走进服刑人员的内心世界，难以理解他们的需求和困惑；如果过分投入情感，则会违背警犯关系的要求，在评判、看待罪犯时有失公允和客观，降低判断力。因此，民警需要保持情绪稳定、保持观察者的姿态，是民警情感反应适度的关键。如此一来，民警恰当的情绪表达，成为引导服刑人员思想改造的桥梁而非障碍。

---

① 参见方舟、王金亮、郭际唐等：《清河教育改造模式之思想矫治法》，法律出版社2013年版，第5－135页。

民警保持自身情绪稳定的方法,如图4.10.1所示。

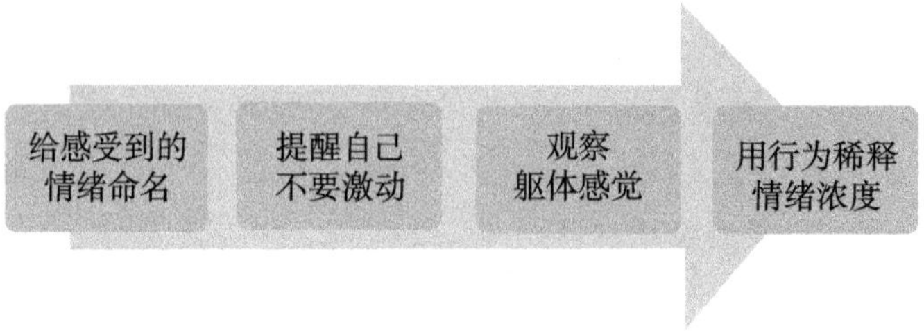

图4.10.1　自我情绪管理流程

自我情绪管理的步骤包括:第一,对内心体验到的情绪识别、确认、命名,如愤怒、挫败、悲伤、抑郁、执拗、伤心、焦虑、痛苦等。第二,在内心与自我对话,提醒和鼓励自己一定能控制情绪,一定不能过于激动。第三,关注自己的躯体感觉、头脑中的经历,观察"当时"与"平时"的躯体有什么不同。第四,选择恰当的行为,稀释情绪浓度。例如,思考一下自己可以立刻做些什么能让自己好受些,如握拳、做深呼吸、喝水等。

二、引导者的姿态

在警犯关系中,民警要注意保持引导者的姿态。其主要体现在以下三个方面:

1.用正确引导而不用否定的表达方式说话

否定的表达方式是以否定、否认、贬斥对方为前提的。例如,看到服刑人员着装不整,否定的表达方式:"你怎么连扣子都不会系?"正确引导的表达方式则是从接纳对方有意义的部分开始,支持性的、对方更容易接受的表达。例如,面对迎面走来、主动跟民警打招呼但着装不整的服刑人员,接纳式的表达方式是:一边点头微笑一边应声,接着用手指指扣子,做了个系好扣子的动作。

2.描述服刑人员的正面意图

引导者一旦能够发现服刑人员任何言行背后的正面意图,就应把交流的重点放在"对方希望达到什么目的""希望获得什么""想要实现什么"等方向上。服刑人员见到民警主动打招呼,不论其扣子是否扣好、身上存在多少问题,首先值得肯定的是他/她主动打招呼背后的合作态度、希望亲近的态度、希望得到民警好评的态度。引导积极情绪需要建立在对这些正面意图做出回应的基础上。

3. 变批评为询问

批评，是对服刑人员的设想、说法的一种直接否定、指责；询问则是对服刑人员说的内容，展开“怎样才能解决问题的讨论”。例如，服刑人员提出某种设想，批评的表达模式就是直接否定，“你怎么只会想这些没有用的事情”，或者“这个想法实现不了”，这势必给设想者带来打击。相反，用询问的姿态就会引发思考：“这个想法你觉得怎么才具有实际意义？”“怎么才能实现这个想法。”事实上，询问和批评表达的核心意思相近，但询问更具有建设性。用于询问的词汇有：“如何”“怎么实现”“怎样实现”；而以“为什么”开头的提问，容易导致服刑人员的抵触情绪，因为这种表达方式通常蕴含着浓浓的指责和批评的味道。

比较下列表达：

“为什么你就不想想其他人的感受？”（批评式）

“你觉得其他人会怎么想？”（询问式）

单就引导谈话来说，询问式能引发服刑人员更平静、更理性地继续回答。

在日常的改造生活中，如果民警的话服刑人员不爱听，那么不管民警说多少，服刑人员都可能在心里顶撞回来。当服刑人员对民警的言语产生抵触、厌恶情绪后，就意味着民警与服刑人员之间的心理距离在拉远。如果不能触及服刑人员的灵魂、不能走进他们的内心世界，矫治/改造工作就会更多地流于形式。

三、不防御的心态

不防御的心态，是指对方出拳时，不急于反击，而是利用抽离[①]的态度找出其发力的原因。然后，直接就其发力点进行回击。不论对方是否发问、不配合、指责，抑或哭泣、逃避，都不要马上接招、回应，也就是不去立刻进行针锋相对的回应，而是跳出来观看对方的反应，仔细研究自己和对方的互动，以便及时发现对方发力的原因和发力点。

---

① 抽离（dissociation），是一种意识能力。被用来描述对你自己具有外部意识的过程（或任何其他的观点）。当你思考到“你自己”“停下来看看”“退一步想想”“把你自己从某事中解脱出来”“把你自己从某种处境中脱离出来”时，你就是在经历着一种被“抽离”的过程。当一个人真正被“抽离”的时候，他就会对自己的感觉、思想或行为产生一种外部意识。被“抽离”的情绪状态可以是有逻辑的、有计划的、有秩序的、讲究方法的。它们可以是有理性的状态，必然导致对你“有意义的”行动和行为。

如果服刑人员在与民警的交流互动中表现出不尊重民警的态度,可及时提醒“不管解决什么问题,你既然希望我来解决,就应该有解决问题的态度”。

比较下列沟通模式:

案例4.10.1　服刑人员(大嚷):你们对我不公平

民警1:在这里,我说了算! 有本事你别进来! (与服刑人员的歪曲认识贴身肉搏,大概率的结果是:民警滚一身泥,无法深入沟通下去)

民警2:那你说说,哪里不公平? (不防御姿态,直接询问服刑人员发力的原因,大概率结果是:服刑人员对某件事情的认识与评判,提供给了民警重要信息,即服刑人员对哪件事情最敏感)

案例4.10.2　服刑人员(愤愤不平地对民警):你不就是穿着警服吗? 要不是穿着这身衣服,你还不如我呢

民警1:我就是穿这身衣服的,你想怎么着? (正面接招,意味着放弃使用智慧而准备无力对抗)

民警2:咱俩之间没必要较劲。如果你是我,你会怎么处理这件事? (不防御态度,直接引导服刑人员讨论更恰当的解决方式)

综上所述,管理服刑人员的情绪不仅需要技巧,而且需要管理者自身有足够的定力和正确的姿态。民警或监狱心理咨询师需要有良好的自我情绪调节和掌控能力,在管理服刑人员的情绪时保持引导者的姿态而非推动者和控制者。要实现警犯关系或咨访关系融洽,又需要民警或监狱心理咨询师适度调整心态,以“不防御”的心态帮助服刑人员质询、调整情绪背后的思维方面的问题,最终使服刑人员的情绪问题得到标本兼治,情绪管理效果得到持久的巩固。

主要参考文献

中文部分

[奥]阿尔弗雷德·阿德勒:《超越自卑》,墨晔译,山东文艺出版社 2016 年版。

[德]丹尼斯·穆蓝纳:《挫折复原力——成功者都具备的隐藏素质》,王丹若译,北京时代华文书局 2019 年版。

曹晓鸥、古淑青主编:《医务社会工作案例评析》,中国社会出版社 2017 年版。

岑国桢:《从公正到关爱、宽恕——道德心理研究三主题略述》,载《心理科学》1998 年第 2 期。

[英]查尔斯·达尔文:《人类和动物的表情》,周邦立译,科学出版社 1958 年版。

程辉建、王畅等:《清河教育改造模式之惩教服刑人员改造》,法律出版社 2015 年版。

[美]道格·亨施:《心理韧性的力量》,李进林译,北京联合出版公司 2017 年版。

傅宏:《基于中国大学生样本的宽恕及其相关人格因素分析》,载《教育研究与实验》2006 年第 1 期。

傅宏:《宽恕:当代心理学研究的新主题》,载《南京师大学报》(社会科学版)2002 年第 6 期。

傅宏:《宽恕心理学:理论蕴涵与发展前瞻》,载《南京师大学报》(社会科学版)2003 年第 6 期。

傅小兰主编:《情绪心理学》,华东师范大学出版社 2016 年版。

傅小兰:《说谎心理学》,中信出版社 2019 年版。

[美]詹姆斯·卡拉特:《生物心理学》(第 10 版),苏彦捷等译,人民邮电出版社 2011 年版。

[美]丹尼尔·夏克特、[美]丹尼尔·吉尔伯特等:《心理学》(第 3 版),傅小兰等译,华东师范大学出版社 2016 年版。

[美]马歇尔·卢森堡:《非暴力沟通》,阮胤华译,华夏出版社 2016 年版。

[美]马丁·塞利格曼:《认识自己,接纳自己》,任俊译,万卷出版有限责任公司 2010 年版。

[美]马丁·塞利格曼:《真实的幸福》,洪兰译,万卷出版有限责任公司 2010 年版。

[美]马丁·塞利格曼、[美]莉萨·杰科克斯等:《教出乐观的孩子》,洪莉译,北京联合出版公司 2017 年版。

[美]马丁·塞利格曼:《活出最乐观的自己》,洪兰译,万卷出版有限责任公司 2010 年版。

孟庆丰:《赋能(一):马云、马化腾都提到的赋能,是什么?》,载搜狐网 2021 年 7 月 19 日,https://www.sohu.com/a/245991319_802775。

[美]霍克:《改变心理学的 40 项研究》,白学军等译,人民邮电出版社 2010 年版。

方舟、谷建华等:《清河教育改造模式之传染病服刑人员改造》,法律出版社 2014 年版。

方舟、王金亮等:《清河教育改造模式之思想矫治法》,法律出版社 2013 年版。

方舟、刘卫丹等:《清河教育改造模式之思想矫治法案例集》,法律出版社 2014 年版。

[美]迈克尔·戈特弗里德森、[美]特拉维斯·赫希:《犯罪的一般理论》,吴宗宪等译,中国人民公安大学出版社 2009 年版。

高存友、任秋生等:《心理压力与调控》,九州出版社 2018 年版。

郭异雯:《感戴、宽恕和正性情绪对女性戒毒人员复吸倾向的影响及团体干预研究》,上海师范大学 2017 年博士学位论文。

黄兴瑞:《人身危险性的评估与控制》,群众出版社 2004 年版。

贾杰:《活得明白》,北京大学出版社2015年版。

汇智书源编著:《微表情与微行为大全》,中国铁道出版社2017年版。

李玫瑾:《犯罪心理研究——在犯罪防控中的作用》,中国人民大学出版社2010年版。

李湘晖:《大学生宽恕与心理健康的相关研究》,南京师范大学2007年硕士学位论文。

李兆良、李辰旭:《宽恕内涵的反思与重构》,载《阴山学刊》2013年第3期。

陆丽青:《大学生宽恕的影响因素及其同心理健康的关系》,浙江师范大学2006年硕士学位论文。

[美]里克·汉森、[美]理查德·蒙迪思:《冥想5分钟等于熟睡一小时》,姜勇译,上海文艺出版集团、上海锦绣文章出版社2011年版。

廖凤池:《攻击行为的衡量方法与辅导策略:认知行为人倾向》,载《测验与辅导》1996年第136期。

刘丽、赵永婧等:《缓解大学生敌意:宽恕干预与叙事干预的比较》,载《中国临床心理学杂志》2017年第2期。

罗春明、黄希庭:《宽恕的心理学研究》,载《心理科学进展》2004年第6期。

[德]洛塔尔·赛韦特:《压力管理》,张宇庭译,中信出版社2007年版。

[美]罗纳德·阿德勒、[美]拉塞尔·普罗科特:《沟通的艺术》,世界图书出版公司2010年版。

[美]马歇尔·卢森堡:《非暴力沟通》,阮胤华译,华夏出版社2016年版。

孟昭兰:《情绪心理学》,北京大学出版社2005年版。

钱铭怡编著:《心理咨询与心理治疗》,北京大学出版社1994年版。

邵晓顺等编著:《戒毒人员团体辅导理论与实务》,群众出版社、中国人民公安大学出版社2019年版。

宋胜尊、章恩友等:《暴力倾向与暴力行为矫正》,法律出版社2017年版。

孙卉、张田等:《团体宽恕干预在恋爱受挫群体中的运用及其对大学生心理健康教育的启示》,载《心理与行为研究》2018年第4期。

汪向东、王希林等主编:《心理卫生评定量表手册》(增订版),中国心理卫生杂志社1999年版。

王怀明:《组织行为学:理论与应用》,清华大学出版社2014年版。

王金道、刘勇等:《临床疾病心理学》,北京师范大学出版社 1994 年版。

维尼:《内心的重建》,天地出版社 2018 年版。

吴宗宪主编:《中国服刑人员心理矫治技术》,北京师范大学出版社 2010 年版。

武彤芳:《正念:源自正心的力量》,企业管理出版社 2017 年版。

于荣中:《监狱安全论》(第三次修订版),东南大学出版社 2017 年版。

[美]克莱门斯·巴特勒斯:《矫正导论》,孙晓雳译,中国人民公安大学出版社 1991 年版。

徐宪江:《哈佛情绪控制课程》,中国法制出版社 2013 年版。

许又新、吕秋云主编:《现代心理治疗手册》,北京医科大学、中国协和医科大学联合出版社 1997 年版。

杨德森主编:《行为医学》,湖南科学技术出版社 1998 年版。

杨凤池主编:《私人心理顾问操作技能》,北京大学出版社 2016 年版。

阳志平、彭华军等编著:《积极心理学——团体活动课操作指南》,机械工业出版社 2010 年版。

于巧芳、刘长虹、王惠:《宽恕团体辅导对戒毒人员复吸倾向干预效果的思考》,载《第二十二届全国心理学学术会议摘要集》2019 年版。

赵军政:《大学生常见心理问题及典型案例研究》,西北农林科技大学出版社 2016 年版。

张海霞、谷传华:《宽恕与个体特征、环境事件的关系》,载《心理科学进展》2009 年第 4 期。

张璐:《微表情心理学》,九州出版社 2019 年版。

张理义、耿德勤主编:《临床心理学》(第 5 版),河南科学技术出版社 2018 年版。

张丽华、苗丽:《敌意解释偏向与攻击的关系》,载《心理科学进展》2019 年第 12 期。

张宁:《冥想——唤醒强大的自己》,文汇出版社 2017 年版。

郑杰:《狱内冲突澄明与管控》,厦门大学出版社 2017 年版。

朱志杰:《去极端化原理:思路与方法构建》,新疆人民出版总社、伊犁人民出版社 2016 年版。

[美]理查德·奥康纳:《走出抑郁》(第二版),张荣华译,中国轻工业出版社 2019 年版。

宗培、白晋荣:《宽恕干预研究述评——宽恕在心理治疗中的作用》,载《心理科学进展》2009 年第 5 期。

英文部分(按字母顺序)

Abramson, I., Seligman, M., & Teasdale, J., *Learned helplessness in humans: Critique and reformulation.* Journal of Abnormal Psychology, Vol. 87, p. 49 – 74(1978).

Anderson, C. A., & Bushman, B. J., *Media violence and the american public revisited.* American Psychologist, Vol. 57:6 – 7, p. 448 – 450 (2002).

Arellano, D., Varona, J., & Perales, F. J., *Generation and visualization of emotional states in virtual characters*, Computer Animation & Virtual Worlds, Vol. 19:3 – 4, p. 259 – 270(2008).

Brodsky, S. L. & Smitherman, H. O., *Handbook of Scales for Research in Crime and Delinquency.* Plenrum Press, New York, 1983, p. 554 – 557.

Caplan, G., The structure and dynamics of organizations and croups. *Psychosomatic Medicine*, 26. 1964.

Chen, P., Coccaro, E. F., Lee, R., & Jacobson, K. C. *Moderating effects of childhood maltreatment on associations between social information processing and adult aggression.* Psychological Medicine, Vol. 42: 6, p. 1293 – 1304 (2011).

Christopher, J. L., Murray& Alan D. Lopez (editors), *The Global Burden of Disease: A Comprehensive Assessment of Mortality and Disability from Disease.* Injuries, and Risk Factors in 1990 and Projected to 2020 (World Health Organization) World Bank, Harvard University, 2006.

Cohen, S., & Mckay G., *Social support, stress, and the buffering hypothesis: A theoretical analysis. In A. Baum, S. E Taylor, &J. E. Springer (Eds.), Handbook of Psychology and* Health, Vol. 4, p. 253 – 267(1984).

Crick, N. R., & Dodge, K. A., *Social information – processing mecha-*

nisms in reactive and proactive aggression. Child Development, Vol. 67, p. 993 - 1002 (1996).

Cullen, T. F., *Social support as an organizing concept for criminology: presidential address to the academy of criminal justice sciences*, Justice Quarterly, Vol. 11: 4, p. 527 - 559(1994).

Denson, T. F., Pedersen, W. C., Friese, M., Hahm, A., & Roberts, L., *Understanding impulsive aggression: angry rumination and reduced self - control capacity are mechanisms underlying the provocation - aggression relationship*. Personality & Social Psychology Bulletin, Vol. 37: 6, p. 850(2011).

Duckworth, A. L., Steen, T. A., & Spellman, M. E. *Positive psychology in clinical practice*. Annual Review of Clinical Psychology, Vol. 1: 1, p. 629(2005).

Ekman, P., & Friesen, W. V., *Constants across cultures in the face and emotion*. Journal of Personality and Social Psychology, Vol. 17, p. 124 - 129 (1971).

Enright, R. D., Santos, M. J. D., & Al - Mabuk, R.. *The adolescent as forgiver*. Journal of Adolescence, Vol. 12, p. 96(1989).

Gagnon, J., & Rochat, L., *Relationships between hostile attribution bias, negative urgency, and reactive aggression*. Journal of Individual Differences, Vol. 38: 4, p. 211 - 219(2017).

Gross, J. J., *The emerging field of emotion regulation: An integrative review*. Review of General Psychology, Vol. 2, p. 271 - 299(1998).

Gross, J. J., & John, O. P., *Individual differences in two emotion regulation processes: implications for affect, relationships, and well - being*. Journal of Personality and Social Psychology, Vol. 85(2), p. 348 - 362(2003).

Gross, J. J., *Emotion regulation: affective, cognitive, and social consequences*. Psychophysiology. Vol. 39, p. 281 - 291 (2002).

Gross, J. J., Antecedent - and response - focused emotion regulation: divergent consequences for experience, expression, and physiology. Journal of Personality and Social Psychology, Vol. 74(1), p. 224 - 237(1998).

Holmes, T. H. & R. H. Rahe, *The Social Readjustment Raring Scale*. Journal of Psychosomatic Research, Vol. 11: 2, p. 213 -218(1967).

Hur, Y. M. ,*Heritability of hostility in South Korean adolescent twins*. 36th Annual Meeting of the Behavior - Genetics - Association (2006).

Jacobson, E. ,*Progressive relaxation*. The American Journal of Psychology. Vol. 100:3/4, 522 -537 (1987).

Jacobson, W. ,*The early development of the avian embryo. ii. mesoderm formation and the distribution of presumptive embryonic material*. Journal of Morphology, 62. (1938)

Moschetti,K. , Stadelmann, P. , et al. ,*Disease profiles of detainees in the Canton of Vaud in Switzerland: gender and age differences in substance abuse, mental health and chronic health conditions*. BMC public health, Vol. 15: 1, p. 1 -11(2015).

Martinelli, A. , Ackermann, K. , et al. , *Hostile attribution bias and aggression in children and adolescents: a systematic literature review on the influence of aggression subtype and gender*, Aggression and Violent Behavior, Vol. 39, p. 25 -32(2018).

Maltby, J. ,Macaskill, A. , & Day, J. , *Failure to forgive self and others:A replication and extension of the relationship between forgiveness,personality,social desirability and general health*. Personality Individual Differences, Vol. 30: 5, p. 881 -885(2001).

Masten, A. S. , Coatsworth, J. D. ,*The development of competence in favorable and unfavorable environments. Lessons from research on successful children*, American Psychologist, Vol. 53: 2, p. 205 -206(1998).

Mcellistrem, J. E. ,*Affective and predatory violence: a bimodal classification system of human aggression and violence*, Aggression & Violent Behavior, Vol. 10:1, p. 1 -30 (2005).

Mellentin,A. I. , Dervisevic, A. , et. al,*Seeing enemies? A systematic review of anger bias in the perception of facial expressions among anger - prone and aggressive populations*. Aggression & Violent Behavior, Vol. 25, p. 373 - 383 (2015).

Mehrebian, A. , *Reviews the book, Silent Messages: Implicit Communication of Emotions and Attitudes.* Contemporary Psychology: APA Review of Books, Vol. 26: 8, p. 648. (1981).

Rutter, M. D. , *Psychosocial resilience and protective mechanisms*, American Journal of Orthopsychiatry, Vol. 57 :3, p. 316 – 331(1987).

Miller, A. , Drama of the Gifted Child. See *Gullickson T. Prisoners of Childhood: The Drama of the Gifted Child and the Search for the True Self*, Psyccritiques, Vol. 42: 5, p. 117(1997).

Wegrzyn, M. , Westphal, S. , & Kissler, J. , *In your face: the biased judgement of fear – anger expressions in violent offenders.* Bmc Psychology, Vol. 5 :1, p. 15. (2017).

Witvliet, C. V. , & Mccullough, M. E. , *Forgiveness and Health: A Review and Theoretical Exploration of Emotion Pathways. Altruism and Health: Perspectives from Empirical Research*(2007).

Reivich, K. & Shatté, A. , *The Resilience Factors: 7 essential skills for Overcoming Life's Inevitable Obstacles.* New York: Broadway Books, p. 1(2002).

Anderson, R. N. , & Smith, B. L. , *Death: Leading Causes for* 2002, National Vital Statistics Reports 53 (2005). http://www. cdc. gov/nchs/deaths. htm.

Sheldon, M. , & King, L. , *Why Positive Psychology Is Necessary.* American Psychologist, 3, p. 216 – 217(2001).

Smith, T. W. & Ruiz, J. M. , *Psychosocial influences on the development and course of coronary heart disease: Current status and implications for research and practice.* Journal of consulting and clinical psychology. Vol. 70, p. 545 – 568 (2002).

Seligman, M. E. P. , & Maier, S. F. , *Failure to escape traumatic shock.* Journal of Experimental Psychology, Vol. 74, p. 1 – 9. (1967).

Seligman, M. E. P. , *Helplessness: On depression, development and death.* San Francisco, CA: Freeman(1975).

Takesada, M. , *Risk and Protective Factors in the Development of Psychopa-*

thology. Brain & Development, Vol. 16: 2, p. 554(1994).

Weiten, W., Psychology: Themes and Variations(7th ed.), Wadsworth Publishing Co. Inc. (2007).

Wolpe, J., *The systematic desensitization treatment of neuroses.* Journal of Nervous and mental Diseases, Vol. 132, p. 180 – 203(1961).

Wolpe, J., *The systematic desensitization treatment of neuroses.* Experiments in Behaviour Therapy, Vol. 132:3, p. 21 – 39 (1964).

致　谢

本项目由山东大学李玉军教授带领大家一起申报并获得了科技部国家重点研发计划项目经费的支持,感谢项目组整个团队的倾力合作;课题三得以顺利开展研究,缘于山东大学杨承磊教授研究团队、中央司法警官学院宋胜尊研究团队、北京航空航天大学吴洪宇老师、上海恒润数字科技集团王宇团队的精诚合作。在项目进行过程中,本书作者不断从大家的集体讨论中得到新的启示,在最初集体讨论纲目的基础上拓展而成本书。为此,感谢课题组的全体同人,尤其是山东大学杨承磊老师、卞玉龙老师,中央司法警官学院章恩友老师、高冠东老师、史景轩老师、宋秋英老师等,他们为课题的深入研究付出了巨大努力,也为本书的纲目构建提供了重要的智力支撑,在此一并致以最真诚的感谢。

感谢我的导师傅小兰教授,早在 2014 年他就开始组织我们写作《情绪心理学》(2016 年出版)。当时我撰写"情绪与行为"一章,系统学习了关于情绪的理论及其与行为的关系。傅小兰老师和杨玉芳老师的指导,使我不仅关注到了个体情绪与行为的关系,还关注到了群体情绪与群体行为、个体行为的关系,为后来在监狱罪犯情绪管理中更重视罪犯群体情绪感染对罪犯个体行为的影响奠定了基础。感谢课题组成员章恩友教授为审校本书付出的辛勤劳动!我还要感谢我的学生们,本书在资料收集、文字录入等方面,得到了陈一鸣、王子莹、尹天奇、王琦等同学的大力支持,对同学们付出的辛勤劳动表示诚挚的感谢。

本书的资料来源,除标注的参考文献外,还得到了司法行政系统同人们的鼎力支持,这些机构和同行有北京监狱管理局秦涛警官、北京监狱管理局清河分局王金亮局长、清园监狱潘颂副监狱长及该单位教育科张君、高杰、李亚新等警官,并得到了清河分局赠送的系列丛书,从这些资料及民警的口述中获得了大量的真实案例,为书中的案例分析提供了重要素材。江苏监狱管理局杨木高处长赠送的江苏管理局集体撰写出版的项目矫正丛书,也对本书起到了重要的启发作用;我在本书撰写过程中也曾多次到江苏的高淳监狱、龙潭监狱、南京监狱、南京女子监狱、常州监狱、句容强戒所等多家单位调研,得到了许多真实的案例。在本书中引用的大多数案例已注明出处,还有个别案例来自调研时民警对案例的介绍,未能一一注明,在此对大家的支持与理解表示真诚的感谢。此外,司法部燕城监狱的张伯平副监狱长、河北满城监狱的侯志强科长给予了本书诸多中肯建议,为准确找到关键问题提供了大量无私帮助。在此,对监狱民警同人们给予的热情帮助表示诚挚的谢意,对参考文献的原作者表示诚挚的感谢!感谢法律出版社的李群、陈熙编辑对本书校对和出版工作付出的辛苦劳动!

最后,感谢我们家的司务长陈庆红先生为我提供了坚实的衣食住行、医疗保健、环境美化等全方位后勤保障,使我得以顺利地完成了本书的写作。

宋胜尊

2021年7月8日